Band 77

OUTDOOR
HANDBUCH

WOHNMOBIL IN USA UND KANADA

Ingrid und Wolfgang Sauer

BASISWISSEN FÜR DRAUSSEN

Wohnmobil in USA und Kanada

© Copyright Conrad Stein Verlag, Struckum   1. Auflage 1999
® *Outdoor* ist eine eingetragene Marke für Bücher des Conrad Stein Verlags

Die Reihe OutdoorHandbuch wird konzipiert und redaktionell bearbeitet vom
Conrad Stein Verlag, In der Mühle, 25821 Struckum,
☎ 04671/931314, FAX 04671/931315,
e-mail: <outdoor@tng.de> internet: <http://outdoor.tng.de>
für die OutdoorHandbuch Stein KG, Struckum.

Auslieferung für den Buchhandel: Ⓓ Prolit, Fernwald, und alle Barsortimente,
ⒸⒽ AVA-buch 2000, Affoltern, Ⓐ Freytag & Berndt, Wien

Alle Rechte vorbehalten. Der Nachdruck, die Übersetzung, die Entnahme von Abbildungen, Plänen, Symbolen, die Wiedergabe auf fotomechanischem Wege (z.B. Fotokopie) sowie die Verwertung auf elektronischen Datenträgern, die Einspeicherung in Medien wie Bildschirmtext oder Internet (auch auszugsweise) sind ohne vorherige schriftliche Genehmigung des Verlages unzulässig und strafbar. Alle Informationen wurden nach bestem Wissen zusammengestellt und waren korrekt zum Zeitpunkt der Recherche.

Eine Garantie für den Inhalt, z.B die immerwährende Richtigkeit von Preisen, Adressen, Telefon/Faxnummern sowie Internet-Adressen, Zeit- und sonstigen Angaben kann naturgemäß von Verlag und Autoren, auch im Sinne der Produkthaftung, nicht übernommen werden.

Die Autoren sind für Lesertips und Verbesserungen unter Angabe der Auflagen- und Seitennummer dankbar. Leser, deren Einsendung verwertet wird, werden in der nächsten Ausgabe genannt und erhalten als Dank ein Exemplar der neuen Auflage oder ein anderes Buch ihrer Wahl aus dem Programm des Verlags.

Text und Fotos	Ingrid & Wolfgang Sauer
Wohnmobilgrundrisse	ADAC-Reise
Lektorat/Redaktion	Conrad Stein & Marie-Luise Tolkmit
Gesamtherstellung	Breklumer Druckerei

Die mit *(Red.)* gekennzeichneten Bemerkungen geben nicht die Meinung der Autoren wieder, sondern die der Redaktion.

Dieses OutdoorHandbuch hat 187 Seiten mit 16 farbigen und 2 schwarzweißen Grundrißtafeln. Es wurde auf chlorfrei gebleichtem Papier gedruckt und der besseren Haltbarkeit wegen fadengeheftet.

ISBN 3-89392-177-X   00198009800

Inhalt

Dank	6

Vorwort	7

1. Nordamerika - warum per Wohnmobil?	**10**

Mobilität der Nordamerikaner:
ein Anstoß
Klima - Landschaft - Menschen 13
Naturwunder und Nationalparks:
Yours to Discover 15
USA 16
Kanada 18
Tiere und der Umgang mit ihnen 19
Gibt es Argumente gegen
eine Wohnmobilreise? 22
Allgemeines 22
Eine Frau kann das nicht 23
Wir warten, bis die Kinder groß sind 24
Zu alt für eine Wohnmobilreise 25
Die Lüge von der
Freiheit des Campers
Die Kisten schlucken zu viel Benzin 26
Natur und Umwelt 27

2. Wir stellen vor: Die rollende Ferienwohnung	**29**

Einführung 29
Die versch. Wohnmobilkategorien 31
Kategorie A 33
Kategorie B 34
Fifth Whee Typ C 34
Pickup Camper Typ D 35
Van Conversion: Typ E 37
Grundrisse der Wohnmobile 38
VW Camper Typ F 40
Wohnmobile für Behinderte 40
Benzinverbrauch für die
einzelnen Wohnmobil-Kategorien 42

Wo kann man Wohnmobile mieten? 44
Sicherungsschein 45

3. Was ein Wohnmobil ausmacht	**47**

Einführung 47
Das Basisfahrzeug 47
Das Schlafzimmer 54
Küche und Wohnzimmer 57
Naßzelle und Tanks 62
Stauraum 68
Besonderheiten 68

4. Wissenswertes über Nordamerika	**71**

Einführung 71
Codes für Provinzen und Staaten 71
Führerschein 72
Zeit 73
Zeitzonen 73
12-Stunden-Uhr 73
Müdigkeit durch Jetlag 26
Zahlungsmittel 74
Maße und Gewichte 78
Berechnung des Benzinverbrauchs 79
Kleidung 80
Elektrogeräte 82
Einreisebestimmungen 83
Paß und Visum 83
Einfuhrbestimmungen, Zoll 83
Allgemeines 83

5. Vorbereitung einer Nordamerikareise	**87**

Reise- und Routenplanung 87
Fremdenverkehrsämter 88
Automobilclubs als
Informationsquellen 93
KOA-Campgrounds 95

Hinweise für besondere Routen	96
One-Ways, Überführungsfahrten	99
Wohnmobile in den Prospekten der Reiseveranstalter	102
Einführung	102
Veranstalter: solche und solche	102
Umsetzung der Konditionen der Vermieter	103
Preisbildung	104
Vermieterkonditionen	107
Problematik der Direktbuchung beim Vermieter	109
Vorsorgemaßnahmen, auch für Sicherheit und Gesundheit	110
Urlaubsgrüße	110
Filmmaterial	110
Hilfsmittel	110
Kofferanhänger	111
Fotokopien und andere nützliche Vorkehrungen	111
Insektenschutz	112
Sprachhelfer	113

6. Der Flug nach Nordamerika 114

Einführung	114
Flugrouten	114
Code Sharing	114
Überbuchungen	115
Direkt oder Nonstop?	115
Leistung und Preis	116
Wichtiger Aspekt Sicherheit	116
Wichtig: Die Flugzeiten	116
Anfahrt zum Flughafen	116
Gepäckbestimmungen	117
An Bord	118
Komfort	118
Verpflegung	119
Unterhaltungsprogramme	119
Telefonieren an Bord	120
Rückbestätigung	120
Wichtige Flughäfen für Wohnmobilurlauber	120
Anreise zum Wohnmobil	120

7. Übernahme des Wohnmobils 122

Nach dem Interkontinentalflug	122
Transfer zum Hotel	122
Hotelpreise	123
Einchecken	123
Kontakt zum Vermieter	124
Im Restaurant	124
Frühstück am nächsten Morgen	126
Transfer vom Hotel zur Vermietstation	127
Abholung durch den Vermieter	127
Einführung in das Wohnmobil	128
Checkliste für die Wohnmobilübernahme	131
Mietvertrag	133
Alter des Fahrers	133
Versicherungen: Haftpflicht und Kasko, Selbstbeteiligung	133
Kautionen	136
Campingausrüstung	136
Zur Campingausrüstung gehört in der Regel...	137
Was Sie vielleicht vermissen könnten	139
Karten, Bücher und Informationsmaterial	140
Vorbereitungen für den Start	142
Der erste Einkauf	142
Supermarkt	142

8. Mit dem Wohnmobil auf Tour 144

Versorgung und Entsorgung unterwegs	144
Verkehrsregeln	147
Fahren wie die Amerikaner	147
Geschwindigkeitsbeschränkungen	148
Verkehrsampeln	149
Verkehrskontrollen	149
Verkehrsschilder	150
Ungewohnte Verkehrsregeln	151
Fahren mit Abblendlicht	151
Lichthupe	151

Fahren unter Alkohol	152	**9. Auf dem Campingplatz**	**163**
Straßenzustand	152		
Sicherheit im Verkehr	152	Allgemeines	163
Geschlossene Türen	152	Private/öffentliche Campgrounds	163
Überholen, Konvoi	153	Campground-Etikette	163
Sicherheitsabstand	153	Private Campingplätze	164
Bergfahrten, Pässe	154	Öffentliche Campingplätze	165
Seitenwind	155	Hook-ups	166
Mitnahme von Anhaltern	155	Reservierungen	168
Tachoprüfung	155	Lagerfeuer	169
Rückwärtsfahren	156	Packen: Die letzte Nacht	
Reifendruckprüfung	156	auf dem Campground	170
An der Tankstelle	156	Rückgabe des Wohnmobils	171
Flash Flood u.a. Naturgewalten	156		
Mögliche Probleme	157		
Defekte und ihre Reparaturen	157	**10. Glossar**	**173**
Reifenwechsel	159		
Verkehrsunfall	159		
Fahrerflucht	161		
Sicherheitsaspekte u. Notfallhilfe	161		
Was tun, wenn ...	161		

Über die Autoren

Das Ehepaar Sauer (beide Diplom-Volkswirte) hat 20 Jahre lang ein auf Wohnmobil-Reisen spezialisiertes Unternehmen betrieben und in seinen Veranstalter-Prospekten Neuerungen eingeführt, die oft kopiert wurden und z.T. heute Standard sind.

Umfangreiche Erfahrungen mit Wohnmobilen aller Art ergaben sich nicht nur aus Planung und Abwicklung der selbst veranstalteten Reisen, sondern auch aus eigenen Reisen von mehr als 100.000 km in verschiedensten Wohnmobil-Typen auf dem nordamerikanischen Kontinent.

Dank

Trotz langjähriger Erfahrung im Umgang mit Wohnmobilen kann man nicht alles wissen; vieles ändert sich, man muß den Wissensstand überprüfen und aktualisieren. Bei der Beschaffung von Informationen waren einige Experten behilflich, haben uns mit Auskünften zur Verfügung gestanden oder unsere Überlegungen einer kritischen Prüfung unterzogen. Allen, die uns geholfen haben, danken wir für die Unterstützung unserer Arbeit. Besonderen Dank haben verdient:

- Lisa Paul und Christine Wegerer von der ADAC Reise GmbH, die es uns ermöglichten, die Vermieterprogramme einzusehen,
- Hans-Joachim Lindner, Leiter Produktion bei der ADAC Reise GmbH, der uns die Möglichkeit gab, die Wohnmobilgrundrisse zu benutzen,
- Henno Heintz, Pressesprecher der ADAC Reise + Touristik, der uns half, die Informationen der nordamerikanischen Automobilclubs zu beschaffen,
- Dr. Nikolaus Frühwein, Präsident der Bayerischen Gesellschaft für Immun-, Tropenmedizin und Impfwesen, der unsere Fragen zur Reisemedizin beantwortete und Anregungen gab, was den Urlaubern zu empfehlen sei,
- Hans-Gunther Hoche von der Lufthansa, der uns Computer-Ausdrucke über Bestimmungen im Luftverkehr zur Verfügung stellte und unsere Fragen beantwortete,
- Dr. Franz Bethäuser, Rechtsanwalt in der Juristischen Zentrale des ADAC, der Fragen zum Reiserecht erläuterte und uns zu Kommentaren und Besprechungen von Gerichtsurteilen verhalf,
- Thomas Gschlenk vom ÖAMTC, der Informationen für österreichische Urlauber lieferte,
- Guido Wagler von den KOA Kampgrounds of America, der uns geduldig mit Auskünften allgemeiner Art weit über das hinaus versorgte, was seine Organisation betrifft.

Besonderer Dank gilt auch den Managern und Mitarbeitern der Vermieter, die sich über unsere allgemeine Vermieterumfrage hinaus viel Mühe gemacht und Geduld bei der Beantwortung unserer Fragen bewiesen haben:

- California R.V. Rentals, Los Angeles: Tim O'Kane,
- El Monte RV Rentals & Sales, Santa Fe Springs: Kirby Sandberg,
- Fraserway RV Rentals, Vancouver: Lineke Kereluk,
- Moturis Ltd., Los Angeles/Zürich: Ernst Dähler,
- Owasco Canadian Car and Camper Rental Ltd., Toronto: Willem Woudwyk,
- Rocky Mountain Campers, Calgary: Rick Harland.

Last but not least unsere langjährigen Freunde, die für mehrere Wohnmobilfirmen (Vermieter und Hersteller) in Kanada tätig waren oder noch sind:

- Christian Neumann in Vancouver und Don Markowsky, unser "Mr. Wohnmobil" in Calgary.

Vorwort

Wohnmobilreisen durch Nordamerika werden in Europa seit mehr als 30 Jahren angeboten, die Nachfrage danach steigt seit Jahren kontinuierlich. Da sollte man doch meinen, daß genügend Wissen über diese Reiseart in den Reisebüros und den Veranstalterprospekten vorhanden sein müßte. So dachten wir auch, bis wir im Spätsommer 1997 unsere 21. Wohnmobilreise in Nordamerika unternahmen und unterwegs Urlauber trafen, die - wenig vorbereitet und nicht gut informiert - Rat und Hilfe gebrauchen konnten. Sollte das Wohnmobil noch immer das "unbekannte Wesen" sein?

Darüber haben wir während der Reise nachgedacht und auch mit erfahrenen Mitarbeitern von Vermietern und mit Campingplatzmanagern gesprochen. Alle haben uns bestärkt darin, daß es sinnvoll wäre, ein Buch zu schreiben, das "alles übers Wohnmobil" enthält. Derselben Meinung waren auch einige Nordamerikaspezialisten in deutschen Reisebüros und bei Veranstaltern.

Wir beschreiben keine Routen, keine Sehenswürdigkeiten und weisen auch nicht auf die Besonderheiten der kanadischen Provinzen oder der Staaten der USA hin. Dieses Buch ist vielmehr als ausführliche **Ergänzung zu den zahlreichen Reiseführern** über die USA und Kanada gedacht.

Ein Wohnmobil ist das *Motorhome*, der *Pickup-Camper*, das *Fifth Wheel* genannte Gespann aus Kleinlaster und aufliegendem Trailer, der *Van Conversion* und der *VW-Camper*.

Woran liegt es eigentlich, daß bei steigender Nachfrage das Informationsniveau nicht Schritt hält? Setzen die Veranstalter voraus, daß die Beschreibungen in den Prospekten, die Beratung im Reisebüro und die Einweisung durch den Vermieter ausreichen? Wohl kaum. Viel mehr schlagen die Kosten für die Prospekte zu Buche: Jede gedruckte Seite muß einen bestimmten Umsatz bringen, und da verbietet es sich, mehr als das unbedingt Notwendige über ein technisch recht kompliziertes Produkt, das das Wohnmobil nun einmal ist, zu schreiben. Damit mag es auch zusammenhängen, daß mindestens ein halbes Dutzend deutscher Veranstalter überhaupt keine Prospekte mehr herstellt, sondern nur "Angebote" unterbreitet. Aber darüber an anderer Stelle mehr.

Eine solide Beratung, insbesondere eines Wohnmobilneulings, kann nur ein Reisebüroangestellter liefern, der selbst mindestens einmal in einem Wohnmobil gereist ist. Deshalb organisieren viele Reiseveranstalter Informationsreisen für ihre Agenten in den Reisebüros und/oder laden Reisejournalisten dazu ein, Erfahrungen zu sammeln und diese dann an die Leser weiterzugeben. Doch was danach veröffentlicht wird, ist auch nicht immer hilfreich, z.B. dann nicht, wenn die Einstellung zum unabhängigen Reisen, verbunden mit der Handhabung der Wohnmobiltechnik, nicht stimmt oder wenn der Journalist oder die Journalistin das Fahrzeug nur für ein paar Tage gerade dann übernimmt, wenn die Saison auf dem Höhepunkt ist und die Reise den Eindruck vermittelt, man erlebe eine besondere Ausprägung des so oft geschmähten "Massentourismus".

Wir wollen mit diesem Buch Basiswissen vermitteln und auch noch nie in einem Wohnmobil Gereiste motivieren, das "Abenteuer Wohnmobil" zu wagen, denn:

"Wer auf Reisen geht, sucht Abwechslung und Abenteuer, ob als Pilger im Mittelalter oder als Pauschaltourist auf Mallorca. Das Abenteuer ist die Belohnung für das eingegangene Risiko, sich in Bewegung zu setzen, sein Zuhause zu verlassen und sich in ferne Länder zu wagen. In der Fremde werden die Reisenden aufmerksamer, neugieriger und manchmal auch wagemutiger."

So schreibt Ute Arndt im Vorwort zu dem Buch "Wenn einer eine Reise tut" (List Verlag, 1998). Und weiter: "Abenteuergeschichten sind die schönsten Souvenirs im Gepäck jedes Reisenden - und sie sind die Petit Fours jeder Reiseerzählung. Auch wenn die Reise selbst längst vergessen ist, die Reiseabenteuer bleiben unsterblich."

Was wir nicht wollen, ist die Empfehlung oder Beschreibung von Routen; dafür gibt es - auch im Conrad Stein Verlag - eine Menge an Reiseführern. Bei der Durchsicht etlicher Bücher, auf denen "Wohnmobil" im Titel stand, fanden wir gute Informationen über die von dem Autor oder der Autorin besuchten Regionen, über Erlebnisse und touristische Attraktionen. Daß die Reisen in einem Wohnmobil (oder mehreren) durchgeführt worden waren, wurde erwähnt, aber die Tour hätte man ebensogut mit einem Mietwagen fahren können - das Thema "Wohnmobil" kam für unseren Geschmack zu kurz.

Wir wollen auch falsche Vorstellungen ausräumen, die so oft zu Reklamationen führen, weil die Erwartungen nicht erfüllt werden, ja oft nicht erfüllt werden können. Die Reiseveranstalter beschweren sich immer wieder darüber, daß viele Urlauber die Prospekte nicht lesen oder durch die Fülle an Informationen verwirrt werden. Nur wer weiß, was er will und vor Reiseantritt erfährt, was er für sein Geld bekommen kann und was nicht, läuft weniger Gefahr, unzufrieden aus dem Urlaub zurückzukommen. So muß es auch nicht dazu kommen, daß eine Wohnmobilreise zu einem negativen Abenteuer wird.

Wir nennen auch Dinge und Situationen beim Namen, die in den Prospekten der Veranstalter und den Informationsbroschüren der Fremdenverkehrsämter unter Marketinggesichtspunkten keinen Platz haben. Wir wollen, daß die Wohnmobilreise ein Abenteuer im positiven Sinn und nicht zum Horrortrip wird, über den man gelegentlich in Zeitungsberichten lesen konnte.

Die Thematik ist vielschichtig; deshalb ist es nicht zu vermeiden, daß bestimmte Aspekte in verschiedenen Kapiteln behandelt werden. Das sind nicht Wiederholungen, die zum Aufblähen des Manuskripts dienen, sondern uns notwendig erscheinende Betrachtungen einer Sache oder eines Zusammenhangs aus unterschiedlichen Blickwinkeln.

Wir dachten mehrfach, daß wir ein bestimmtes Kapitel abschließen und uns anderen Themen widmen könnten. Das war oft voreilig, denn mit jedem Fax und jedem Brief oder Prospekt kamen neue Anstöße zur Verbesserung des Manuskripts. Daß dies so weiter geht, scheint uns unausweichlich, denn das war nie anders, seitdem wir 1973 unseren ersten Camper übernommen hatten.

Leider hat der Verlag uns wichtig erscheinende Kapitel wie beispielsweise "Telefonieren", "Versicherungen", "Events, Festivals" und "Fähren" aus dem Manuskript gestrichen (weil diese Themen nach Verlagsmeinung auch in guten Reiseführern ausführlich behandelt werden) - sonst hätte unser Buch den Rahmen der handlichen *OutdoorHandbuch-Reihe Basiswissen für Draußen* gesprengt.

Wir sind für Anregungen und Kritik in Zuschriften an den Verlag dankbar. Verbesserungsvorschläge und eigene Erfahrungsberichte sind willkommen.

Ingrid und Wolfgang Sauer, München im Januar 1999

1. Nordamerika - warum per Wohnmobil?

Mobilität der Nordamerikaner: ein Anstoß

Die Nordamerikaner sind wegen der Notwendigkeit, einen riesigen Kontinent zu erforschen und zu besiedeln, weitaus mobiler geblieben als die Europäer. Das zeigt sich an vielen "Äußerlichkeiten" wie dem Hausbau: Bei uns wird für die Ewigkeit mit Stein gebaut, in Nordamerika ist das Holzhaus das Normale. Berufliche Flexibilität ist in Nordamerika - man kann dazu stehen wie man will - weitaus mehr verbreitet als in Europa. Was Wunder, daß es "drüben" für Menschen, die nicht immer am gleichen Ort wohnen wollen oder können, *Mobile Homes* gibt, Häuser, die man von einem Ort zum anderen versetzen kann. Oft begegnet man auf den Highways solchen ganzen oder halben Häusern, gezogen von großen Lkw, vor denen oft ein Wagen mit der Warnung *Wide Load* herfährt. Der Begriff *Mobile Home* darf nicht auf Fahrzeuge zu Urlaubszwecken angewandt werden, denn die heißen *RV* oder *Recreational Vehicles*, also Wohnmobile - den Begriff "Reisemobil" mögen wir überhaupt nicht, denn per definitionem ist "Reisen" selbst schon etwas Mobiles.

Zur Mobilität der Amerikaner macht sich John Steinbeck in dem Buch "Travels with Charley" (deutsch: "Meine Reise mit Charley", dtv 10879) so seine Gedanken. Nachdem er das Phänomen *Mobile Home* erkundet hatte (die "mobilen Häuser" traten in den 50er Jahren ihren Siegeszug an), kommt er zu dem Schluß, die Amerikaner seien "a restless people", ein rastloses Volk, das durch das Erbgut der Einwanderer geformt, stets im Aufbruch und nicht der Scholle verhaftet ist.

Erst nach dem Zweiten Weltkrieg begannen in Amerika die Campingfahrzeuge ihren Siegeszug: Da waren zuerst die Trailer, in denen die *Tin Can Tourists* reisten. Das war vielleicht weniger eine "Reiseform" als eine Ideologie: Komfort war ein Schimpfwort, die Camper sahen sich als Nomaden, die zumindest für eine kurze Zeit aus dem geregelten Alltag flohen.

Diese Entwicklung war nicht grundlegend anders als bei uns, nur wesentlich früher. Schon bald wurden die *Caravans* besser, die Firma Airstream baute stromlinienförmige Trailer mit einer Außenhaut aus Aluminium wie im Flugzeugbau. Und aus den gezogenen "Blechdosen" wurden selbstfahrende Apartments mit Komfort, ausgestattet mit allen Raffinessen wie eingebautem Fernseher, eingebauter Kaffeemaschine, Möbeln "antik" und Polstern "Marke Plüsch".

Die Mobilität findet ihren Ausdruck zwangsläufig auch in der Art, wie Nordamerikaner selbst Urlaub machen. Da sind einerseits die kurzen, aber erlebnisreichen Flüge in die Casinos der Glücksspiel-Hochburgen wie Las Vegas, Reno und dem aufstrebenden Laughlin in Nevada; Atlantic City, NJ und Dawson City, YT in der Tradition des Klondikegoldrauschs von 1898. Da sind andererseits die verlängerten Wochenenden, an denen viele Kanadier und Amerikaner mit ihren Campingfahrzeugen in die Berge oder an Flüsse und Seen fahren.

Ein paar Zahlen aus Pressemeldungen untermauern unsere Überlegungen; sie zeigen eine Tendenz:

Seit 1990 hat sich das Umsatzvolumen in der nordamerikanischen Wohnmobilbranche auf einen zweistelligen Milliardenbetrag in US-Dollar verdoppelt. In Kanada sind mehr als eine halbe Million Wohnmobile zugelassen, in den USA etwa 25 Millionen. In Deutschland liegt die Vergleichszahl bei rund 300.000 Wohnmobilen. Daraus ergeben sich die Relationen (Wohnmobile auf 1.000 Einwohner): Deutschland 4, Kanada 17, USA 94 oder umgekehrt: So viele Einwohner "teilen" sich ein Wohnmobil: USA 11, Kanada 60, Deutschland 273. Dies zeigt, wie sehr sich die Verhältnisse in Europa von denen in Nordamerika unterscheiden.

In einem der letzten Jahre wurden in Nordamerika mehr als 30.000 neue Wohnmobile zugelassen. Die Nachfrage nach Wohnmobilen durch die Einheimischen stimuliert auch das Vermietgeschäft, denn wenn sich Wohnmobile gebraucht leicht verkaufen lassen, können die Flotten der Vermieter rasch erneuert werden, und der Wettbewerb belebt das Geschäft zugunsten der Urlauber.

Wenn es *Camper* und *Motorhomes* nicht gäbe: Für Nordamerika müßten sie erfunden werden. Im Vergleich zu uns Europäern verbringen die Nordamerikaner ihren Urlaub in hohem Maße im eigenen Land, während der Anteil an den Auslandsreisen bei uns bei nahezu 70% liegt (Reiseanalyse RA 98). Das ist aus zwei Gründen kein Wunder: Erstens haben die Kanadier und Amerikaner weitaus weniger bezahlten Urlaub als wir Europäer, und zweitens bietet der Halbkontinent so viele Landschaftsformen und touristische Attraktionen, daß die Urlauber das eigene Land gar nicht verlassen müssen.

Bei aller Attraktivität Nordamerikas: Nach neuesten Umfragen sind es gerade einmal 3% der deutschen Urlauber, die Kanada und USA 1997 für eine Reise gewählt hatten - allerdings mit steigender Tendenz. Als "besonders wichtig" für den Urlaub sehen die Befragten der RA 98 genau das an, was das Wohnmobil bietet (Auswahl):

"keinen Streß haben, sich nicht unter Druck setzen lassen"	59%
"frei sein, Zeit haben"	54%
"frische Kraft tanken"	53%
"Natur erleben"	43%
"neue Kontakte"	25%

Wer schon mit dem Wohnmobil in Nordamerika gereist ist, braucht kaum einen erneuten Anstoß für eine Wiederholung. Obwohl die Welt so groß ist und so viele Reize bietet, gibt es für Kanada und die USA einen hohen Anteil an Urlaubern, die nicht jährlich, aber von Zeit zu Zeit eine Wohnmobilreise unternehmen. Denn diese Art zu reisen und Land und Leute zu erleben, hat etwas Faszinierendes.

Und wer noch nie "drüben" war, sollte einmal ausprobieren, wie es ist, unabhängig, aber mit Komfort durch beeindruckende Landschaften zu bummeln, zu bleiben, wo es besonders schön ist, den Alltag zu vergessen und Dinge zu tun, die man noch nie getan hat: auf einem *Raft* genannten Schlauchboot durch Stromschnellen fahren; mit einem Kanu auf einen See hinauspaddeln; auf einer Ranch reiten; mit einem kleinen Flugzeug über Gletscher fliegen; einen Ausflug mit einer Dampfeisenbahn unternehmen; Indianerreservate besuchen und Türkisschmuck als Souvenir mit nach Hause nehmen.

Wer Golf spielt oder es einmal "probieren" möchte, hat eine unglaublich große Zahl von Plätzen zur Auswahl; sehr viele sind für jedermann zugänglich, man kann spielen ohne Handicap und Kleidungszwänge. Zu zahlen sind die *Green Fees* und die Miete für die Schläger, evtl. eine *Pro Lesson* (Unterrichtsstunde beim *Professional*). Und mit dem Wohnmobil am Clubhaus vorzufahren, ist überhaupt kein Problem. Unser Reitunterricht bestand in dem lapidaren Satz "Sit down and relax", und mit einer solchen entspannten

Einstellung kann man in Nordamerika auch ans Golfspielen herangehen.

All das ist während einer Wohnmobilreise für ein paar Stunden oder einen halben Tag möglich. Oder feiern Sie mit den Einheimischen die Feste, die allenthalben während der Urlaubssaison stattfinden. Doch seien Sie gewarnt: Die "Gefahr", daß Ihnen Kanada und die USA gut gefallen, ist riesengroß. Auch Sie könnten süchtig und zu "Wiederholungstätern" werden!

Klima - Landschaft - Menschen

Kanada und die USA sind zusammen 54mal so groß wie Deutschland oder doppelt so groß wie ganz Europa. Die beiden Länder haben eine Ausdehnung von 83°10' N (Cape Columbia auf Ellesmere Island - zum Vergleich: Spitzbergens Nordkap 83°30' N) bis 24°34' N (Key West in Florida - zum Vergleich: Akra Lithinon auf Kreta 34°55' N). In Nord-Süd-Richtung umfassen sie 10 der 12 Klimazonen von Tundra und Hochsteppe bis zum tropischen Regenwald (Knaurs Großer Weltatlas)

Was nicht vorkommt, ist das Inlandeis (wie in Grönland) und die tropische Savanne, die um den Äquator herum verbreitet ist. Es gibt in Nordamerika weitaus mehr Klimazonen als in Europa, dessen Klima durch den Golfstrom gemäßigt ist. Schon während einer einzigen Reise kann man die unterschiedlichsten Klimazonen und Landschaftsformen kennenlernen.

Gastfreundlichkeit und Hilfsbereitschaft der Nordamerikaner sind sprichwörtlich, selbst mangelnde Sprachkenntnisse bringen keine Probleme, denn Deutsch wird zwar nicht besonders häufig gesprochen, aber doch öfter verstanden, als man auf den ersten Blick erkennen mag. Da sind die ehemaligen Soldaten, die während ihrer Stationierung in unserem Land ein wenig deutsch gelernt haben; da sind viele ausgewanderte Deutsche, Österreicher und Schweizer, die - anders als die Angehörigen anderer Nationen - nicht in Ghettos leben, sondern sich möglichst rasch angepaßt haben und ganz schnell ihr z.T. schon etwas rostig gewordenes Deutsch hervorholen.

Bei einer unserer ersten Reisen sind wir in West-Kanada zwei "älteren Herren" begegnet, deren Camper uns aufgefallen war, weil sie mit dem Finger in den Dreck auf der Karosserie nur ein Wort geschrieben hatten: "German". Diese sechs Buchstaben brachten den beiden knapp 70jährigen viele Kontakte mit Einheimischen, Gespräche über die besten Angelplätze für Pazifiklachs (davon haben auch wir zugegebenermaßen profitiert) und Empfehlungen besonders reizvoller *Campgrounds*. Ähnliches haben wir oft gehört, wenn am Wohnmobil eine Schweizer Flagge oder ein Wimpel mit den bayerischen Rauten angebracht war.

Wir haben Freunde, die eine Reise im Wohnmobil ablehnen, weil sie der Meinung sind, man könne in Motels und Hotels bei einer Mietwagen- oder Busreise mehr Menschen kennenlernen. Das glauben wir nicht, denn gerade auf dem Campingplatz ergeben sich viele Kontakte. Das beginnt bei der Anmeldung auf dem *Campground* - "Where are you folks from?" ist meistens die erste Frage; man hört sie bei vielen Gelegenheiten im Supermarkt oder in Museen, wenn jemand ein paar deutsch gesprochene Worte aufschnappt.

Anders als in Europa bekommt jeder Gast, jedes Paar oder jede Familie im Restaurant einen eigenen Tisch zugewiesen; auch bei großem Andrang setzt man niemanden an einen Tisch zu anderen Leuten. Bei aller Freundlichkeit wird wie im Restaurant auch in der Natur und auf dem Campingplatz Abstand gewahrt.

Wir leben in Deutschland ziemlich dicht aufeinander (229 Menschen je km² im Gegensatz zu Kanada mit drei und den USA mit 23,5 Menschen je km²) Außerhalb der Ballungszentren ist der Unterschied noch ausgeprägter; der Staat Oregon ist ziemlich genau so groß wie die "alte" Bundesrepublik Deutschland (rund 250.000 km²), dort leben aber nur etwa 3 Mio Einwohner im Gegensatz zu etwa 62 Mio im Deutschland des Jahres 1990. Da ist es vielleicht verständlich, wenn deutsche Urlauber zwar gern Einheimische kennenlernen möchten, nicht aber notwendigerweise Kontakt zu Landsleuten suchen. Das verstehen Kanadier und Amerikaner nicht, die, wenn sie Landsleute treffen, immer ein paar freundliche, unverbindliche Worte wechseln, ohne daß daraus eine Urlaubsbekanntschaft werden muß.

Dafür haben wir in Neuengland ein gutes Beispiel erlebt: Auf einem Campground in Massachusetts ist es üblich, daß die Besitzer am Wochenende im Herbst Heidelbeerpfannkuchen backen und die Gäste des Platzes zum Frühstück einladen. Als wir eincheckten und die Besitzerin unsere Nationalität erfuhr, erzählte sie uns eine Erfahrung, die sie sehr beschäftigt hatte:

An einem solchen Sonntag - der Platz war wenig besucht - kamen drei deutsche Ehepaare zum Frühstück, aber sie sprachen kein Wort miteinander, einfach so, ohne ersichtlichen Grund. Das war der Amerikanerin absolut unverständlich, und dafür wollte sie von uns eine Erklärung haben. Vielleicht treffen unsere obigen Anmerkungen zu, so jedenfalls haben wir zur Erklärung des Verhaltens argumentiert.

Was uns Europäern vielleicht fremd ist: Kanadier und Amerikaner stellen sich immer sofort vor, auch wenn sie schon nach wenigen Minuten wieder auseinandergehen. Wenn zwei aus derselben Stadt sich treffen, kommt es vor, daß einer sagt, "Wir sehen uns dann einmal zu Hause". Aber solche Einladungen sind nicht wörtlich zu nehmen, sie sind nur eine Floskel. Von Europäern wird das Verhalten der Nordamerikaner deshalb oft als oberflächlich empfunden, aber Freundlichkeit erleichtert den Umgang miteinander und verpflichtet zu nichts.

Das Entgegenkommen, die Freundlichkeit und die Offenheit sind die eine Seite der Medaille, die bereits angesprochene Distanz die andere. Wir haben es an dem für Urlauber vorgesehenen Gold-Claim am *Bonanza Creek* bei Dawson City erlebt, wo ein Vater seinen Jungen von der Grenze zum Nachbarclaim zurückpfiff, weil der *private property* war. Auch ohne Zaun um das Grundstück - Zäune haben meist nur eingewanderte Europäer - respektiert man die Privatsphäre. Man läuft auf dem Campground auch nicht über den Stellplatz eines anderen Gastes.

Wenn Sie sich auf die Art einstellen, wie Nordamerikaner miteinander umgehen, und Europa während des Urlaubs vergessen - es wird Ihnen nicht schwer fallen! -, dann werden Sie ein Menge positiver Erinnerungen mit nach Hause nehmen.

Naturwunder und Nationalparks: Yours to Discover

Der erste Nationalpark der Welt wurde 1873 in Wyoming eingerichtet: der Yellowstone National Park. Seit damals ist die Zahl der Natur- und sonstigen nationalen Schutzgebiete allein in den USA auf nahezu 400 gestiegen, inklusive der nationalen Gedenkstätten, historischen Plätze und Schlachtfelder. In Kanada sind es rund 40

Nationalparks, zu denen mehr als 100 historische Stätten kommen, die von Parks Canada ebenso verwaltet werden wie neun der zwölf *Unesco World Heritage Sites*.

Die Nationalparks werden ergänzt durch die staatlichen (*State Parks* in USA) oder Provinzparks (*Provincial Parks* in Kanada), ferner regionale Schutzgebiete, solche, die den Indianern gehören (z.B. das Monument Valley in Arizona/Utah) und die nationalen oder staatlichen Forste.

Gerade für Wohnmobilurlauber haben diese Einrichtungen viel zu bieten: *Campgrounds*, vielfach Duschen, *Sani Stations* oder *Dumping Stations*, *Amphitheater* für Dia- oder Filmvorführungen durch die *Park Ranger*, die gelegentlich auch Führungen anbieten.

USA

Was man in jedem einzelnen Naturschutzgebiet der USA erwarten kann, zeigen die Übersichten der Parkverwaltungen. Am umfassendsten ist das dicke Buch "The Complete Guide to America's National Parks", das von der National Park Foundation in Washington, DC, herausgegeben wird. Das Buch enthält außer nützlichen Informationen über die Parks auch aufschlußreiche Klimatabellen.

◆ *The Complete Guide to America's National Parks*, 9. Ausgabe 1997, seither kein Update!) $ 15.95 (zuzgl. $ 3 für den Versand in USA) per Orderscheck an National Park Foundation, 1101-17th Street NW, Suite 1102, Washington, DC 20036, ☏ 1-800-533-6478.

Ein paar Anmerkungen sind nötig zur Erläuterung der unterschiedlichen Nationalparkbezeichnungen in den USA: Die Einrichtung eines *National Park* erfolgt auf Grund eines vom Kongress der Vereinigten Staaten beschlossenen Gesetzes. Im Gegensatz dazu kann der Präsident der USA per Dekret ein *National Monument* errichten; es unterscheidet sich in seinen landschaftlichen Schönheiten meist nicht von einem Nationalpark.

Mehrere als Monument etablierte Naturschutzgebiete wurden durch den Kongress im nachhinein in Parks umgewandelt. Der *National Park Service* verwaltet knapp 400 Parks, Monumente, Landschaftsschutzgebiete, historische Stätten und sogar die New Yorker Freiheitsstatue.

In den USA gibt es Parks im weitesten Wortsinn, für die Gebühren in Höhe von $ 2 bis $ 10 pro Person zu zahlen sind, manchmal gar nichts oder zwischen $ 4 und $ 20 pro Fahrzeug (darin spiegelt sich wohl die unterschiedliche "Nachfrage" wider).

Alternative: Man kauft sich beim ersten Nationalpark den **Golden Eagle Passport** für $ 50, der für alle Parks ein ganzes Kalenderjahr gültig ist (ausgenommen alle *State Parks* und das Monument Valley). Er gilt für das Fahrzeug samt allen Insassen und ist nicht übertragbar. Alle anderen anfallenden Gebühren außer dem "Eintritt" (wie Camping, Schwimmen, Parken, Besichtigung von Höhlen usw.) sind im *Golden Eagle Passport* nicht eingeschlossen. Es lohnt sich also ganz offensichtlich, für eine Reise im Westen der USA mit seinen zahlreichen Nationalparks den *Golden Eagle Passport* zu erwerben.

Der *Golden Age Passport* für Reisende über 62 Jahre gilt leider nur für Bürger der USA.

Vorbildlich ist die Einstellung der Kanadier und US-Amerikaner zu Behinderten: Da gibt es behindertengerechte Wanderwege, Waschräume und Toiletten für Rollstuhlfahrer sowie Rampen zum Ausgleich von Höhenunterschieden. Kein Einheimischer würde sich widerrechtlich auf einen für Behinderte vorgesehenen Parkplatz stellen. Behinderte Amerikaner erhalten ohne Rücksicht auf das Alter in den US-National Parks lebenslang freien Eintritt mit dem *Golden Access Passport*.

Probleme gibt es auch - sie sollen nicht verschwiegen werden: Einige der bekannteren Parks, noch dazu, wenn sie in der Nähe großer Städte liegen (Yosemite als Musterbeispiel), werden "zu Tode geliebt", so daß in den Hauptzeiten schon Aufenthaltsbeschränkungen verordnet werden mußten. Von den Besucherzahlen her sind die zehn wichtigsten Nationalparks in den USA: Great Smokey Mountains, TN (9,1 Mio.), Grand Canyon, AZ (4,6 Mio.), Yosemite, CA (4,0 Mio.), Olympic, WA (3,7 Mio.), Yellowstone, WY (3,1 Mio.), Rocky Mountain, CO (2,9 Mio.), Acadia, ME (2,8 Mio.), Grand Teton, WY (2,7 Mio.), Zion, UT (2,4 Mio) und Mammoth Cave, KY (1,9 Mio.).

Campground-Reservierungen in US-National Parks
Seit 1998 kann man (vorerst nur) telefonisch für einige Parks Reservierungen vornehmen:

- ☎ 1-800-436-PARK (-7275) für Yosemite.
- ☎ 1-800-365-CAMP (-2267) für Acadia, Death Valley, Everglades, Glacier, Grand Canyon, Great Smokey Mountains, Joshua Tree, Mount Rainier, Rocky Mountain, Sequoia & Kings Canyon, Zion.
- ☎ 1-800-967-CAVE (-2283) für Carlsbad Caverns, Mammoth Cave.

- Das Reservierungsbüro (*Call Center*) ist täglich von 10:00 bis 22:00 *Eastern Time* erreichbar, aus anderen Zeitzonen entsprechend früher oder später.

☹ Eine in der Presse genannte Telefonnummer, die von Europa aus für Reservierungen erreichbar sein sollte, haben wir getestet: Wir hörten über längere Zeit und für viel Geld Musik und die kaum verständliche Ansage, daß man warten solle, weil alle Nebenstellen belegt seien. Diese Nummer können wir Ihnen nicht empfehlen. Auch eine Faxnummer konnten wir nicht ermitteln.

Wo immer Sie ein *Visitor Center* des *National Park Service* sehen, sollten Sie sich Informationen über die Sehenswürdigkeiten und Besonderheiten wie Naturlehrpfade und Führungen für Touristen holen. Es gibt sehr häufig gut gemachte Ausstellungen und Broschüren über Geologie, Geschichte, Tiere und Pflanzen der Region.

Bei aller "Freiheit" gibt es aber auch Vorschriften, deren Einhaltung notfalls mit Strafandrohung durchgesetzt wird: Es ist verboten, Blumen zu pflücken, Steine oder Fossilien zu sammeln und Tiere zu füttern. Hunde sind an der Leine zu führen.

Kanada

Die neueste Internet-Liste von *Parks Canada* weist 41 *National Parks* und 118 *National Historic Sites* auf. Viele davon liegen in Gebieten, die Wohnmobilurlauber nur selten oder nie besuchen. Die Darstellung ist aufwendig, enthält aber u.a. die Eintritts- und Campgroundgebühren, ferner die Gebühren für Angel-Lizenzen und Brennholz.

🖳 <http://www.parkscanada.pch.gc.ca>

✱ **Eintrittpreise** je Erwachsenen beispielsweise:
- gratis im Kluane National Park (Yukon),
- $ 3 im Kejimkujik National Park (Nova Scotia),
- jeweils $ 4 im Glacier (British Columbia, nicht zu verwechseln mit dem gleichnamigen US-Park) und Waterton National Park (Alberta),
- jeweils $ 5 in Banff und Jasper (Alberta) sowie Kootenay und Yoho National Parks (British Columbia).
- Senioren ab 65 Jahren zahlen einen Dollar weniger, Jugendliche von 6 bis 16 Jahren die Hälfte des Erwachsenenpreises, Kinder unter sechs Jahren sind frei. Ob die Seniorenermäßigung auch für Nicht-Kanadier gilt, haben wir nicht herausgefunden.

✱ **Campgrounds** gibt es in allen Parks, in den häufiger besuchten sogar mit *Facilities*: *Hook-ups* für Wasser, Abwasser und Strom oder nur den einen oder anderen Anschluß sind vorhanden. Die Preise liegen bei $ 13 bis $ 21. Die meisten Campgrounds haben aber überhaupt keine Anschlußmöglichkeiten und kosten zwischen $ 10 und $ 18, in den *overflow areas* deutlich weniger.

✱ **Angel-Lizenzen** kosten für sieben Tage meist $ 6, einige Parks verkaufen auch Lizenzen für einen einzelnen Tag; im Kluane NP kostet der Tag für Nicht-Kanadier $ 5, die Woche $ 20.

✱ **Brennholz** für das Lagerfeuer kostet seit einiger Zeit auch Geld, meistens $ 3 pro Nacht, im Kejimkujik Park $ 3,25 pro Bündel.

☹ Etwas Neues wurde uns über die *Provincial Parks* in British Columbia berichtet: Dort werden die Autonummern unliebsam auffallender Touristen notiert (Lärm, exzessiver Alkoholkonsum). Die Parkverwaltung ermittelt die Halter und verwarnt sie. Wenn es Mietfahrzeuge sind, geht die Verwarnung an den Vermieter, der dann genau weiß, wer sich schlecht benommen hat. Es ist nicht auszuschließen, daß dies nur die erste Stufe ist und daß später einmal *Tickets* verschickt werden.

Tiere und der Umgang mit ihnen

Da in den Naturparks die Jagd grundsätzlich verboten ist, kann man besonders dort Tiere in freier Wildbahn beobachten, die sonst nur in Zoos zu sehen sind. Wir haben es oft erlebt, daß **Koyoten** zwischen den Wohnmobilen herumspazierten und wurden mehr als einmal geweckt, wenn morgens der **Bär** über den Platz lief und die Wohnmobilisten in Fotohektik verfielen. Daß man dabei manches lohnende Foto der Urlauber im Nachtgewand verpaßte, versteht sich.

Es hätte sich wahrscheinlich im Fotoalbum genau so gut gemacht wie das Foto vom Bären, der leere Picknicktische abschnupperte, sich in einer Pfütze auf dem Fahrweg suhlte oder kopfüber auf Futtersuche in einer der hängenden Mülltonnen schaukelte.

In den kanadischen Rocky Mountains kann man dem selten gewordenen **Puma** oder *Cougar* in freier Wildbahn begegnen. Im Yellowstone NP sind 1995 wieder Wölfe angesiedelt worden.

"Normale", d.h. nicht vom Menschen durch Füttern verdorbene **Bären**, sind kaum gefährlich, weil sie mit ihrer empfindlichen Nase den Menschen von weitem wittern und ihm aus dem Weg gehen. Das tut aber eine Bärenmutter bestimmt nicht, wenn sie Junge führt und die in Gefahr sieht, dann z.B., wenn sich der Mensch zwischen Mutter und Kind begibt.

Auf richtiges Verhalten weisen Informationsbroschüren hin, die in den National- und Provinz-/Staats-Parks ausgegeben werden: "You are in Bear Country". Darin erfährt der Urlauber auch, daß ein Bach oder Fluß für den Bären kein Hindernis ist und keine Sicherheit gewährt.

Schwarzbären können, im Gegensatz zu Braunbären (*Grizzlies*), auch auf Bäume klettern. Besonders die jungen Bären suchen, wenn sie sich in Gefahr wähnen, oft auf Bäumen Zuflucht. Von einem kuriosen "Bären"-Unfall im Kluane National Park im Yukon haben wir vor ein paar Jahren gehört. Ein Urlauber war wegen eines Bären auf einen Baum geklettert, aber der Bär harrte geduldig aus. Nach einer Weile fand sich der Urlauber mit verstauchtem Fuß auf dem Boden wieder: Er war eingeschlafen und vom Baum gefallen - vom Bären war nichts mehr zu sehen.

Viele Bären haben wir auch außerhalb der Parks gesehen, beispielsweise wenn sich ein Baumstumpf am Straßenrand plötzlich in Bewegung setzte. Wo es Lachs zu fischen gibt, sind Bären nie weit, z.B. am Salmon River - nomen est omen - oder dem Fish Creek bei Stewart, BC und Hyder, AK. In den Rocky Mountains kann man mit etwas Glück und Geduld bei Wanderungen *Mountain Goats* (Verwandte der Gemsen) und Bighornschafe beobachten, in Wyoming und Montana Antilopen, in Alaska versammeln sich zum Ende der Lachssaison unzählige Weißkopf-Seeadler (Bald Eagle = Wappentier der USA) bei Haines, wo sie zumindest einen Teil der Lachskadaver nach dem Laichen beseitigen. Und sogar Elche äsen gelegentlich in einem flachen See neben dem Highway oder streichen durch das Unterholz nahe einem Campground.

Wer meint, sich für den Notfall einer Begegnung mit Bären "bewaffnen" zu müssen, darf neuerdings im Yellowstone National

Park offiziell ein Pfefferspray mitführen, das bisher Jägern und Fischern vorbehalten war. Sprühdosen, die ein lautes, zischendes Geräusch von sich geben und eine Nebelwolke erzeugen, in der ein dem Pfeffer ähnlicher Reizstoff enthalten ist, sollen sich bewährt haben. Bei der empfindlichen Nase des Bären ist das einleuchtend. Bleibt nur zu hoffen, daß der Wind immer in der richtigen Richtung weht...

☝ Es ist grundsätzlich verboten, Tiere zu füttern. Daran sollten Sie sich halten, auch wenn's schwer fällt. Erstens könnte es Ihnen eine Geldstrafe ersparen, zweitens ist es im Sinn des Überlebens der Tiere, daß sie **nicht** gefüttert werden. Das mag auf den ersten Blick nicht logisch erscheinen, ist es aber doch, denn durch das Füttern werden die Tiere ihrer natürlichen Nahrungssuche entwöhnt. Sie verlieren ihre natürliche Scheu, werden vom Menschen abhängig und so in die Nähe der Straßen gelockt, wo viele Tiere umkommen.

Tiere, die sich an die bequeme Versorgung gewöhnt haben, werden lästig, wenn der Nachschub ausbleibt. Solange das nur Waschbären (*Raccoons*) im Stanley Park von Vancouver sind, kann nicht viel passieren. Wenn aber ein Bär Futter mit dem Menschen in Verbindung bringt und "enttäuscht" wird, kann er zur Gefahr werden. Solche Bären haben den unschönen Namen *Garbage Bear* erhalten; häufig müssen sie als Folge der menschlichen Gedanken- und Rücksichtslosigkeit erschossen werden.

Es gibt noch ein gutes Argument gegen das Füttern wilder Tiere: Sie können Krankheiten haben, die beim Füttern auf den Menschen übertragen werden und bei ihm schlimme Folgen auslösen. So wird seit einiger Zeit im Süden der USA vor dem Hanta-Virus gewarnt, das von Nagetieren (Eich- oder Erdhörnchen) übertragen werden und neben fieberhaften Infekten auch Nierenversagen und Lungenentzündung auslösen kann.

Noch ein paar Worte zu Tieren, die in der Wüste im Südwesten der USA zu einer Gefahr werden können. Da gibt es Schlangen (z.B. *Rattlesnake*, *Sidewinder*), Skorpione, Spinnen (u.a. die *Black Widow* und die Tarantel/Vogelspinne), Ameisen, Wespen, Bienen, Hornissen, Käfer, Geckos und Eidechsen, unter denen das *Gila Monster* die gefährlichste ist. Mit der gebotenen Vorsicht, schützender Kleidung (lange Hosen, feste Schuhe!) und bei längerem

Aufenthalt und Wanderungen abseits der vorbereiteten Wege evtl. einem *Snakebite kit* (Schlangenbiß-Set) sollte man die Wüste ohne Probleme genießen können. Es ist sicher kein Fehler, sich mit der Lebensweise gefährlicher Wüstenbewohner vertraut zu machen.

> Wüsten-Survival, OutdoorHandbuch Basiswissen für Draußen (Band 20) von Dick & Sharon Nelson, 123 Seiten, 6 Abbildungen, diverse Skizzen, ISBN 3-89392-120-6, DM 14,80 (die Autoren leben in New Mexico).

Gibt es Argumente gegen eine Wohnmobilreise?

Allgemeines

Der Urlaub ist eine wichtige Zeit des Jahres, denn er dient der Regeneration der Arbeitskraft, bringt die Familie zusammen, schafft Kontakte und Begegnungen, die für viele Urlauber eine große Bedeutung haben, und liefert Gesprächsstoff, manchmal auch Prestige. Für all das hier Genannte bietet das Wohnmobil einen guten Rahmen:

Die Freiheit der Reisegestaltung ist allein schon ein Wert, denn man braucht auf fremde Reiseteilnehmer keine Rücksicht zu nehmen, wie es bei Gruppenreisen unbedingt notwendig ist. Planung ist sinnvoll, aber sie darf nicht starr sein nach dem Motto "Wir müssen weiter, sonst stimmt unser Programm nicht mehr". Es gibt nur wenige wichtige Daten bei einer Wohnmobilreise: den Übernahmetag, den Rückgabetag und evtl. eine im voraus gebuchte Fährpassage.

Dazwischen sollte man sich treiben lassen, die Natur genießen und bleiben, wo es besonders schön ist. Daß man diese Unabhängigkeit zum Teil aufgibt, wenn man mit Freunden oder Verwandten in einem oder mehreren Wohnmobilen reist oder gar ein Fahrzeug aus einer von einem Reiseveranstalter organisierten Wohnmobilgruppenreise bucht, sollte man vor der Buchung bedenken und kritisch gegen die Vorteile einer unabhängigen Reise abwägen.

Ein Vorteil des Wohnmobils ist also die Unabhängigkeit von Mitreisenden, Reiseleitern, Programmen. Ein anderer nicht zu unterschätzender Vorteil ist, daß man direkt in den National- und Naturparks übernachtet. Es gibt dort nur wenige Hotels oder Motels und wenn, dann liegen sie oft gar nicht in, sondern vor den Parks. Wenn man sein Abendessen auf dem Lagerfeuer zubereitet, werden

Jugendträume oder -erinnerungen wahr. Der Ruf des *Loon* (Eistaucher), das faszinierende Nordlicht oder das Heulen der Wölfe in einer Vollmondnacht - wer könnte sich dem verschließen?

Dennoch werden Argumente gegen einen Urlaub mit dem Wohnmobil vorgebracht, die wir einer kritischen Betrachtung unterziehen wollen.

"Eine Frau kann das nicht"

Wer einen Pkw fahren kann, braucht sich vor einem Wohnmobil nicht zu fürchten. Und besonders das Argument, als Frau könne man sich einen Wohnmobilurlaub nicht zumuten, läßt sich nicht halten. Wir haben gelegentlich eine Wohnmobil fahrende Tochter mit ihrer alten Mutter getroffen; für beide wurde die Reise zum unvergeßlich schönen Erlebnis. Oder für zwei Freundinnen, die in einer angeblichen Männerdomäne ohne Männer Urlaub machten.

Entgegen der landläufigen Meinung haben mehrere Studien gezeigt, daß Frauen nicht schlechter Auto fahren als Männer. Vielleicht haben manche weniger Übung, weil sie trotz gelegentlich eigenem Wagen oft nicht ans Steuer dürfen, wenn der Partner mitfährt.

Marktforschung und eigene Erfahrung lehren, daß die Frau, auch die nicht berufstätige, einen wichtigen Einfluß auf die Gestaltung der Urlaubsreise hat. Sie lehren auch, daß Männer tendenziell eine positivere Einstellung zu einem Campingurlaub in Kanada und den USA haben als Frauen. Das liegt zum Teil daran, daß Frauen Angst haben vor "der Technik", mit der sie bei einem Wohnmobilurlaub konfrontiert werden. Daß die gar nicht so schlimm ist wie befürchtet, haben wir oft gehört, wenn das "Abenteuer" erst einmal bestanden war. Oder auch, wenn sich die Ehefrau widerstrebend dem Wunsch des Mannes gebeugt und doch in eine Wohnmobilreise eingewilligt hatte.

Objektiv lassen sich für Frauen keine Nachteile gegenüber Männern nachweisen, wenn es um die Handhabung eines Wohnmobils geht, denn auf Kraft kommt es nicht an; Lenkung und Bremsen sind durch Hydraulik unterstützt, und die Kenntnisse der Männer von Kraftfahrzeugen aller Art spielen auch keine Rolle, denn zum "Basteln" am Fahrzeug gibt es nicht nur keinen Anlaß, solche Betätigungen sind unerwünscht und von den Vermietern untersagt.

Objektiv ist auch festzuhalten, daß viele Frauen in USA und Kanada Vermietstationen als Manager leiten oder an den Vermietunternehmen als tätige Gesellschafter beteiligt sind. Mehr noch: Die von Frauen geleiteten Stationen gehören zu den besten in Nordamerika! Die "Frauenquote" dürfte bei etwa einem Drittel liegen, und das in einem von viel "Technik" geprägten Geschäft!

Wir wollen den Zweiflern und Zauderern in der Damenwelt einen Denkanstoß geben, etwaige Vorurteile gegen einen Wohnmobilurlaub einer (selbst-) kritischen Analyse zu unterziehen. Umgekehrt sind die Männer angesprochen, sich auf ein wenig Mitwirkung bei der "Hausarbeit" einzustellen, denn der Wohnmobilurlaub soll ja nicht die Fortsetzung des Hausfrauenalltags in einer fahrbaren Ferienwohnung sein.

"Wir warten, bis die Kinder groß sind"

"Martin war fünf Jahre alt, als wir unsere erste Reise mit einem Camper durch Kanada und die USA unternahmen. Beim zweitenmal war er sechs, dann sieben Jahre alt. Einige Bedenken im Bekanntenkreis waren jedes Jahr die gleichen: »Amerika, wie schön. Aber mit einem Kind in *dem* Alter? Ist das nicht zu anstrengend, für das Kind langweilig und unzumutbar? Das möchten wir erst machen, wenn unsere Kinder älter sind und auch etwas davon haben«. Wir planten, flogen und fuhren. Nicht trotz des Kindes, sondern mit dem Kind" - so berichtete eine Mutter 1984 in der Süddeutschen Zeitung.

Zugegeben, für eine Familie mit Kindern schlägt eine Reise nach Nordamerika schon kräftig zu Buche, denn Kinder müssen den Flugpreis für Erwachsene zahlen, sobald sie zwölf Jahre alt sind. Wir wissen aber von vielen Familien, für deren Kinder das "Abenteuer Wohnmobil" ein ganz großes Erlebnis war; auch Martin gehört dazu. Mit dem Vater am Lagerfeuer sitzen, Kanu fahren, auf einer Ranch reiten, Indianerseservate besuchen (hier sollte ein wenig "Aufklärung" betrieben werden zur Korrektur eines romantischen Bildes, denn viele Indianer sind nicht so, wie sie bei Karl May dargestellt wurden), nicht zuletzt die zahlreichen Vergnügungsparks à la Disney oder Six Flags, die Wal- und Delphinbeobachtungen in Aquarien oder auf dem Meer im Ausflugsboot und das Erleben der Hamburger-"Kultur" im Original können für Kinder wichtig und wertvoll sein.

Außer dem Flug "kosten" die Kinder nicht viel, denn der Wohnmobilpreis gilt unabhängig von der Belegung, und daß gerade Kinder unterschiedlicher Länder und Sprachen miteinander überhaupt keine Probleme haben, wurde uns über den eigenen Augenschein hinaus immer wieder bestätigt.

"Zu alt für eine Wohnmobilreise"

Immer wieder kann man feststellen, daß das Alter als Argument herhalten muß, wenn die Entscheidung gegen einen Urlaub im Wohnmobil fällt. Da wir selbst zur "älteren Generation" gehören, können wir zu diesem Thema kompetent Stellung nehmen.

In dem schon erwähnten Buch beschreibt John Steinbeck, wie er 1960 im "Senioren"-Alter von 58 Jahren eine mehrmonatige Reise von mehr als zehntausend Meilen durch die USA unternahm. Er reiste mit seinem Pudel Charley in einem *Pickup Camper*, den er nach eigenen Wünschen bauen ließ. Seine Erfahrungen während der Reise sind amüsant und sehr lesenswert.

Wer noch nie Wohnmobil gefahren ist, kann sich auch als älterer Mensch einen erholsamen und unabhängigen Urlaub gönnen, denn außer Krankheit und dem Fehlen eines Pkw-Führerscheins (☞ Kapitel 4) spricht nichts dagegen.

Es ist sogar im Wohnmobil in mancher Hinsicht leichter und angenehmer zu reisen als bei jeder anderen Reiseform, dann beispielsweise, wenn man eine bestimmte Diät einhalten muß. Die Diät- oder Naturkostabteilungen in den Supermärkten sind gut bestückt, so daß man sich im Wohnmobil genau so wie zu Hause verpflegen kann.

Wir sind der festen Ansicht, daß ein Wohnmobil gerade den Bedürfnissen älterer Menschen gerecht werden kann - solange sie sich das "Abenteuer" zutrauen. Denn wo sonst kann man während der Reise im eigenen Bett einen Mittagsschlaf halten? Wo sonst, wenn man müde wird, einen *Wolf nap* (kurzes Nickerchen) machen, ohne daß man die Schönheiten der Landschaft verpaßt?

Vor dem "Omnibus" braucht niemand Angst zu haben: Wohnmobile sind leicht zu fahren und erfordern keine Vorbereitung in Body-Building-Kursen. Und es sind gerade die "alten" Einheimischen, die in den größten Wohnmobilen monatelang in Nordamerika unterwegs sind. Für sie gibt es eine recht schöne Bezeichnung: Die *Snow birds* entfliehen dem Schnee im Norden, fahren durch den strahlend bunten *Indian Summer* (Altweibersommer) in den warmen Süden und kehren mit den Vögeln nach Norden zurück, wenn es dort wieder wärmer ist.

Solchen Reisenden kann man allerorten begegnen: Äußerlich sind sie an den großen und komfortablen Fahrzeugen zu erkennen, die gelegentlich einen Pkw im Schlepp haben. Sie verweilen auf dem Campingplatz länger, wo die Genießer unter der angebauten Markise sitzen und es sich gut gehen lassen. Satellitenantennen für den Fernseher, Blumenampeln (echt oder künstlich), ein elektrischer Räucherofen für die selbst gefangenen Fische und ein kleiner Hund sind weitere Erkennungszeichen für genießende Senioren aus Kanada oder den USA.

Die Tourismusforschung hat ermittelt, daß die Senioren bisher eher in Deutschland oder im deutschsprachigen Ausland Urlaub gemacht haben als im Ausland und daß sie eher mit dem Bus als dem Flugzeug gereist sind. Doch mit mehr Reiseerfahrung, mehr verfügbarem Geld und guter Gesundheit neigen die Senioren jetzt zu einem anderen Reiseverhalten als diejenigen, die vor 20 Jahren Senioren waren: mehr Reisen, mehr Fliegen, mehr Aktivitäten, höhere Ansprüche - warum also nicht mit dem Wohnmobil?

Die "Lüge von der Freiheit des Campers"
"Die Freiheit des Campers enttarnt sich spätestens bei Anbruch der Dunkelheit als eine Knechtschaft, von der er vorher nichts ahnte: gekettet an eine Wohnmaschine, die nur dann funktionstüchtig wird, wenn sie regelmäßig an ihren Lebensleinen der Ver- und Entsorgung festmacht, statt Natur heißt das Campingplatz", schreibt die FAZ 1986. Diese Aussage ist in ihrer Verallgemeinerung falsch und als tendenziös abzutun.

Wohnmobile sind *Self-contained* zumindest für ein paar Tage zwischen zwei Besuchen an den Stationen zur Ver- und Entsorgung. Sie sind jederzeit "funktionstüchtig", auch wenn alle paar Tage Tanks geleert und gefüllt werden müssen. Dafür ist der Aufwand gering und ohne weiteres zu rechtfertigen mit dem Gewinn an Unabhängigkeit des Reisens.

"Die Kisten schlucken zu viel Benzin"
Manchmal hört man gegen eine Wohnmobilreise in Nordamerika das Argument, die Fahrzeuge verbrauchten zu viel Benzin und

schädigten die Umwelt. Letzteres gilt für alle Kraftfahrzeuge einschließlich des eigenen. Verbesserungen sind sowohl beim Treibstoff als auch bei den Motoren umgesetzt worden, und da ist die Entwicklung noch längst nicht abgeschlossen.

Der hohe Verbrauch ist schon lange kein Argument mehr, wenn er es jemals war. Wir haben in Kapitel 2 ein paar Berechnungen angestellt, die den Verbrauch als Argument gegen eine Urlaubsreise in der rollenden Ferienwohnung als unpassend erscheinen lassen.

Natur und Umwelt

Bei unseren Reisen haben wir sehr häufig eine Diskrepanz zwischen den offiziellen Forderungen nach Schutz der Umwelt und dem tatsächlichen Verhalten kennengelernt:

Da wird großer Wert auf saubere Straßen (mit der Androhung von Strafen bis zu $ 2.000) gelegt...

...da stehen ausgediente Ölfässer (*Litter Barrels* in Kanada, *Garbage Cans* in USA) an den Highways, auf die rechtzeitig per Schild hingewiesen wird: Touristen können hier ihren Abfall deponieren...

...da "adoptieren" Organisationen wie Lions Club oder Kiwanis ein paar Meilen Highway und sorgen für deren Sauberhaltung...

...da haben inzwischen auch viele Hotels begriffen, daß der Strom zwar aus der Steckdose kommt, aber Geld kostet: Sie empfehlen den Gästen, während ihrer Abwesenheit das Licht auszuschalten - früher eine undenkbare Forderung...

...da fordern Schilder in den Parks: *Take nothing but pictures, Leave nothing but footprints...*

Gleichzeitig aber trinken fast alle Nordamerikaner ihr Bier aus Aluminiumdosen, die keineswegs im Ruf stehen, gut für die Umwelt zu sein...

...Motoren von Fahrzeugen aller Art laufen grundlos im Leerlauf, als wären das Geräusch Musik in den Ohren, das Abgas ein Wohlgeruch und die Kosten eine Ausgabe für wohltätige Zwecke. Wir haben uns oft darüber geärgert und auch schon die Fahrer angesprochen. Sie fanden nichts dabei, wenn der Motor lief und stank, manchmal eine dreiviertel Stunde am Stück. Sie verstanden unsere Frage überhaupt nicht...

...und sogar die Eisenbahn läßt am Abend ihre Dieselmotoren neben einem Campingplatz wummern, während die Passagiere bei einem längeren Aufenthalt im Bahnhofsschuppen mit Live-Musik unterhalten werden.

Eine ähnliche Diskrepanz gibt es auch in der Einstellung zum Wald und zum Umgang mit ihm. Auf der einen Seite trägt die Forst-Industrie, z.B. auf Vancouver Island, gut klingende Argumente für die Kahlschläge großer Flächen (*Clear cuts*) vor, auf der anderen Seite kämpfen Greenpeace und andere Umweltschützer dagegen und machen sich nicht nur in Kanada, sondern auch in Europa für ihre Argumente stark.

Die Einstellung zum Wald hat sich in den letzten Jahrzehnten gewandelt; Waldbrände werden als natürliche Ereignisse angesehen, die nicht nur zur Verjüngung des Baumbestands beitragen, sondern auch der Tierwelt neuen Lebensraum schaffen.

Während wir es gewohnt sind, den Müll zu trennen und Flaschen nach der Farbe des Glases in Containern zu entsorgen, trennt man in Nordamerika den Müll weitaus weniger. Glas und Aludosen werden auf Campgrounds, wenn überhaupt, oft im gleichen Behälter gesammelt, sonst wandert aller Müll in dieselben Container. Nur gelegentlich findet man Hinweise auf den Verpackungen, daß man ein paar Cents für deren Rückgabe bekommt, aber das ist ein Anreiz, der nicht viel bewirkt.

Do not litter kann man oft lesen, auch den Hinweis, daß man bei Wanderungen alles wieder aus der Natur zurückbringen soll, und diese Empfehlungen werden in den Nationalparks auch weitgehend befolgt. Aber trotz aller Hinweise und Schilder scheint uns Nordamerika noch viel für die Umwelt tun zu können.

2. Wir stellen vor: Die rollende Ferienwohnung

Einführung

Camper, *Fifth Wheels* und *Motorhomes* sind mobile Ferienwohnungen, komfortable Apartments auf Rädern. Sie sind ausgestattet mit allem, was Unabhängigkeit und Bequemlichkeit garantiert und genau die richtigen Fahrzeuge für jeden, der die Weite des nordamerikanischen Kontinents im wahrsten Wortsinn "erfahren" und erleben will. Wohnmobile passen gut zu einem naturnahen Urlaub. Auch wenn Sie dies schon einmal gehört oder gelesen haben: Besser können wir es nicht formulieren.

Das Angebot der deutschen Reiseveranstalter ist vielfältig (☞ Kapitel 5); die Wohnmobiltypen reichen vom Geländewagen mit Schlafmöglichkeit bis zum luxuriösen 11-Meter-Bus mit allen Schikanen. In der Darstellung der Wohnmobile in den Prospekten gibt es Unterschiede, die manchmal verwirrend sein können. Wir versuchen deshalb, die Fahrzeuge zu kategorisieren und eine Übersicht zu erstellen, die auf die wesentlichen Merkmale der einzelnen Kategorien abstellt.

Wir gehen bei der Beschreibung der Wohnmobile vom Grundsätzlichen aus. Es spielt für uns keine Rolle, ob die Küchenzeile links oder rechts ist, das WC vorn oder hinten. Sie sollten sich als Mieter auch nicht auf die in den Veranstalterprospekten oder in diesem Buch abgedruckten Grundrisse versteifen, denn sie sind - und das steht auch in allen Ausschreibungen - "typisch", aber nicht verbindlich. Nur dann, wenn ein Vermieter von einem bestimmten Wohnmobiltyp nur eine einzige Auslegung, produziert im gleichen Jahr, in seiner Flotte hätte, wäre das möglich. Aber das ist so selten der Fall, daß man diesen Aspekt vergessen kann.

Die meisten Vermieter kaufen Fahrzeuge unterschiedlicher Hersteller in den verschiedensten Auslegungen, manchmal, wenn ein Fahrzeug dringend gebraucht wird, auch in einer Auslegung, die für das Mietgeschäft weniger sinnvoll ist als für den Verkauf an Einheimische. Darin liegt ein besonderes Problem: Für Mieter geeignete Auslegungen müssen nicht mit denen übereinstimmen, die sich kanadische oder amerikanische Käufer wünschen, und hier muß der Vermieter Kompromisse machen. Denn je besser er die Fahrzeuge nach der Saison gebraucht verkaufen kann, desto eher kann er für die nächste Saison neue Fahrzeuge in die Flotte nehmen. Deshalb gibt es, obwohl das im Vermietgeschäft eigentlich sinnvoll wäre, in Nordamerika fast keine Wohnmobile mit Dieselmotor.

Die Hersteller von Wohnmobilen in Kanada und den USA zeigen beim Bau der Fahrzeuge die gleiche Grundhaltung wie beim Hausbau: Es wird nicht für die Ewigkeit produziert. Da werden Leitungen für Wasser und Gas oder die flexiblen Schläuche für die Warmluftheizung großzügig durch die Schränke geführt, manchmal kaum verkleidet, und hinter vielfach zu kurz geratenen Schubladen wird Raum verschwendet, weil es vielleicht die Schubladen gerade nur in einer Größe konfektioniert gibt. Vieles wirkt für "pingelige" Europäer wie mit der heißen Nadel gestrickt. Was haben wir nicht alles gefunden, wenn einmal etwas von einem Schrankboden abgerutscht war, weil der Hersteller den vorhandenen Spalt schlicht in Kauf genommen hatte!

Diese Medaille hat aber auch noch eine andere Seite: Es kommt den Nordamerikanern zwar auf Sicherheit, aber nicht auf letzte Perfektion an, die das Produkt beträchtlich verteuern würde, sondern auf ein gutes Produkt zu einem guten Preis. Wenn man mit dem gegebenen Raum nicht auskommt, dann macht man das Wohnmobil einfach ein bißchen länger. Es muß nicht gespart werden, solange Benzin spottbillig ist. Es muß kein Qualitätsstandard zugrundegelegt werden, bei dem sich die Produkte nicht verkaufen lassen. Und was nicht verkauft werden kann, steht auch nicht zur Miete zur Verfügung.

Wenn Sie Eigentümer eines europäischen Wohnmobils sind, sollten Sie sich davor hüten, bestimmte Dinge vorauszusetzen, die Ihnen im eigenen Fahrzeug wichtig sind, die aber der Vermieter für das Mietgeschäft als wenig sinnvoll oder störend empfindet. Vor allen Dingen diskutieren die Angestellten des Vermieters nicht gern über Dinge, auf die sie keinen Einfluß haben und von denen sie vielleicht auch zu wenig wissen.

Wir haben es immer wieder erlebt, daß sich europäische Urlauber mit dem Personal an der Vermietstation gestritten haben, manchmal zu Recht unter Berufung auf den Prospekt des Reiseveranstalters, aus dem sie das Wohnmobil gebucht hatten - aber dafür ist der Vermieter nicht zuständig. Unstimmigkeiten, die sich aus der Ausschreibung des Veranstalters ergeben, sind mit diesem nach der Rückkehr aus dem Urlaub zu klären.

Die verschiedenen Wohnmobilkategorien

Außer der Typbezeichnung oder Fahrzeugkategorie spielt die Länge der Wohnmobile eine Rolle. Bei gleichem Grundriß können zwei Fahrzeuge unterschiedlich lang sein, wenn sie Chassis von verschiedenen Herstellern haben. Deshalb sollten Sie die Fahrzeuglänge nur zur Orientierung benutzen. Ein Fuß länger oder kürzer ist, wenn sonst alles übereinstimmt, nicht entscheidend. Die Wohnmobillänge wird von den Herstellern oder Vermietern oft in die Typenbezeichnung aufgenommen, z.B. RV22 (22 ft = 6,70 m) oder TC19 (19 ft = 5,80 m). Uns kommt es vorrangig auf den Komfort und die Schlafmöglichkeiten an. Fahrzeuge unterschiedlicher Länge fallen in dieselbe Kategorie, wenn sie die gleiche Zahl vergleichbarer Betten haben.

Alle Wohnmobile mit festem Dach haben innen Stehhöhe. Bei kleinen *Pickup-Campern* mit Allradantrieb ist die "Wohnung" nur wenig höher als das Fahrerhaus und enthält nicht viel mehr als ein ausziehbares Bett. Bei VW-Campern gibt es ein Hubdach, das zumindest vorn Stehhöhe gewährleistet.

Gemäß ihrer Bauart kann man verschiedene Wohnmobilkategorien unterscheiden; wir gehen von den größten Modellen zu den kleinsten. Das hat den Vorteil, daß die bei den großen Wohnmobilen üblichen Ausrüstungen zu Beginn vorgestellt werden können, während die kleineren Typen in der Ausstattung bescheidener (manchmal spartanisch) sind.

In der Übersicht nennen wir die typischen Merkmale innerhalb einer Kategorie nach den Kriterien **XL** für *Extra Large*, **L** für *Large*, **M** für *Medium*, **S** für *Small* und **XS** für *Extra Small*. Das ist willkürlich, aber wir glauben, daß diese Einteilung hilft, die für die Reise richtige Fahrzeugwahl zu treffen. In diesem Kapitel stellen wir nur das für die Kategorien Typische heraus; die Einzelheiten beschreiben wir im nächsten Kapitel.

Die Bezeichnung der Wohnmobile in den Prospekten der Reiseveranstalter richtet sich nach den Typbezeichnungen der Hersteller oder nach den von den Vermietern gewählten Namen und Abkürzungen. Eine Systematik ist darin nicht zu erkennen, denn für ein Fahrzeug, das in unsere Kategorie (**B**) fällt (Alkoven-*Motorhome* mit Durchgang zwischen Fahrerhaus und Wohnbereich), fanden wir die Typbezeichnungen B, C, E, F und G, und dabei haben wir "nur" etwas mehr als drei Dutzend Prospekte und Kataloge ausgewertet.

Innerhalb jeder Fahrzeugkategorie sind die Wohnmobile unterschiedlich groß und unterschiedlich ausgestattet, was z.T. miteinander zusammenhängt. Auch hierbei benutzen wir, abweichend von den Ausschreibungen der Vermieter und Veranstalter, unsere eigene Terminologie. So können Sie mit Hilfe der Übersicht gut erkennen, was typisch ist und was gelegentlich als Alternative vorkommt. Das soll Ihnen die Auswahl erleichtern, wenn Sie eine Reise vorbereiten.

Motorhomes: Typen (A) und (B)

Das Chassis, das die "Wohnung" trägt, ist ein Lkw-Chassis mit Zwillingsrädern hinten. Bus-ähnliche Modelle des Typs (A) und Alkovenmodelle des Typs (B) mit Schlafkabine über dem Fahrerhaus können gleich lang sein, haben aber eine unterschiedliche Auslegung im Inneren. Im Fahrerhaus können bei den Typen (A) und (B) immer nur zwei Personen sitzen.

Bei diesen Typen gibt es einen Durchgang zwischen der Fahrerkabine und dem Wohnteil. Die Länge des Fahrzeugs wird "über alles" angegeben, also inclusive Reserverad (meist hinten) und Stoßstange(n). Der Motorblock ragt in das Fahrerhaus herein.

Während der Typ (A) von vorn bis hinten einen vom Lkw unabhängigen Aufbau hat, erkennbar an den oft riesigen, "um die Ecke" gehenden Frontscheiben, ist beim Typ (B) das Lkw-Fahrerhaus ohne Dach und Rückwand noch vorhanden; oben ist der Alkoven mit dem Fahrerhaus fest verbunden, und nach hinten schließt das "Wohnzimmer" an (Fahrerhausansicht 📷 Seite 113).

Zum Vergleich: Beim Typ (C) (*Fifth Wheel*) bleibt der *Truck* unverändert, und auch beim Typ (D) (*Pickup Camper*) bleibt das Fahrerhaus des Pritschen-Lkw vollkommen erhalten, es hat auch keine Verbindung zum Alkoven, nicht einmal stützende Funktion.

Die (A)-Typen (bei uns in Europa auch "Integrierte" genannt) haben in der Regel nur eine Tür; sie führt in den Wohnbereich und liegt wie alle derartigen Türen auf der Beifahrerseite. Gelegentlich sieht man Fahrzeuge mit einer zusätzlichen Tür für den Fahrer, aber das ist nicht Standard. Im Gegensatz dazu haben die (B)-Typen außer der Tür zum Wohnbereich je eine Tür für Fahrer und Beifahrer.

Die (B)-Typen haben, je größer sie sind, ein überhängendes Heck, das von den Rädern nach hinten ein wenig ansteigt, damit es nicht auf der Straße aufsetzen kann. Diese Gefahr ist bei Einfahrten zu Parkplätzen und Tankstellen gegeben, wenn eine Senke zu überwinden ist. Sie ist besonders groß bei der Auffahrt auf Fähren, mit denen man z.B. in Kanada (oft kostenlos) Flüsse oder Seen überqueren kann. Die unter dem Fahrzeug angebrachten Rohrleitungen und der Auslaßstutzen für Abwasser können bei Bodenkontakt abreißen. Schäden in diesem Bereich gehen zu Lasten des Mieters, die Haftungsgrenze bei der Kaskoversicherung entfällt.

Kategorie (A)

Früher gab es (A)-Modelle in Größen zwischen 24 und 36 ft; da war eine Differenzierung gemäß der Innenausstattung leicht. Seitdem die (B)-Modelle "gewachsen" sind und auch schon in Längen über 30 ft angeboten werden, sind die kleineren (A)-Typen vom Markt verschwunden. (A)-Modelle sind etwa 8 ft, also 2,40-2,50 m breit.

Die im Jahr 1998 angebotenen (A)-Modelle unterscheiden sich wesentlich weniger von Vermieter zu Vermieter als die (B)-Modelle. Wir brauchen deshalb nicht so viele Untergruppen zu bilden. Allen gemeinsam sind die *Dinette* = Sitzgruppe und das **Sofa**. Ein Alkovenbett gibt es nicht (📷 Seite 77).

Wir sprechen im folgenden von einem *Double*, wenn das Doppelbett mit einer Längsseite an der Rück- oder Seitenwand des Wohnmobils steht, also nur von einer Seite zugänglich ist. Unter einem *Twin* verstehen wir ein Doppelbett, das im Heck des Wohnmobils mit der Schmalseite an Rück- oder Seitenwand des Wohnmobils steht und von beiden Seiten zugänglich ist. Auf die Breite des Doppelbetts kommt es uns nicht an. Folgende Auslegungen sind möglich:

Typ	*Gesamt-Länge*	*zusätzliche Betten*	*Sessel*
(A)-M	28-31 ft	Twin Double	-- oder 1
(A)-L	28-36 ft	Twin Twin	1 oder 2
(A)-XL	34-36 ft	Twin	1

Das Sofa ist in der Regel größer als die umgebaute *Dinette*, aber nicht so groß wie das Doppelbett. Während man auf dem Sofabett in Fahrtrichtung schläft, entsteht beim **A**-XL *mit Slide-out* aus dem Sofa ein Doppelbett quer zur Fahrtrichtung: Zur Vergrößerung des Innenraums "gleitet" ein Teil des Wohnmobils etwa einen halben Meter über die normale Breite hinaus - mit Hydraulik, versteht sich. So etwas hat man früher nur bei den privat genutzten großen *Fifth Wheels* gesehen, die die meiste Zeit auf Campingplätzen oder in Trailer Parks standen. Jetzt hat die Komfortwelle auch die Miet-Wohnmobile erreicht.

Kategorie **B**

Allen Typen gemeinsam sind: Breite etwa 8 ft = 2,40 - 2,50 m, **Alkovenbett** und *Dinette* (Sitzgruppe). Zur weiteren Unterscheidung dienen die Schlafstellen und Komforteinrichtungen wie Sessel (📷 Seite 125 + 85 oben).

Typ	Gesamt-Länge	zusätzliche Betten		Sessel
B-XS	18 - 21 ft	--		--
B-S	19 - 23 ft	Sofa Double 2 Stockbetten		-- oder -- oder --
B-M	23 - 27 ft	Double		1
B-L	26 - 30 ft	Double Twin		2 oder 1 oder 2
B-XL	28 - 31 ft	Sofa Sofa Sofa	+ Double + Twin + 4 Stockbetten	1 oder -- oder --

Fifth Wheel: Typ **C**

Als *Fifth Wheel* bezeichnen die Nordamerikaner einen Wohnmobiltyp, bei dem die "Wohnung" eine lösbare Verbindung mit dem

Zugfahrzeug hat: Wie bei einem Sattelschlepper liegt der Alkoven des *Trailers* auf der Pritsche eines *Pickup Truck* auf. Die "Wohnung" selbst rollt auf einer Tandem-Achse. Für das Abnehmen und Aufbocken des *Trailers* benötigt man mit ein wenig Übung nur wenige Minuten (📷 Seite 97 unten).

Die *Fifth Wheels* sind geräumiger als gleich lange *Motorhomes*, besonders das Alkovenbett ist größer. Allerdings ist die Gesamtlänge des Gefährts deutlich größer als bei einem *Motorhome*: Ein 22 - 23 ft langes *Fifth Wheel* erreicht zusammen mit dem *Truck* eine Länge von 37 - 38 ft, also etwa 11,50 m. Von der Betten-Anordnung her entspricht dieser gängige Typ dem oben beschriebenen Typ (**B**)-S, aber der hat eine Länge von etwa 7 m.

Diese Wohnmobile werden von wenigen Vermietern angeboten. Sie eignen sich besonders für längere, gemütliche Reisen, bei denen der Wohnteil für mehrere Tage auf demselben Platz stehen bleiben kann, wenn man mit dem *Truck* zu Besichtigungen oder zum Einkaufen unterwegs ist. Mit ihnen kann man auch problemlos Innenstädte besuchen, in denen das Fahren mit einem vergleichbaren *Motorhome* eher beschwerlich ist (Park-Probleme!).

Während der Fahrt müssen alle Passagiere im *Truck* sitzen, ein vorgespannter *Super Cab Truck* bietet aber nur vier Personen Platz.

Pickup Camper: Typ **D**

Das Fahrzeug ist ein Pritschen-Kleinlaster mit einfacher Bereifung hinten und abgeschlossener Fahrerkabine. Der Wohnteil, zu dem es außer gelegentlich einem kleinen Fenster keine Verbindung vom Fahrerhaus gibt, ist auf der Ladefläche befestigt. Er kann

zwar abgenommen werden, aber nicht während einer Urlaubsreise, sondern wenn ein einheimischer Besitzer den Aufbau nur für den eigenen Urlaub benutzt, den Lkw aber im Alltag braucht. Solche Camperwohnteile sitzen dann oft im Garten auf Stützen und warten auf die nächste Urlaubsfahrt (📷 Seite 97 oben).

Die Angaben zur Fahrzeuglänge unterscheiden sich, je nachdem, ob das Fahrzeug "über alles" wie ein *Motorhome* gemessen wird oder nur die Bodenfläche des Wohnteils. Ein mit 8 Fuß angegebener Camper hat einen Aufbau von etwa 2,40 m, aber eine Gesamtlänge von etwa 19 - 20 Fuß (knapp 6 m). In dieser Länge ragt der Wohnteil kaum oder gar nicht über die Pritsche des Lasters hinaus. Bei den oft als *Maxi Pickup Camper* bezeichneten Fahrzeugen ist der Wohnteil (zwischen 10 und 11 ft) um etwa einen Meter länger und ragt über die Ladefläche hinaus. Die Gesamtlänge erreicht dann 22 - 23 Fuß (6,70 - 7,00 m).

Die *Trucks* gibt es in drei Ausprägungen: 1. mit einfacher zweitüriger Fahrerkabine, in der drei Personen auf der Sitzbank Platz finden; 2. als *Super Cab* oder *Extended Cab*, wo hinter der Sitzbank gerade so viel Platz ist, daß zwei Einzelsitze untergebracht werden können; 3. als *Crew Cab* mit zwei Türen auf jeder Seite und einer zweiten Sitzbank.

Die Camperaufbauten haben die Breite der (**A**)- und (**B**)-*Motorhomes*, der Alkoven über der Motorhaube ist manchmal so groß, daß er das Blickfeld nach oben einschränkt. Das Radio im Fahrerhaus hat keine Lautsprecher im Wohnbereich. *Pickup-Camper* haben aber auch Vorteile gegenüber den *Motorhome*-Typen (**A**) und (**B**):

* Der Wassertank ist durch die metallene Ladefläche geschützt, so daß Steinschlag den Kunststofftank nicht gefährden kann. Das zahlt sich auf Schotterstrecken aus, auf denen man...
* ...im Fahrerhaus viel weniger von Erschütterungen im Wohnbereich hört, wenn z.B. Geschirr oder Vorräte in den Schränken klappern oder die Platte des Gasherds rattert und quietscht. Außerdem...
* ...können auf der Sitzbank im Fahrerhaus drei Erwachsene sitzen, weil der Motor nicht in die Fahrerkabine hereinragt.

Das früher standardmäßige Fenster nach vorn im Alkoven gibt es nur noch selten. Es hatte ohnehin einen begrenzten Nutzeffekt, war aber der Gefahr ausgesetzt, von aufgewirbelten Steinen getroffen und zerstört zu werden. Während man Fenster für den *Truck* leicht bekommen kann, ist der Ersatz eines Camperfensters schwieriger und nur bei Spezialwerkstätten möglich. Wir haben auf einer Fahrt nach Alaska das Fenster mit Pappe und Klebeband geschützt - die Einschläge haben die Scheibe erreicht, sie aber nicht beschädigt. Wir haben auch vom Nutzen aufgeklebter Luftpolsterfolien gehört, wie man sie zu Verpackungszwecken benutzt.

Ab Winter 1998/99 neu in den Prospekten: Der neue Fahrzeugtyp M-22 "Euroflyer" von Cruise America/Canada steht zwischen dem *Motorhome* und dem *Pickup-Camper*, weil er das Chassis eines *Pickup Trucks* hat und den festen Aufbau eines *Motorhomes*, aber keinen Durchgang zwischen Fahrerkabine und Wohnbereich.

Er ist in einer Länge von 20-23 ft angekündigt. Er ist so breit wie die Typen (**A**) und (**B**). Der Grundriß soll dem eines großen *Pickup-Campers* entsprechen. Sein Vorteil: Die "Wohnung" sitzt nicht **auf** der Ladefläche, sondern ist wie bei den *Motorhomes* auf das Chassis gebaut. Dadurch entsteht ein niedrigerer Schwerpunkt, möglicherweise auch weniger Luftwiderstand und geringerer Benzinverbrauch. Er läuft bei uns unter der Bezeichnung (**D**)-XL.

Schmaler als die bisher besprochenen und weitaus spartanischer ausgestattet sind die *Pickup-Camper* mit **Allradantrieb**. Der "Wohnteil" besteht im Extremfall aus einer Kabine mit zwei Türen im Heck, in der es nicht einmal Stehhöhe gibt. Das Bett wird auseinandergezogen, tagsüber wieder zusammengeschoben. Alles, was man zum Leben braucht, ist nicht fest installiert, sondern "*portable*": der Wasserbehälter, der Gaskocher, die Kühlbox. Dieser Typ steht als (**D**)-XS am unteren Ende der *Pickup*-Skala.

Besser ausgestattet sind die (**D**)-S bezeichneten Camper, die einen Alkoven und z.T. eine eingebaute Kühlbox haben (Kühlung mit Eis aus dem Supermarkt oder von der Tankstelle).

Van Conversion: Typ (**E**)

Ein *Van* ist ein Lieferwagen oder Kleinbus. Wenn man ihn zu einem Wohnmobil umwandelt ("konvertiert"), dann entsteht ein *Van Conversion*. Es gibt einige andere Bezeichnungen für diesen Wagentyp, die oft mit der Größe zu tun haben: Ein *Wide Body Van* hat mehr Breite als ein normaler, der auch *Campervan* oder *Van Camper* heißen kann (📷 Seite 85 unten).

In verlängerter Form kommt er als *Maxi-Van* daher, als *Deluxe Van*, wenn der Vermieter mehrere *Van Conversions* im Angebot hat

2. Wir stellen vor: Die rollende Ferienwohnung

Typ = A – XL

Typ = A – L

Typ = B – XL

Typ = B – L

Typ = B – M

Typ = B – XS

2. WIR STELLEN VOR: DIE ROLLENDE FERIENWOHNUNG

Typ = C

Sofa/Bett, Kühlschrank, Dusche/WC, Schrank, Sitzecke/Bett, Spüle, Herd, Doppelbett

Typ = D – XL

Dusche/WC, Herd+Mikrowelle, Spüle, Sitzecke/Bett, Schrank, Kühlschrank, Sofa/Bett, Doppelbett

Typ = D – M

WC, Herd, Spüle, Tisch, Sitzecke/Bett, Kühlschrank, Doppelbett

Typ = E – L

Dusche, WC, Drehsessel, Sitzecke/Bett, Herd, Spüle, Sitzecke/2 Betten

Typ = E – M

Dusche/WC, Herd, Sitzecke/Bett, Schrank, Kühlschrank, Spüle, Doppelbett

Typ = F

Schrank, Kühlschrank, Spüle, Herd, Bett, Schrank, Sitzbank, Tisch und sie von der Ausstattung her differenzieren möchte. Besonders geräumige Fahrzeuge tragen gelegentlich auch den Namen *Motorhome Van*, aber mit einem *Motorhome*, wie wir es definiert haben, hat das nichts zu tun.

Die *Van Conversions* haben die in den *Trucks* üblichen Motoren, meist mit acht Zylindern. Sie sind auf Stehhöhe ausgebaut und haben oft im Dachbereich ein Bett. Außer den Türen für Fahrer und Beifahrer gibt es auf der rechten Seite in Fahrtrichtung eine Schiebe- oder Klapptür zum Wohnbereich.

Weil von der Fahrzeuggröße her weniger Raum zur Verfügung steht als in den *Motorhomes*, ist die Ausstattung bei einigen Herstellern intelligenter, wenn auch nicht ganz so komfortabel: weniger Flammen am Gasherd, kleinerer Kühlschrank, selten Dusche, nicht immer WC, aber diese "Nachteile", wenn es denn welche sind, werden aufgewogen durch die Handlichkeit und damit die Möglichkeit, auch Städte problemlos zu besuchen. Außerdem ist der Benzinverbrauch recht günstig.

Betten, die nicht erst "gebaut" werden müssen, gibt es bei wenigen Modellen im Heck. Zum Bett umgebaut werden die Dinette oder die Sessel im Fahrerhaus mit denen im Wohnbereich, auseinander gezogen wird die Matratze im Dachaufbau, wo ein solcher vorhanden ist.

VW Camper: Typ (F)
Einige Vermieter, besonders wenn sie gleichzeitig VW-Händler sind, haben den VW-Camper mit Hubdach im Programm. Er hat einen 6-Zylinder-Motor mit 2,8 l Hubraum und Frontantrieb. Sein Aufbau stammt anders als früher nicht mehr von Westfalia, sondern von dem amerikanischen *Motorhome*-Hersteller Winnebago. Auf diesen Wagentyp trifft das für die *Van Conversions* Gesagte gleichermaßen zu, wobei das Dach erst aufgestellt werden muß, wenn man im Wohnbereich stehen will.

Wohnmobile für Behinderte
Wir haben schon davon gesprochen, wie positiv die Einstellung der Kanadier und Amerikaner zu Behinderten ist. Da ist es auch gar nicht verwunderlich, daß es Vermieter gibt, die wenige Wohnmobile **rollstuhlgerecht** ausgebaut haben, mit breiter Tür und sogar einer

Die typischen Merkmale der Wohnmobil-Kategorien

	A			B					C	D					E			F
	XL	L	M	XL	L	M	S	XS		XL	L	M	S	XS	L	M	S	
Chassis: amerikanisch	●	●	●	●	●	●	●	●	●	●	●	●	●	●	●	●	●	
deutsch																		●
Antrieb: Hinterrad-Antrieb	●	●	●	●	●	●	●	●	●	●	●	●			●	●	●	
Front-Antrieb																		●
Allrad-Antrieb													●	●				
Breite: bis 8 ft	●	●	●	●	●	●	●	●	●	●	●	●			●			
bis 7 ft													●	●		●	●	●
Durchgang Fahrerhaus / Wohnteil	●	●	●	●	●	●	●	●	●	●					●	●	●	
Wohnungs-Tür seitlich	●	●	●	●	●	●	●	●	●	●					●	●	●	
hinten											●	●	●	●				
Hinterachse Zwillings-Bereifung	●	●	●	●	●	●	●	●										
Tandem-Achse									●									
einfache Bereifung										●	●	●	●	●	●	●	●	●
Automatik-Getriebe	●	●	●	●	●	●	●	●	●	●	●	●			●	●	●	
Servo-Lenkung	●	●	●	●	●	●	●	●	●	●	●	●	●	●	●	●	●	
Servo-Bremsen	●	●	●	●	●	●	●	●	●	●	●	●	●	●	●	●	●	
Betten: Alkoven-Bett				●	●	●	●	●	●	●								
Eßecke / Dinette	●	●	●	●	●	●	●	●	●	●					❷			
Slide-out Sofa / Couch	●																	
Sofa / Couch				●	●	●		❶	●	●								
Double Bed						❷	❶	❷		●	❷				❶			
Twin Bed	●	●	●	❶	❷	❶												
4 Stockbetten					❸													
2 Stockbetten								❸										
Bett im Dach-Aufbau															❷			●
Sitzbank wird zu Bett																		●
Einzelbett aus 2 Sesseln															❶	●	●	
ausziehbares Bett														●				
Sessel: 1 Drehsessel	●	❶	❷	❶	❶	●			○									
2 Drehsessel			❷		❷													
Spül-WC mit Tank	●	●	●	●	●	●	●	●	●	●	●	●	○		●	●	●	
Dusche mit Wanne/Abtrennung	●	●	●	●	●	●			●	●					●			
Wasser läuft über WC													●				●	
Handwaschbecken	●	●	●	●	●	●	●	●	●	●	●	●			●	●	●	
Abwassertank für Küche, Dusche	●	●	●	●	●	●	●	●	●	●					●	●		●
Frischwasser Tank	●	●	●	●	●	●	●	●	●	●	●	●			●	●	●	●
tragbarer Behälter													●	●				
Heizung (Propan)	●	●	●	●	●	●	●	●	●	●	●	●			●	●	●	●
Klimaanlage Fahrerhaus (Dash Air)	●	●	●	●	●	●	●	●	●	●	●	●			●	●	●	●
Wohnung (Roof Air)	●	●	●	○	○	○	○	○	●	○	○				●	●	●	
Generator	●	●	●	○	○	○			○									
Herd Propan	●	❷	❷	●	●	●	●	●	●	●	●	●			●	●	●	●
tragbarer Gaskocher													●	●				
Backofen	●	●	●	●	●	●	●	○	●	●	●				○	○		
Mikrowelle	●	●	●	●	●	●	○	○	●	●	●				○	○		
Kühlschrank	●	●	●	●	●	●	●	●	●	●	●	●			●	●	●	●
eingebaute Kühlbox													●					
tragbare Kühlbox														●				
	XL	L	M	XL	L	M	S	XS		XL	L	M	S	XS	L	M	S	
	A			**B**					**C**	**D**					**E**			**F**

● = Standard   ○ = kommt gelegentlich vor   ❶ ❷ ❸ = alternative Ausstattungen

Hebebühne. Daß der Umbau Geld kostet und den Mietpreis erhöht, ist selbstverständlich, aber immerhin kann auch ein Behinderter mit seiner Familie die Schönheiten Nordamerikas und den Reiz einer Wohnmobilreise erleben.

In den Prospekten einiger Reiseveranstalter finden Sie dieses (**A**)-Modell beim Vermieter El Monte in San Francisco, Los Angeles und Las Vegas.Was wir bisher noch nicht in den Prospekten gefunden haben, ist die Möglichkeit, **jeden** Fahrzeugtyp auf reinen **Handbetrieb** umrüsten zu lassen. Der kanadische Vermieter Fraserway, der zu einem bedeutenden Wohnmobilhersteller gehört, berechnet für den Umbau etwa CAN-$ 350 bei Anmeldung bei der Reservierung. So können auch Behinderte, die in Europa ihren eigenen Wagen fahren, ein Wohnmobil im Urlaub benutzen.

Benzinverbrauch für die einzelnen Wohnmobil-Kategorien

Gelände, Witterungsbedingungen und Fahrweise beeinflussen den Benzinverbrauch, das weiß jeder. Insofern ist es unmöglich, einen verbindlichen Verbrauchswert für die verschiedenen Wohnmobile zu nennen. Die Vermieter geben selten Verbrauchswerte an, weil sie sich nicht für deren Richtigkeit verantwortlich machen lassen wollen.

Es gibt aber Durchschnittswerte, die man "von - bis" angeben kann. Das versuchen wir im folgenden mit Hilfe der Herstellerangaben und eigener Erfahrungswerte.

Was wir auf einigen unserer Reisen verbraucht haben, ist im Diagramm gekennzeichnet. Wenn mehrere Werte beim gleichen Typ stehen, dann sind regelmäßig die höheren auch die älteren Werte; darin kommt die schon erwähnte Verbesserung der Motoren zum Ausdruck.

Der aus dem Rahmen fallende Wert für den (**B**)-M stammt aus dem Jahr 1976, der für den (**D**)-L aus dem Jahr 1975. Wenn Sie mit Verbrauchswerten von mehr als 40 Litern auf 100 km konfrontiert werden oder gar lesen, daß Wohnmobile bis zu 60 Liter verbrauchen, dann beziehen sich die Angaben auf Fahrzeuge aus der wohnmobilen Steinzeit oder sie sind falsch errechnet worden.

Wenn Sie während einer Reise Werte ermitteln, die deutlich über den hier angegebenen Spannen liegen, sollten Sie sich mit dem Vermieter in Verbindung setzen. Wichtig: Richtig rechnen! (☞ Kapitel 4).

Durchschnittlicher Benzinverbrauch (Liter auf 100 km)

		10	15	20	25	30	35	40
A	XL					▬▬▬▬▬▬		
A	L				▬▬▬▬▬▬			
A	M				▬▬▬▬▬▬			
B	XL				▬▬▬▬▬▬			
B	L			▬▬▬▬▬▬				
B	M			▬▬▬▬▬				
B	S		▬▬▬▬▬▬					
B	XS		▬▬▬▬▬▬					
G					▬▬▬			
D	XL			▬▬▬▬▬▬				
D	L			▬▬▬▬				
D	M		▬▬▬▬▬					
D	S		▬▬▬▬					
E	L		▬▬▬▬▬					
E	M	▬▬▬▬						
E	S	▬▬▬▬						
F		▬▬▬▬						

Wir kommen bei der Berechnung des Benzin-Verbrauchs in Kapitel 4 auf diesen Aspekt zurück. Hier soll nur ein Denkanstoß gegeben werden. Wir rechnen den Verbrauch und die Kosten für Wohnmobile in Nordamerika um auf deutsche Verhältnisse.

Hypothesen: Benzinpreis in **Kanada:** CA$ 0,54 bis 0,60 je Liter, also im Schnitt CA$ 0,57. In **USA:** US$ 1,20 bis 1.40 je Gallone von

ca. 3¾ Litern, also im Schnitt US$ 1,30. Als Kurse nehmen wir an:
1 CA$ = DM 1,12, 1 US$ = DM 1,72. Benzinpreis in Deutschland:
DM 1,60 pro Liter bleifreies Super (Stand: Februar 1999).

Zur Berechnung des Benzinverbrauchs wurden zugrunde gelegt:
30% Stadt, 30% Landstraße und 40% Autobahn.

Kosten je 100 km in CDN/USA	Verbrauch l/100 km in DM	Zu diesen Kosten fahren in Deutschland bei DM 1,60/Liter Super folgernde Pkw (ADAC-Motorwelt 5/98)
Kanada		
15	9,58	Opel Corsa Eco 1,2; Daihatsu Cuore
20	12,77	VW Polo, Opel Astra, Ford Escort
25	15,96	VW Golf, MB C180 u. 240, Opel
30	19,15	Omega MBW 320i, Volvo S70, Audi
35	22,34	A8, Nissan Serena, BMW 735i, MB
40	25,54	S420, Mazda MPV 3,0.
USA		
15	8,85	Honda Civic, Toyota Starlet, Ford
20	11,80	Fiesta, Audi A3 u. A4, BMW 323i,
25	14,75	Volvo V40, VW Passat, MB E280 u.
30	17,70	E340, Lexus GS 300, Peugeot 605,
35	20,65	Jaguar XJ, MB S500, BMW 750i,
40	23,60	Mitsubushi Pajero

Wenn Sie nun den geldwerten Verbrauch Ihres eigenen Wagens in Beziehung setzen zu den Verbrauchswerten in Nordamerika, dann können Sie zu den gleichen Kosten, die Ihr Pkw im Alltag verursacht, ein prächtiges Wohnmobil in Nordamerika fahren oder bei bescheideneren Ansprüchen sogar mit dem Wohnmobil billiger reisen als zu Hause mit dem eigenen Pkw. Ist das kein Argument für einen Wohnmobilurlaub in Nordamerika?

Wo kann man Wohnmobile mieten?

Diese Frage ist bewußt doppeldeutig formuliert, denn sie zielt einerseits darauf, wo es in Nordamerika Wohnmobile gibt und andererseits auf die Buchungsmöglichkeiten in Europa. Hier ist eine große

Zahl von Reiseveranstaltern tätig, die ihre Programme über Reisemittler (Reisebüros) oder direkt vertreiben. Die Veranstalter werden für Kanada und Alaska aufgelistet, nicht jedoch in einer Liste für die USA.

Für **Kanada** ist die Aufstellung in der für Winter und Sommer erscheinenden "Canada Reiseinformation" der Canadian Tourism Commission zu finden; in ☞ Kapitel 5 kommen wir mit ein paar kritischen Anmerkungen darauf zurück.

Für **Alaska** gibt es eine Veranstalterliste beim zuständigen Fremdenverkehrsamt (Bezugsquellen: ☞ Kapitel 5). Beide Aufstellungen umfassen Deutschland, Österreich und die Schweiz.

Wohnmobile können bei insgesamt rund 40 Vermietstationen in Kanada und fast genau so vielen Stationen in USA übernommen werden...

...in Kanada:
Calgary, AB
Halifax, NS
Montreal, PQ
Toronto, ON
Vancouver, BC
Whitehorse, YT
Winnipeg, MB

...in den USA:
Albuquerque, NM
Anchorage, AK
Atlanta, GA
Bellingham, WA
Boston, MA
Chicago, IL
Denver, CO
Fort Lauderdale, FL
Houston, TX
Las Vegas, NV

Los Angeles, CA
Miami, FL
New Orleans, LA
New York, NY
Orlando, FL
Phoenix, AZ
Salt Lake City, UT
San Francisco, CA
Seattle, WA
Tampa, FL

Wir stehen auf dem Standpunkt, daß die Anmietung in Europa bei einem Reiseveranstalter von Vorteil ist. Darauf gehen wir in ☞ Kapitel 5 ein.

Sicherungsschein des Reiseveranstalters

Deutsche Reiseveranstalter sind gesetzlich verpflichtet, Kundengelder gegen das Risiko der Zahlungsunfähigkeit abzusichern. Damit soll gewährleistet werden, daß der Reisende die bezahlten Leistungen erhält oder daß ihm für die Rückreise zusätzlich entstehende Aufwendungen erstattet werden. Verstöße gegen die

Absicherungs-Pflicht können mit Geldstrafen bis DM 10.000 geahndet werden. Ohne Aushändigung des Sicherungsscheins ist der Veranstalter nicht befugt, Zahlungen auf den Reisepreis zu fordern oder anzunehmen.

Wichtig: Ohne Sicherungsschein keine Zahlung! Dieser Satz hat doppelte Bedeutung: Sie brauchen vor Reise-Antritt nicht zu zahlen, aber Sie bekommen auch kein Geld im Schadensfall.

Reiseveranstalter ist, wer mindestens zwei Reise-Leistungen zu einem Gesamtpreis zusammenfaßt. Die Angebote von Ferienhäusern, Boots-Chartern und Wohnmobilen fallen unter die gesetzlich festgelegte Absicherungspflicht des Veranstalters. Auch ein Vermittler (Reisebüro) ist verpflichtet, vor Entgegennahme einer An- oder Vorauszahlung den Sicherungsschein auszuhändigen.

Wir sind ein ordentlicher Verlag

und räumen ständig unser Lager auf, um Platz für Neuauflagen unserer ReiseHandbücher und OutdoorHandbücher zu schaffen.
Wir bieten unseren Lesern

- Auslaufmodelle
- Restbestände
- leicht beschädigte Remittenden

teilweise für <u>ein Viertel</u> des ursprünglichen Preises an. Schnäppchenjäger sollten umgehend unsere aktuelle Liste verlangen (die übrigens auch auf unserer Homepage enthalten ist) und schnell bestellen - nur solange der Vorrat reicht.

Conrad Stein ⊕ Verlag

In der Mühle   D 25821 Struckum
☎ 04671 / 93 13 14   FAX 04671 / 93 13 15
✉ <outdoor@tng.de>   🖳 <http://outdoor.tng.de>

3. Was ein Wohnmobil ausmacht

Einführung

Wir behandeln in den folgenden Abschnitten das "Basisfahrzeug" und alles, was mit dem mobilen Teil zusammenhängt; "Küche und Wohnzimmer", "Das Schlafzimmer", also die Anordnung der Betten; in "Naßzelle und Tanks" die Versorgungseinrichtungen und deren Handhabung. Allgemeine Informationen und Verhaltensregeln im Verkehr und Informationen über die Campgrounds folgen in späteren Kapiteln.

Die Vermieter weisen die Mieter in die Technik ein und stellen zumeist auch ein Handbuch zur Verfügung, manchmal sogar in deutscher Sprache. Wer zum ersten Mal ein Wohnmobil übernimmt, sieht sich vielleicht vor einer Fülle von neuen Dingen, die ihn verwirren könnte. Die Gefahr ist geringer für jemanden, der sich schon theoretisch ein wenig mit der Technik der Wohnmobile vertraut gemacht hat. Unser Handbuch soll dazu einen Beitrag leisten und auch während der Reise als Nachschlagewerk hilfreich sein.

Das Basisfahrzeug

✱ Die **Motoren** der Wohnmobile sind angemessen stark und erlauben komfortables Fahren, auch im Gebirge. Die kanadischen und amerikanischen Fahrzeuge (Ford, Chevrolet, Dodge) haben 6-, 8- oder neuerdings 10-Zylinder-Motoren, die bei relativ niedrigen Drehzahlen ruhig laufen und bei geringem Verschleiß eine lange Lebensdauer haben.

✱ Dieselmotoren sind selten, Benziner sind Standard. Das zulässige **Benzin** ist in fast allen Fällen *Regular Unleaded*, also bleifreies Normalbenzin. Der VW-Camper in der Winnebago-Ausführung hat einen 2,8 l-Motor mit 6 Zylindern und Frontantrieb.

✱ Als Reisender hat man im Normalfall mit dem Motor nur wenig zu tun: Möglichst bei jedem Tanken sollte man den **Ölstand** kontrollieren oder kontrollieren lassen; das geht genau so wie beim eigenen Pkw. Es ist im Interesse der Vermieter, daß der Kunde Öl nachfüllt, wenn es nötig sein sollte; deshalb erstatten die meisten Vermieter die Auslagen für Öl gegen Quittung. Vermieter, die sich dazu nicht entschließen können, gehen, um ein paar Dollar zu sparen, unseres Erachtens ein teures Risiko ein. Standardmotoröl ist "10W30" oder "10W40"; es wird in Liter- oder Quart-Dosen verkauft wie bei uns. Am besten lassen Sie sich vom Vermieter sagen, welches Öl er vorschreibt.

✱ Die meisten Wohnmobile haben Dreigang-**Automatikgetriebe**, die nur in Stellung **P** (Parken) und **N** (Neutral = Leerlauf) gestartet werden können. Das ist nicht anders als bei uns. Wenn der Motor nicht sofort anspringt, sollte der Anlasser nie länger als eine Minute laufen. Lassen Sie einige Zeit zwischen den Startversuchen verstreichen. Der Zündschlüssel kann nur in Position **P** abgezogen werden. Der VW-Camper hat ein Viergang-Automatikgetriebe.

Im Gegensatz zu den bei uns verbreiteten Fünfganggetrieben ist der Drehzahlbereich des Fahrgangs **D** (für *Drive*) in Nordamerika sehr breit. Bei Bergfahrten ist es manchmal ratsam, von Hand auf Stufe **2** zurückzuschalten: bergauf, um die Drehzahl zu erhöhen und dadurch den Motor besser zu kühlen; bergab, um die Bremswirkung des Motors zu nutzen und das gefürchtete *Fading* bei heißlaufenden Bremsen zu vermeiden.

Für die einzelnen Gänge haben uns die Vermieter unterschiedliche Höchstgeschwindigkeiten genannt: **Stufe 1** bergauf 15 - 30 mph = 25 - 50 km/h, bergab 20 - 30 mph = 35 - 50 km/h; **Stufe 2** 30 - 50 mph = 50 - 80 km/h bergauf oder bergab. Die meisten Vermieter schlagen jedoch vor, sich auf den gesunden Menschenverstand zu verlassen, mitzudenken und "nach Gehör" zu fahren. Treibstoff kann man bei zu hoch drehendem Motor nicht sparen. Man sollte deshalb mit höheren Drehzahlen in den Gängen 1 und 2 nur fahren, wenn es unbedingt nötig ist.

✱ Manche Wohnmobile haben *Overdrive*, d.h. einen Schongang, der die Drehzahl senkt und Treibstoff spart. Er wird meistens mittels eines Knopfs im Schalthebel der gängigen Lenkradschaltung ein- und ausgeschaltet. Er sollte nur auf ebener Strecke benutzt und bei Gefällstrecken ausgeschaltet werden, damit die Bremswirkung des Motors genutzt werden kann (siehe oben). Vorausdenkende Benutzung des *Overdrive* und der Schaltstufen des Getriebes spart viel Benzin. Nicht immer ist ein Motor schlecht eingestellt, wenn der Fahrer hohe Verbrauchswerte ermittelt.

✱   Wer mit **Automatikgetriebe** keine Erfahrungen hat, braucht keine Angst vor einer Wohnmobilreise zu haben. Wichtig ist nur eins, und das muß ins Unterbewußtsein des Fahrers eingehen: Der linke Fuß ist arbeitslos! Man sollte ihn möglichst weit zur Seite stellen. Wenn neben der Tür eine Stufe ist, stellen Sie ihn in diese Vertiefung oder lassen Sie sich sonst ein Hilfsmittel einfallen, das den linken Fuß daran hindert, die nicht vorhandene Kupplung zu betätigen. Wenn man mit dem Druck, der üblicherweise für die Kupplung angewandt wird, die Bremse erwischt, dann bekommt man das Gefühl, das Wohnmobil stelle sich auf die Vorderräder. Daß der Inhalt der Schränke den Prinzipien der Schwerkraft folgt, ist klar, und mindestens die Kaffeekanne ist reif für den Müll.

✱   Zur leichten Bedienung der Wohnmobile trägt die **Servolenkung** bei; das Lenkrad läßt sich dank der Unterstützung durch die Hydraulik mit einem Finger drehen, viel leichter, als man es bei uns von Servolenkungen gewohnt ist. Das erfordert etwas Gewöhnung, ist aber sonst recht angenehm.

✱   Komfortabel ist auch das **verstellbare Lenkrad** (*Tilt steering*), das es erlaubt, in Verbindung mit der **Sitzverstellung** die günstigste Sitzposition einzunehmen. Fahrer- und Beifahrersitz lassen sich zwar nach vorn und hinten schieben, die Rückenlehne läßt sich jedoch nur selten verändern. Man sitzt im *Camper* und *Motorhome* ziemlich hoch und hat guten Überblick über die Straße.

✱   **Sicherheitsgurte** sind vorhanden und müssen angelegt werden - nicht nur im Fahrerhaus, sondern auch im Wohnbereich, wo die Sitzbänke mit Gurten ausgestattet sind. Die Zahl der vorhandenen Sicherheitsgurte entspricht der Zahl der maximal zu befördernden Personen.

✱   Im Fahrerhaus gibt es **Sonnenblenden**, die aber manchmal so klein sind, daß sie gegen die tiefstehende Sonne nicht helfen. Da muß man sich notfalls Hilfskonstruktionen einfallen lassen aus Klebeband und Karton. Wir haben damit bei einer Reise im Herbst durch den *Indian Summer* von Neuengland gute Erfahrungen gemacht.

✱   Die **Rückspiegel** sind groß und sollten so eingestellt sein, daß der Fahrer das Ende des Wohnmobils gerade noch sehen kann. Zum Einstellen braucht der Fahrer einen Helfer, denn die Spiegel werden nicht elektrisch betrieben (bestenfalls gegen Vereisung beheizt).

Auf den linken Außenspiegel ist in der Regel ein runder Verkleinerungsspiegel aufgeklebt, mit dem man den "toten Winkel" überblicken kann, der aber zum **Rückwärtsfahren** auch nach Gewöhnung nicht geeignet ist. Dafür braucht auch ein geübter Fahrer einen geübten Einweiser!

Gehen Sie kein Risiko ein: Schäden beim Rückwärtsfahren gehen zu Lasten des Mieters, die Begrenzung der Selbstbeteiligung in der Kaskoversicherung entfällt bei den meisten Vermietern! Neuerdings gibt es eine Hilfe, die das Zurücksetzen erleichtern und vor Hindernissen hinter dem Wohnmobil warnen soll: Radar! Das Gerät piepst im Fahrerhaus, wenn sich das *Motorhome* - nur dafür ist das System verfügbar - auf 1,30 m einem Hindernis nähert. Trotzdem: Verlassen Sie sich auch nicht auf die modernste Technik: Ihr Beifahrer ist besser!

Selbst erlebt: Ein Landsmann gab ein am Heck stark beschädigtes Motorhome ab. Der Stationsleiter fragte, wie denn der Schaden entstanden sei und ob sich der Fahrer nicht von seiner Frau habe einweisen lassen. "Doch", war die Antwort, "aber ich habe ihr nicht geglaubt".

✱ Nordamerikaner sind es gewohnt, lange Strecken zu fahren; ein Kaffeebesuch bei Freunden oder Verwandten in 300 km Entfernung ist nichts Besonderes. Da allgemein langsamer gefahren wird als bei uns (es gibt nur in Montana Strecken ohne Geschwindigkeitsbegrenzungen!) und da auch auf Überlandstrecken das Rechtsüberholen zulässig (wenn auch nicht immer beliebt) ist, führt der **Tempomat** (*Cruise Control*) zu einem gleichmäßigen Verkehrsfluß:

Die gewünschte Geschwindigkeit wird durch den Druck auf einen Knopf im Blinkerhebel fixiert. Sie bleibt so lange konstant, bis man a) das Bremspedal berührt, b) den Schalter **Off** betätigt, c) die Geschwindigkeit langsam mit dem Schalter **Coast** reduziert oder sie d) mit dem Schalter **Accel** erhöht. Nach dem Bremsen bringt der Druck auf **Resume** das Fahrzeug wieder auf die ursprünglich eingestellte Geschwindigkeit.

Cruise Control arbeitet nur bei Geschwindigkeiten über 25 mph = 40 km/h. Wenn bei Bergfahrten die Geschwindigkeit absinkt und das Automatikgetriebe nicht selbst zurückschaltet, kann man die Geschwindigkeit durch manuelles Zurückschalten konstant halten oder untertouriges Fahren vermeiden.

Für den Tempomat übernehmen die meisten Vermieter, obwohl er in vielen Fahrzeugen vorhanden ist, keine Garantie.

✱ Wohnmobile haben zwei **Batterien**, die während der Fahrt aufgeladen werden: Eine versorgt das Fahrzeug selbst (z.B. Starten, Fahrlicht), die andere den Wohnbereich (z.B. Beleuchtung). Sie wird oft als Hilfsbatterie (*Auxiliary battery*) bezeichnet. Wenn die Wohnbereichsbatterie notfalls zum Starten des Fahrzeugs eingesetzt werden soll, muß dafür eine bestimmte Vorrichtung vorhanden sein, die das ansonsten nicht mögliche Zusammenschalten der Batterien erlaubt: Ein *Emergency start switch* oder *Dual battery switch* ist in allen neueren *Motorhomes* vorhanden.

Sogar die **Solarenergie** wird neuerdings zum Laden der Batterien eingesetzt, wie uns ein Vermieter mitteilte. Die Sonnenkollektoren sind auf der Dachklimaanlage angebracht.

Sollte das Fahrzeug nur **eine** Batterie haben, dann kann es notwendig werden, bei längerem Aufenthalt an einem Ort den Motor gelegentlich eine Viertelstunde laufen zu lassen. Wenn die Batterien nicht wartungsfrei sein sollten, ist eine Prüfung des Säurestands empfehlenswert. Den Ladezustand der Batterie(n) kann man in vielen Wohnmobilen am Kontrollpaneel (*Monitor*) ablesen, das meist gut sichtbar angebracht ist und auch den Inhalt der verschiedenen Tanks anzeigen soll.

✱ Die Wohnmobile sind in aller Regel mit Gürtelreifen ausgestattet. Runderneuerte Reifen (*Retreads*) sollte man bei keinem Vermieter antreffen. Ein korrekter **Reifendruck** ist bei jedem Fahrzeug wichtig, nicht nur, weil falscher Druck zu erhöhtem Verschleiß oder weniger Fahrkomfort führt, sondern auch, weil nur bei richtigem Druck und einwandfreiem Reifenprofil ein Höchstmaß an Sicherheit gewährleistet ist.

Anders als bei uns findet man an Tankstellen selten Manometer am Druckluftschlauch oder tragbare Druckluftbehälter. Notfalls muß man sich vom Tankwart das Meßgerät ausleihen, das den Reifendruck anzeigt, indem eine dünne Metallsäule mit *Psi*-Angaben aus dem etwas dickeren Stab herausgedrückt wird. *Psi* sind *Pounds per square inch*, d.h. Pfund pro Quadrat-Zoll (☞ Maße und Gewichte).

Es schadet nicht, bald nach der Wohnmobilübernahme den Reifendruck zu prüfen und notfalls zu korrigieren. In der Hektik der Hochsaison kann schon einmal vergessen werden, den Druck zu prüfen, und wenn Ihr Vormieter schlampig war, haben Sie nicht das Höchstmaß an Sicherheit.

✱ Über **Werkzeug** gehen die Meinungen von Vermietern und Mietern auseinander: Die einen wollen nicht, daß der Urlauber sich als Hobbymechaniker betätigt, die anderen fühlen sich unwohl, wenn sie im Ernstfall kleinere Verrichtungen nicht vornehmen können. Uns haben oft ein paar (gute!) Werkzeuge geholfen und den Einsatz von Pannendiensten überflüssig gemacht. Gelegentlich haben wir eine gute Zange oder einen guten großen Schraubenzieher gekauft und zum Schluß nach Hause mitgenommen.

✱ Ähnlich unterschiedlich sind die Meinungen über den zweiten Satz **Schlüssel**: Die Vermieter geben grundsätzlich nur einen Satz heraus, und auf den muß man gut aufpassen. Wenn der im Wagen liegt und alle Türen verschlossen sind, wird Hilfe teuer oder das Fahrzeug beschädigt. Die Verantwortung dafür liegt beim Mieter. Sich preisgünstig einen Zweitschlüssel in einer *Shopping Mall* anfertigen zu lassen ist eine Alternative.

✱ Irgendwo in einem Außenfach bei den *Motorhomes* oder im Kleiderschrank eines *Van Conversion* werden Sie einen **Wagenheber** finden, den Sie am besten überhaupt nicht benutzen. Wenn Sie ein Rad wechseln müssen, ist das Risiko der Verletzung beim Hantieren mit ungewohntem Gerät recht groß. Da sollte man schon überlegen, ob es nicht besser ist, wenn man Hilfe holt (oder holen läßt). Ein äußeres Rad bei Zwillingsrädern hinten kann man ohne Wagenheber wechseln, wenn man auf eine Bordsteinkante oder einen Holzklotz fährt. Vom Wechseln eines inneren Zwillingsrads raten wir ab. Einige Vermieter in den USA geben aus Prinzip keine Wagenheber in die Wohnmobile, weil sie fürchten, für einen etwaigen Unfall des Mieters haften zu müssen. Mitglieder der nordamerikanischen Automobilclubs Ⓐ und Ⓐ und ihnen gleichgestellte Mitglieder einiger europäischer Clubs (☞ Kapitel 5) können den Pannenservice in Anspruch nehmen.

✱   Viele Wohnmobile verfügen im Fahrerhaus über eine **Klimaanlage**. Sie arbeitet nur bei laufendem Motor und reicht nicht aus, den Wohnbereich eines *Motorhomes* zu kühlen. Diese Klimaanlage heißt *Dash Air*, weil sie im *Dash Board*, dem Armaturenbrett, eingebaut ist. Die Klimaanlage im Wohnbereich wird an anderer Stelle dieses Buches behandelt.

✱   Die Wohnmobile aller Vermieter sind mit einem **Radiogerät** ausgestattet, das überwiegend auch ein Cassetten-Abspielgerät hat (UKW heißt *FM*, Mittelwelle *AM*) Beide Bereiche fangen im Vergleich zu europäischen Verhältnissen relativ wenige Sender ein, weil die meist regional orientiert sind und eine geringe Sendeleistung haben (Blick in ein Fahrerhaus 📷 Seite 113).

✱   Die Türen und Fenster des Fahrerhauses haben im Gegensatz zu der Tür zum Wohnbereich keine **Fliegendrahtsicherung**.

✱   Größere *Motorhomes* haben - in den USA häufiger als in Kanada - einen **Generator**, der Strom von 110 Volt mittels eines Benzinmotors erzeugt, der vom Armaturenbrett oder vom *Monitor* aus gestartet werden kann. Mit diesem Strom kann auf Campingplätzen ohne *Hook-ups* (Netzanschluß) oder sogar während der Fahrt die Klimaanlage auf dem Dach betrieben werden. Für den Generator muß meist eine Benutzungsgebühr pro Betriebsstunde oder pro Tag extra an den Vermieter gezahlt werden. Nach unseren Erfahrungen war es günstiger, pro Stunde abzurechnen - aber das hängt von der Benutzungsdauer ab.

Ein Generator macht Lärm, darf auf vielen Campingplätzen in den Abendstunden nicht betrieben werden und verbraucht reichlich Benzin aus dem regulären Benzintank (etwa 4 l pro Stunde, das ergibt je nach Fahrzeugtyp einen Mehrverbrauch um 20 - 30%!). Er erhöht also den Durchschnittsverbrauch, ohne daß der Motor etwas dafür kann! Der Ölstand des Generators ist spätestens alle 10 Betriebsstunden zu prüfen.
Der Generator stellt automatisch seinen Betrieb ein, wenn der Benzintank des Fahrzeugs nur noch ein Viertel voll ist. Manche Vermieter weisen darauf hin, daß während der Fahrt, besonders im Gebirge, Störungen auftreten können, weil die Benzinpumpen dort nicht immer zuverlässig arbeiten (📷 Seite 69).

Das Schlafzimmer

Nach dem Antriebsteil der "rollenden Ferienwohnung" wenden wir uns nun den Schlafmöglichkeiten zu, denn zu einem gelungenen Urlaub gehört auch ein erholsamer Schlaf. Der ist nach unseren langjährigen Erfahrungen stets gewährleistet, wenn der Vermieter nicht allzu sehr an der Qualität der Matratzen gespart hat. Insbesondere die Matratze des Alkovenbetts, die auf einem ungefederten Sperrholzboden ruht, darf nicht zu dünn sein, weil sonst die Wirbelsäule bei Seitenlage nicht entspannen kann.

Es gibt eine Reihe verschiedener Bettformen und -anordnungen, die einzeln oder in Kombinationen in den Wohnmobilen vorkommen. Etwas Grundsätzliches vorweg: Es gibt keine Wohnmobile mit "fünf Betten", wie man gelegentlich in Prospekten lesen kann, sondern nur Wohnmobile mit Platz für fünf Personen, die in maximal drei oder vier Betten untergebracht werden können.

✱   Das **Alkovenbett** tritt auf bei den *Pickup-Campern* **D**, den Fifth Wheels **C** und den **B**-*Motorhomes* (☞systematische Darstellung der verschiedenen Wohnmobilkategorien): Es ist stets als Doppelbett ausgelegt und wirklich breit genug für zwei Erwachsene, ausgenommen vielleicht die kleinsten *Camper*. Man schläft meist **quer** zur Fahrtrichtung; in manchen Wohnmobilen ist das Bett in Fahrtrichtung angeordnet, wenn der Alkoven lang genug ist. Das ist vorteilhaft, weil der eine nicht über den anderen krabbeln muß. Um ins Bett zu "steigen", benutzt man Sitz und Rückenlehne der *Dinette* oder die bordeigene Leiter. Wenn gegenüber der *Dinette* ein Sofa angeordnet ist und dieses als Bett benutzt wird, dann ist wenig bis gar kein freier Durchgang mehr vorhanden, so daß "oben" Schlafende über die "unten" Schlafenden hinwegsteigen müssen, wenn sie nachts zur Toilette wollen.

Es hat sich seit einigen Jahren eingebürgert, daß die Reiseveranstalter die **Bettenmaße** in ihren Prospekten angeben. Das ist, auch wenn weder der Veranstalter noch der Vermieter eine bestimmte Bettengröße garantieren wollen und können, immerhin ein Anhaltspunkt für die Geräumigkeit der Schlafstelle. Garantieren kann schon deshalb niemand die exakten Maße, weil in der Regel die Veranstalterprospekte hergestellt werden, bevor die in der kommenden Saison neu eingesetzten Fahrzeuge gebaut sind. Wichtig neben der Länge und der Breite des Betts ist die Höhe zwischen Matratze und Dach; sie sollte 65-70 cm nicht unterschreiten, denn wegen der nach vorn geringer werdenden Höhe kann sich der dort Liegende sonst nicht mehr bequem und ohne den Nachbarn zu wecken umdrehen. Dieses Maß finden Sie in den Prospekten leider selten oder gar nicht.

In vielen Fahrzeugen gibt es im Alkoven nach vorn keine Fenster mehr; sie waren immer durch Steinschlag gefährdet und brachten nur dann einen Vorteil, wenn Kinder bäuchlings den Alkoven als Ausguck benutzten, aber das ist während der Fahrt ohnehin verboten, weil zu gefährlich (keine Sicherheitsgurte!). Zur Lüftung gibt es eine **Dachluke** und/oder Schiebefenster an beiden Seiten des Alkoven. Zur besseren Kopffreiheit im Fahrerhaus kann man häufig in *Motorhomes* (Typ **B**) einen Teil der Alkovenmatratze tagsüber nach vorn schieben oder umklappen. An mindestens einer Seite des Alkoven gibt es eine **Leselampe**. Wer will, kann den Alkoven zum Wohnbereich hin mit dem bordeigenen Vorhang abtrennen.

✱ In fast allen Wohnmobilen kommt die **Dinette** genannte umbaubare Eßecke vor. Die Tischplatte bildet die Unterlage für die Rückenkissen der Sitzbänke, die nachts zur Matratze werden. In aller Regel hat die Dinette, wenn sie an der Seite des Wohnmobils angeordnet ist, nicht die für einen Erwachsenen notwendige Länge von mindestens 1,90 m; sie ist aber mit etwa 1,00 m für Kinder breit genug. Wenn die Dinette im Fahrzeugheck liegt, dann entsteht beim Umbau aus den L- oder U-förmig angeordneten Sitzbänken und dem Tisch ein großes Bett; die U-förmige Dinette wird auch *horseshoe lounge* genannt. Manche Wohnmobile haben statt einer oder zwei Stützen unter dem Tisch Beine zum Ausklappen, so daß man den Tisch auch außerhalb des Wohnmobils benutzen kann.

✱ Eine weitere Schlafmöglichkeit bietet die **Klapp- oder Ausziehcouch** (englisch: *Chesterfield*, auch *Goucho* oder *Gaucho* genannt). Neuerdings taucht auch der Begriff *Sofa* auf. Diese Schlafgelegenheit ist meist in Längsrichtung im Fahrzeug angeordnet und steht gegenüber der Dinette; die Einschränkung der Bewegungsfreiheit haben wir schon erwähnt. Bei dem Typ **A**-XL gleiten Sofa und Dinette auf Wunsch hydraulisch etwa einen halben Meter nach außen (*Slide-out*) und vergrößern den Lebensraum; in diesem Fall wird aus dem Sofa ein großes Bett quer zur Fahrtrichtung.

✱ Im Gegensatz dazu ist das **Bett im Heck** in der Regel ein feststehendes Doppelbett an der Seiten- oder Rückwand (*Double*), das für die Nacht oder den Mittagsschlaf nicht manipuliert werden muß. Es hat oft einen Vorhang, mit dem man den Schlafbereich den Blicken von Mitreisenden entziehen kann, wenn man will.

In den großen **B**-Typen und einigen **A**-Typen entsteht bei Anordnung von Dusche auf einer Seite und WC auf der anderen ein richtiges Schlaf-"Zimmer" im Heck, manchmal mit getrennten Betten und Nachttisch dazwischen, manchmal mit **King-Size-Bett**, das längs oder quer zur Fahrtrichtung angeordnet sein kann; es ist fast immer von beiden Seiten zugänglich (Twin).

Der schmale Durchgang wird mit den Türen von Dusche und WC zu einer "Schleuse". Zum WC braucht man dann nur jeweils eine Tür zu öffnen, egal, ob man von vorn oder von hinten kommt. **Stock- oder Etagenbetten** kommen selten vor; sie machen Kindern besonders viel Spaß (Innenansichten 📷 Seite 101).

✱ In den Van Conversions (Typ **E**) kann ein **Bett unter dem Dach** dergestalt hergerichtet werden, daß man die über die ganze Breite des Wohnteils reichenden Matratzen, die während des Tages zusammengeschoben sind, auseinanderzieht und in Längsrichtung schläft.

Bei den größeren Fahrzeugen dieser Art (*Maxi Van*) ist manchmal genug Platz, daß man quer zur Fahrtrichtung schlafen kann. In diesen Fahrzeugen kann man auch Einzelbetten "bauen" aus einem umgedrehten **Sitz des Fahrerhauses** und dem zur Sitzgruppe gehörenden Sessel; manchmal gibt es zwei solche Betten, die mit 1,70 - 1,85 m Länge und 60 - 65 cm Breite aber für Erwachsene nur sehr bedingt ausreichen.

✱ Die größten Wohnmobile (Typ **A**) haben gelegentlich, weil sie mehr Komfort für wenige Reisende bieten, ein herunterzuklappendes **Bett über Fahrer- und Beifahrersitzen** an einer Mechanik, die ein ruhiges Schlafen nur bei Arretierung des Gestänges erlaubt.

✱ Beim VW in der Winnebago-Ausführung wird die **hintere Sitzbank** zu einem Doppelbett (Herstellerangabe: 1,88 x 1,09 m) umgeklappt, ein zweites gleich großes Bett liegt unter dem Hubdach, das nach drei Seiten hin belüftet werden kann; Fliegendrahtsicherungen sind vorhanden.

Küche und Wohnzimmer

Die Küche ist in der Regel gut ausgestattet und läßt weder für Hausfrau noch Hobbykoch Wünsche offen, solange in der Campingausstattung alles vorhanden ist, was der Koch braucht.

✱   Der **Herd** hat zwei, drei oder vier Propangasflammen je nach Wohnmobilgröße und Vermieter. Er hat gelegentlich eine zentrale Zündflamme. Achtung: Sie muß immer brennen, wenn der Herd benutzt werden soll, sonst könnte Gas ausströmen! Sie darf nicht während der Fahrt brennen!
Gezündet werden die Brenner mit einem Streichholz oder, wenn es der Vermieter gut mit Ihnen meint, mit einem batteriebetriebenen Gasanzünder. Neuerdings gibt es auch schon automatische Zündungen. Anders als bei unseren Gasherden kann man die Gaszufuhr nicht bis zum Anschlag auf "klein" drehen. Daran muß man sich gewöhnen: Die "klein" eingestellte Flamme geht leicht aus!

✱   Die strengen nordamerikanischen Sicherheitsvorschriften verlangen das Vorhandensein eines **Gaswarngeräts** oder Propangas-Detektors. Weil Gas schwerer ist als Luft, ist dieses elektronische Gerät in Bodennähe angebracht. Sie sollten sich den Gebrauch des Geräts erklären lassen und auch fragen, was zu tun ist, wenn der Alarm ausgelöst wird. Wir haben mehrfach "falschen Alarm" erlebt, der vielleicht ausgelöst wurde durch Abgas, Stromstöße beim Einschalten des Motors oder Generators - wir wissen es nicht. Manche Geräte warnen nicht nur, sondern unterbrechen den Propanzufluß.
Wenn die "Gefahr" beseitigt ist, muß der Kühlschrank möglicherweise wieder eingeschaltet werden. Wenn das Gerät nicht schrill, sondern schwach und langsam pfeift, dann kann die Spannung in der Haushaltsbatterie (normalerweise 12 V) unter 10,5 V gesunken sein - ein Signal, die Batterie aufzuladen entweder durch Fahren oder an der Tankstelle.

✱   In aller Regel ist, abgesehen von kleinen *Pickup-Campern* (Typ **D**), kleinen Van Conversions (Typ **E**) und VW-Campern (Typ **F**), ein **Backofen** vorhanden, der leicht bedient werden kann. Er wird mit einem Streichholz gezündet, solange der Temperaturwählknopf auf *Pilot* steht und gedrückt gehalten wird. Wenn die

Brenner unter dem Bodenblech gezündet sind, kann die Temperatur eingestellt werden; sie ist thermostat-geregelt. Die Zahlen auf dem Temperaturwähler sind in den USA in Fahrenheitgraden, in Kanada überwiegend in Celsius-Graden angegeben.

✱   Über vielen Herden gibt es eine **Dunstabzugshaube** mit ein- oder mehrstufigem Gebläse und einer Lampe.

✱   Viele Wohnmobile verfügen über ein **Mikrowellengerät**, das man zum Auftauen von Tiefkühlkost oder für schnelle Gerichte benutzen kann. Das gilt allerdings nur, wenn das Wohnmobil an das Stromnetz angeschlossen ist oder wenn der bordeigene - falls vorhanden - Generator läuft. Fragen Sie den Vermieter, welches Geschirr Sie in der Mikrowelle benutzen dürfen, denn nicht jede Tasse oder Schüssel aus Plastik hält der Hitze stand - Metalltöpfe gehören überhaupt nicht in die Mikrowelle.

✱   Der **Kühlschrank** in Fahrzeugen, die für mehr als zwei Personen geeignet sind, ist groß genug für eine vierköpfige Familie; er hat auch in der Regel ein passables Tiefkühlfach. Bei kleinen Wohnmobilen ist das **Tiefkühlfach** in den Kühlschrank integriert, bei größeren meist separat zu öffnen. Der Kühlschrank arbeitet nach dem Absorberprinzip (im Gegensatz zum normalen Haushaltskühlschrank, der einen Kompressor hat). Er läuft auf Propan während der meisten Zeit: auf dem Campingplatz und auch während der Fahrt, was nicht verboten ist.

✱   Voraussetzung für einen einwandfreien Betrieb des Absorberkühlschranks ist eine möglichst horizontale Ausrichtung des Wohnmobils auf dem Campingplatz. Während der Fahrt funktioniert die Kühlung problemlos, nur im Stehen muß durch *Levelling* die Zirkulation des Kühlsystems sichergestellt werden. Gute Vermieter stellen Unterlegbretter zur Verfügung, auf die man zum Niveauausgleich auffahren kann. Man sollte sie, was schon vorgekommen ist, nicht im Lagerfeuer verheizen!

In manchen Wohnmobilen finden Sie eine kleine Libelle, die anzeigt, ob das Fahrzeug horizontal steht. Wenn die nicht vorhanden ist, können Sie sich mit einer Flasche oder Dose behelfen: Solange sie rollt, müssen Sie noch korrigieren. Auch ein mit Wasser gefülltes Glas leistet gute Dienste.

Beim Betrieb mit 12 Volt während der Fahrt sind früher oft Probleme aufgetreten; wenn man die Umstellung auf Propan vergaß, konnte die Batterie entleert werden. Es gibt schon Kühlschränke, die sich selbsttätig bei Anschluß an das Stromnetz (110 V) von Propan auf Strom umstellen. Der VW in Winnebago-Ausführung hat kein Tiefkühlfach, die *Pickup-Camper* mit Allradantrieb haben statt des Kühlschranks nur eine Kühlbox, für die man Eis kaufen muß.

Gegen den Betrieb des Kühlschranks mit Propan während der Fahrt ist nichts einzuwenden. Wir haben bei den nordamerikanischen Automobilclubs rückgefragt, ob es Sicherheitsbedenken geben könnte oder ob gesetzliche Bestimmungen dem entgegen stehen. Die Auskünfte waren übereinstimmend mit denen der Vermieter: Es sind keine Vorschriften bekannt, die das Fahren mit Propanbetrieb des Kühlschranks verbieten. Verboten ist hingegen, die Warmwasserbereitung während der Fahrt mit Propan zu betreiben.

☝ Wichtig: **Vor dem Tanken** ist die Propanzufuhr zu allen Geräten abzustellen; nach dem Tanken darf man nicht vergessen, den Kühlschrank in sicherem Abstand zu den Zapfsäulen wieder einzuschalten. Auf **Fähren** darf der Kühlschrank nicht betrieben werden; er wird versiegelt.

Einige Vermieter verbieten die Aufbewahrung von **Fisch im Kühlschrank,** weil der Geruch oft nur schwer oder überhaupt nicht zu beseitigen ist. Angler sollten sich darüber mit dem Vermieter unterhalten und notfalls eine Kühlbox aus Styropor für ein paar Dollar kaufen; das Eis zum Kühlen kann man in Beuteln im Supermarkt, an Tankstellen und auf Campingplätzen kaufen.

❋ Die Spüle ist meistens aus Edelstahl und als **Doppelspüle** eingebaut. Kleinere Wohnmobile haben oft nur eine einfache Spüle. Zur Spüle gehört oft ein Deckel aus Holz, der als Schneidebrett gedacht ist und auch in diesem Sinn benutzt werden sollte, weil sonst die Küchentheke Schaden nehmen könnte. Das Wasser wird mit Propan geheizt, was einige Zeit in Anspruch nimmt. Deshalb haben wir zum Spülen in den meisten Fällen nicht die **Warmwasserversorgung**, sondern den Wasserkessel benutzt. In den meisten Wohnmobilen ist eine elektrische Wasserpumpe eingebaut, die bei Anschluß an die Wasserleitung auf dem Campingplatz abgeschaltet werden muß.

✱ Manche Vermieter haben in ihre Wohnmobile **Gewürzhalter** einbauen lassen. In einer Schublade findet man den Besteckkasten, in einer anderen Taschenlampe, Streichhölzer, Koch- oder Brotmesser und ähnlich nützliche Dinge.

✱ Der **Stauraum** hat die erfreuliche Tendenz, daß er größer wird, je länger die Reise dauert. Da gibt es nicht nur Fächer und Schränke, sondern auch häufig Raum unter zumindest einem Sitz der Dinette (unter dem anderen ist oft der Frischwassertank untergebracht), ganz abgesehen von den Fächern, die von außen zugänglich sind. Gegen das Verrutschen der Vorräte oder das Zerbrechen von Flaschen kann man sich mit "Raumteilern" schützen, indem man leere Kartons aus den Supermärkten mitnimmt und in die Schränke einpaßt.

✱ Für einen Campingurlaub wünscht sich jeder mit Recht gutes Wetter, so daß man draußen die Natur genießen kann und nur im Notfall das **Wohnzimmer** braucht. Es besteht im wesentlichen aus der schon erwähnten, Dinette genannten, Bank-Tisch-Kombination an der Seite oder im Heck des Wohnmobils. Größere Wohnmobile wie etwa große **B**-Typen oder die **A**-Modelle haben einen oder zwei **Drehsessel** (*Swivel chairs*) hinter dem Beifahrer-Sitz, so daß sich eine komfortable Runde bilden läßt. Manchmal ist auch zumindest einer der beiden Sitze im Fahrerhaus drehbar. Bei den *Van Conversions* lassen sich die Frontsitze nicht nur drehen, sondern bilden auch die Grundlage für schmale Betten (☞ Schlafzimmer).

✱ Fast alle Wohnmobile haben eine **Heizung**, die mit Propan betrieben wird. Es ist eine Umluftheizung mit manchmal etwas lautem Gebläse, das sich entsprechend der Thermostat-Regelung ein- oder ausschaltet. Der Thermostat hängt an der Wand, hat einen Ein-/Ausschalter und eine Einstellmöglichkeit für die Temperatur; er springt nicht sofort nach dem Einschalten an.

Bei *Motorhomes* gibt es Auslässe für die erwärmte Luft im Wohnbereich, im Schlafzimmer und in der Naßzelle; sie sind drehbar und sollten nicht zugestellt werden. Auch der VW-Winnebago hat eine Heizung. Der Allrad-Camper **D**-XS hat in seiner Schlafbox keine Heizung. Grundsätzlich ist darauf zu achten, daß bei laufender Heizung die **Frischluftzufuhr** gewährleistet ist, d.h. ein Fenster oder eine Dachluke muß ein wenig geöffnet sein.

✱   Als **Bodenbelag** gibt es, besonders bei amerikanischen Vermietern, häufig Teppich, der zum Schutz mit Plastikfolie belegt sein kann. Das ist nicht schön, schlecht sauber zu halten und auch weniger hygienisch als ein Linol- oder PVC-Belag, den die meisten kanadischen Vermieter bevorzugen. Zum Verkauf des Wohnmobils nach Ende der Vermietung an Touristen werden die Teppiche dann wieder eingelegt oder -geklebt. Staubsauger werden nicht vermietet, können aber an etlichen Tankstellen ausgeliehen werden.

✱   Die **Fenster** sind in der Regel groß und, soweit sie sich öffnen lassen (abgesehen von den Kurbelfenstern im Fahrerhaus), mit **Fliegendraht** gesichert. Dasselbe gilt auch für die **Dachluken**, die mittels Drehgriff aufgestellt werden können und vor der Abfahrt vom Campingplatz geschlossen oder zumindest so weit heruntergedreht werden müssen, daß sie vom Fahrtwind nicht abgerissen werden. *Motorhomes*, *Fifth Wheels* und *viele Pickup-Camper* haben an der Tür zum Wohnbereich eine zusätzliche Fliegendrahttür.

Die Fenster im Küchen- und Wohnbereich lassen sich mit **Vorhängen** oder Jalousien gegen Blicke von außen schließen. Das Fahrerhaus in *Motorhomes* Typ **A** und **B** und in *Van Conversions* aller Art wird mit einem Vorhang abgeschlossen, der auf einer Schiene läuft oder mittels Haken und/oder Klettverschlüssen befestigt wird.

✱   Konstruktionsbedingt haben fast alle Wohnmobile außer der Fahrer- und Beifahrertür auch noch einen direkten Zugang zum Wohnbereich von außen; die stabile **Tür** hat eine zweite leichtere mit Fliegendraht, die eine großflächige Lüftung erlaubt. Aber es gibt ein paar Ausnahmen von dieser Regel: 1. Die **A**-Modelle haben meistens **nur** die Tür zum Wohnbereich und keine Fahrer- oder Beifahrertür. Da kann man Sicherheitsbedenken anmelden, denn bei einem Unfall kommen mehrere Passagiere schneller aus drei Türen heraus als aus einer. 2. Bei den Van Conversions (Typen **E**) und bei den Volkswagen-Campern gibt es keinen Fliegendrahtschutz an den seitlichen Schiebetüren.

✱   Die *Camper* und *Motorhomes* sind so hoch gebaut, daß man für den Einstieg durch die Wohnbereichstür eine **Treppe** braucht. Bei den Pickups ist nicht immer fest eingebaut, manchmal wird sie in einem der Staufächer außen in zusammengeschobenem

Zustand verwahrt, bis sie gebraucht wird. *Motorhomes* haben eine Falttreppe, die während der Fahrt weggeklappt werden muß, weil sonst die Bodenfreiheit beeinträchtigt ist und das Metallteil über das Fahrzeug hinausragt. In den komfortablen **A**-Typen gibt es häufig Treppen, die automatisch ausfahren und auch wieder einziehen.

Jeder Reiseteilnehmer sollte die Verantwortung für bestimmte Tätigkeiten übernehmen: der eine für die Dachluken, der andere für die Treppe usw., damit sich nicht jeder darauf verläßt, daß irgendwer schon für Ordnung und Sicherheit sorgt. Hilfreich kann auch eine Checkliste sein, die vor jeder Abfahrt vom jeweiligen Stellplatz durchgegangen wird (wie im Flugzeug-Cockpit: einer liest vor, der andere checkt und ruft "Rotscher" oder "Okeh").

✸ Die Wohnmobile haben, oft in der gleichen Lampe, sowohl 12-Volt- als auch 110-Volt-Glühbirnen oder -Leuchtstoffröhren. Wenn ein Transformator (*Converter*) im Fahrzeug vorhanden ist, werden auch die 12-V-Lampen und -Geräte (z.B. Dunsthaube) bei Anschluß an das Stromnetz betrieben; die Batterie wird dann nicht in Anspruch genommen.

✸ Viele *Motorhomes*, *Fifth Wheels*, einige *Pickup-Camper* (besonders in den USA) und größere *Van Conversions* haben zusätzlich zu *Dash Air* im Armaturenbrett eine **Klimaanlage** auf dem Dach, die mit Netzstrom betrieben wird und den Wohnbereich kühlt.

Auf Campingplätzen ohne Stromanschluß oder während der Fahrt kann man diese Klimaanlage (*Roof Air*) nur betreiben, wenn im Fahrzeug ein **Generator** eingebaut ist, der Strom von 110 Volt mittels eines Benzinmotors erzeugt (☞Abschnitt Basisfahrzeug).

Naßzelle und Tanks

✸ Nicht alle Wohnmobile verfügen über Dusche und WC. *Pickup-Camper* haben manchmal nur eine "Port-A-Potti" genannte **Nottoilette**. Wenn eine Naßzelle vorhanden ist, dann bestimmt die Fahrzeuggröße auch deren Ausmaße und Einrichtung.

✸ Als Minimum anzusehen ist die **Kombination aus WC und Dusche**: Das Duschwasser fließt über das (geschlossene) WC, ein

Duschvorhang schützt die Tür und hält das Wasser in der Wanne, die so groß wie der ganze Raum ist. In einem solchen Raum ist kaum Platz für ein Handwaschbecken und ein Wandschränkchen. Die Handbrause kann an einer Halterung befestigt werden; sie hat oft einen Druckknopf, der das Wasser stoppt. So kann man sparsam mit dem kostbaren Naß umgehen. Diese Kombination kommt nur bei kleinen *Pickup-Campern* und *Van Conversions* vor.

✱ In einer geräumigeren Naßzelle hat die Dusche eine eigene **Wanne mit Vorhang** oder fester Tür, so daß das WC nicht durch das Duschwasser naß wird. So bleibt auch der Fußboden trocken, und man trägt die Nässe nicht in den Wohnbereich oder den Dreck mit den Schuhen in die Dusche. Ein Handwaschbecken und ein kleiner Wandschrank sind in einer solchen Naßzelle Standard.

✱ Komfortabel wird es in den Wohnmobilen vom Typ **B**-L an aufwärts: Da gibt es oft die schon erwähnte räumliche **Trennung von Dusche und WC** mit Spiegelschrank und Waschbecken, unter dem die Chemikalien für das WC und die Ersatzrollen Toilettenpapier Platz finden.

✱ Das **Duschwasser** wird von einer Propanheizung erwärmt, die von innen eingeschaltet wird oder von außen zugänglich ist und mit einem Streichholz gezündet wird. Ähnlich wie beim Backofen muß man den Temperaturwählknopf von **Off** auf **Pilot** drehen, ihn gedrückt halten und die Zündflamme mit einem Streichholz anzünden. Nach kurzer Zeit springt die Heizung an, und man kann den Thermostat auf die gewünschte Temperatur einstellen. Der Warmwassertank ist nicht sehr groß - Duschorgien sind so kaum möglich; aber das hat auch sein Gutes: So lernt der Zivilisationsmensch, mit wie wenig Wasser er auskommen kann, wenn er nicht gedankenlos den Hahn aufdreht.

✱ Der Warmwassertank wird bei jedem Auffüllen des **Frischwassertanks** automatisch gefüllt. Je nach Wohnmobilgröße und Zahl der Reisenden ist das Auffüllen alle zwei bis drei Tage notwendig. Da alles Wasser, das ein Wohnmobil tankt, auch im Wohnmobil gesammelt wird (das Ablassen des Tankinhalts in der Natur ist nicht nur verboten, sondern auch ein verwerflicher Akt der Umweltverschmutzung), ergibt sich zwangsläufig, daß *Dumping* und Nachfüllen zur gleichen Zeit erfolgen. Der Frischwassertank sollte nicht völlig leer werden, weil sonst nach dem Füllen die Pumpe ausfallen könnte.

✋ Trotz der Warnungen vor evtl. nicht einwandfreiem Trinkwasser auf Campgrounds gibt es keine allgemeinen Empfehlungen, das als *Drinking Water* ausgewiesene Wasser abzukochen. Nordamerikanisches Leitungswasser ist meist so stark gechlort, daß es keimfrei und riechend aus den Leitungen kommt.

Überall im Sommer oder in den "heißen" Staaten der USA kann jedoch das Wasser bei tagelanger Aufbewahrung im Wohnmobiltank verkeimen.

Erfahrene Wohnmobilisten bringen sich deshalb "Certisil" zum Haltbarmachen von zu Hause mit. Vermieter sehen das zumeist nicht gern, da sie angeblich allergische Reaktionen bei späteren Mietern befürchten - obwohl sie dieses Mittel "drüben" überhaupt nicht kennen und es völlig geschmacks- und geruchsneutral ist *(Red.)*

♦ Auf der Homepage des "Wasser-Peter" erfahren Sie alles über das Entkeimen und Haltbarmachen von Trinkwasser: 🖥 <http://www.certisil.de>

✱ Nur noch in kleinen und primitiven Campern mit Allradantrieb kann es für das Frischwasser eine **Handpumpe** an der einfachen Spüle geben. Wenn nur ein tragbarer Wasserbehälter vorhanden ist, gibt es überhaupt keine Pumpe. Bessere Wohnmobile haben eine elektrische **Wasserpumpe**, die Spüle, Dusche und WC versorgt. Sie sollte während des Fahrens abgeschaltet sein und besonders dann, wenn das Wohnmobil mittels Schlauch an die Wasserversorgung des Campingplatzes angeschlossen *ist (Hookup)*.

Weil der Wasserdruck im Netz oft sehr hoch ist und Rohrleitungen aus Plastik im Wohnmobil undicht werden könnten, sollten Sie den Wasserhahn am Anschluß nie weiter als nötig öffnen, denn Druckminderer sind nicht eingebaut.

Oben links: Einfüllstutzen für den Frischwassertank.
Oben rechts: Abwasserschlauch und Warmwasserheizung.
Unten: Abwasserschlauch an einer Dumping Station ☞

✱ Korrekte Vermieter demonstrieren, daß die **Auffangtanks** leer sind, indem sie die Ventile bei Wohnmobilübergabe offen lassen. Sollte das nicht so gehandhabt werden, dann lassen sich clevere Mieter die Tanks zur Demonstration öffnen. Wenn sie nicht leer sein sollten, sieht der Angestellte des Vermieters nicht gut aus.

Merken Sie sich, welcher der **Schmutzwassertank** (*Gray water tank*) und welcher der **WC-Tank** (*Black water tank*) ist. Der WC-Tank sollte zuerst geleert werden, damit das Wasser aus Küche und Dusche die Rohre anschließend nachspülen kann. Am besten markiert man am Monitor mit einem Klebe-Etikett (sollte man immer bei sich haben), welcher Tank welchen Inhalt hat und ob die Auslaßventile links oder rechts sind. Gelegentlich ist der WC-Tank an dem dickeren Rohr zu erkennen.

✱ Seit einiger Zeit geben gewissenhafte Vermieter **Gummihandschuhe** in die Fahrzeuge, die den Umgang mit den Abwassereinrichtungen angenehmer machen und den Kontakt der Chemikalien mit der Haut verhindern.

✱ Entleert werden die Tanks an **Dumping Stations** *oder Sani Stations* auf Campingplätzen, gelegentlich an Tankstellen oder bei städtischen Einrichtungen. Dazu wird der in der hinteren Stoßstange oder einem Fach an der Wohnmobilseite verwahrte Abwasserschlauch (*Sewer hose*) mittels Bajonettverschluß an den Ablaßstutzen angeschlossen, das freie Ende ca. 15 cm tief in die Öffnung der Kanalisation gesteckt und mit einem Stein - liegt oft bereit - oder dem Fuß fixiert. Nach dem Entleeren sollte der WC-Tank nachgespült werden; anschließend gibt man die WC-Chemikalien und 10 bis 15 l Wasser hinein, was nicht nur zur Verhinderung übler Gerüche wichtig ist, sondern auch, um keine Rückstände im Tank zu behalten.

Kleine Wohnmobile haben manchmal keinen Auffangtank für das Schmutzwasser, sondern nur einen Auslaß, unter den man zum Auffangen des Wassers einen **Eimer** stellt: Man läßt das Wasser nicht "einfach so" davonlaufen!

✱ Viele Wohnmobile haben ein Kontrollpaneel, das **Monitor** genannt wird. Der *Monitor* zeigt den Ladezustand der Batterie(n) und den Inhalt der verschiedenen Tanks an, was er aber oft nicht korrekt tut.

✱ Während es für Frisch- und Schmutzwasser keine andere Anzeige als den Monitor gibt, kann man sich beim **WC-Tank** behelfen, wenn der Monitor ausfällt oder offensichtlich lügt: Man öffnet das WC-Becken so, wie wenn man spülte (am besten bei abgeschalteter Wasserpumpe) und leuchtet mit der Taschenlampe in den Tank; dann sieht man den Füllzustand. Wenn die Sensoren im WC-Tank mit Schmutz bedeckt sind und deshalb nicht korrekt anzeigen, empfiehlt ein Vermieter, etwas Spülmittel und reichlich Wasser in den Tank zu füllen; die Bewegungen bei der Fahrt können dann die Verunreinigung lösen.

Nur das spezielle **Toilettenpapier** darf verwandt werden, nicht einmal Papiertaschentücher gehören in die Toilette. Speiseabfälle, Fett und feste Gegenstände erst recht nicht, weil sie sich nicht auflösen und Verstopfungen oder Fehlanzeigen des *Monitors* verursachen können. Wenn man Toilettenpapier nachkaufen muß, sollte man dies auf einem Campingplatz tun, denn dort gibt es das richtige eher als im Supermarkt.

Alte Hasen geben das benutzte Toilettenpapier gar nicht erst ins Becken, sondern in eine extra Platiktabfalltüte (wie man es aus südlichen Ländern kennt) und leert diese regelmäßig (*Red.*)

✱ Während der Fahrt muß die Auslaßöffnung des Abwassersystems mit einer **Verschlußkappe** geschlossen sein. Wenn es, was gelegentlich vorkommt, nur einen einzigen Hebel zum Öffnen der Tanks gibt oder der Schmutzwassertank zu voll ist, dann kann der Tankinhalt in die Duschwanne zurückgedrückt werden. Das ist besonders dann schlimm, wenn man in der Duschwanne vorübergehend etwas "geparkt" hat: Wir wissen von Kleidern und Geburtstagstorten, die durch den Konstruktionsfehler unbrauchbar wurden. Diese Beobachtung gehört nicht der Frühzeit der Wohnmobilvermietung an, sondern ist 1997 noch aktuell gewesen!

✱ In neueren Modellen der gehobenen Kategorien **(A)** und **(B)** wird der Füllzustand des **Propantanks** auch am *Monitor* angezeigt, sonst nur am Manometer, das neben dem Einfüllstutzen angebracht ist. *Pickup-Camper* und *Van Conversions* haben einen oder zwei Propanbehälter von 20 Pfund ohne Anzeige, neuere Modelle einen Tank mit Manometer. *Motorhomes* verfügen über einen größeren Tank mit ca. 50 Liter Fassungsvermögen, Anzeige des Inhalts am Manometer oder *Monitor*.

Stauraum

Je größer das Wohnmobil, desto größer sind die Stauräume innerhalb der "Wohnung" und besonders die von außen zugänglichen Fächer. Am wenigsten Stauraum gibt es konstruktionsbedingt in den Van Conversions, weil deren Einrichtung zur bestmöglichen Nutzung mit viel mehr Bedacht erfolgen muß als die großer *Motorhomes*. Das sollte man beim Kofferpacken zu Hause bedenken: Lieber einmal unterwegs waschen, als zu viel Kleidung mitzunehmen und sie nicht sinnvoll unterbringen zu können.

In den **B**- und **D**-Typen, also den Alkoven-*Motorhomes* und den *Pickup-Campern*, haben wir Schuhe z.B. immer unter einer Sitzbank der Dinette verstaut (unter der anderen lag regelmäßig der Wassertank). Auch die Vorräte an Mineralwasser, Bier, Kartoffeln und Gemüse sind dort gut aufgehoben.

Die Hängeschränke über Küche, Dinette, Sofa und dem Doppelbett im Heck sind geräumig, aber zu wenig unterteilt. Sie haben oft bei etwa einem halben Meter Höhe keinen Zwischenboden. Da helfen stabile Kartons aus dem Supermarkt, die man in die Fächer einsetzen kann, um dem Chaos infolge der Fliehkraft vorzubeugen und Scherben zu vermeiden. Schwere Gegenstände sollten möglichst tief gelagert werden, damit der Schwerpunkt des Wohnmobils nicht unnötig nach oben gerückt wird.

Die Staufächer, die von außen zugänglich sind, können verschlossen werden. Einige sind groß genug, Hartschalenkoffer unterzubringen, wenn man eine Einwegtour gebucht hat oder sein Gepäck während der Reise nicht beim Vermieter lagert. Klappstühle, Putzeimer und Besen, die Axt und der Wasserschlauch werden am besten "draußen" untergebracht, solange sie nicht gebraucht werden. Das Stromkabel hat ein eigenes, ebenfalls verschließbares Fach, der Abwasserschlauch wird entweder in der hinteren Stoßstange oder - und dann ist er oft recht kurz - in einem Fach auf der Wohnmobilseite untergebracht.

Besonderheiten

✱ Manche *Motorhomes* haben eine **Leiter** am Heck zum Dach, das sich als "Hochsitz" zum Fotografieren und Filmen eignet.

Der Generator ist von außen gut zugänglich untergebracht
Strom- und Wasseranschluß auf privatem Campground

✱ Schäden am Dach sind jedoch von der Kaskoversicherung nicht gedeckt, werden also teuer und können einen Urlaub ruinieren.

✱ Einige Wohnmobile sind mit einer **Außendusche** versehen: Eine Handbrause läßt sich aus einem verschlossenen Fach an der Seite herausziehen und wie eine "normale" Dusche benutzen. Das kann sinnvoll sein, wenn man vom Baden kommt und den Sand abspülen möchte. Auch wenn Kinder nach dem Spielen mit Elternhilfe gewaschen werden sollen ist sie praktisch, denn die "normale" Dusche ist in allen Fahrzeugen recht eng. Nicht bei allen Vermietern ist die Außendusche an das Warmwassersystem angeschlossen.

✱ Es gibt Vermieter, die ihre *Motorhomes* grundsätzlich oder gelegentlich mit **Markisen** ausrüsten. Damit kann man sich auch in Gegenden, wo es wenig Wald gibt, Schatten machen und das Aufheizen des Wohnmobils durch die Sonne ein wenig mildern.

Wenn Ihnen daran gelegen ist, sollten Sie sich die Markise unbedingt vom Veranstalter bestätigen lassen, der Ihnen die Bestätigung nur dann gibt, wenn er vom Vermieter eine Rückbestätigung erhalten hat.

✱ In den Veranstalterprospekten können Sie erkennen, welcher Vermieter **Fahrräder**, **Mountain Bikes** oder **Kanus** zur Miete anbietet. Dafür sollten Sie immer die angebotenen Halterungen mitmieten. Ob es einen Sinn macht, das eigene Rad im Flugzeug mitzunehmen, sei dahingestellt.

Besuchen Sie uns doch mal auf unserer Homepage im Internet.

Da finden Sie Updates zu diesem OutdoorHandbuch
und unseren anderen Reise- und OutdoorHandbüchern,
interessante Links befreundeter Firmen,
unser komplettes Verlagsprogramm sowie
viele Sonderangebote für Schnäppchenjäger:

💻 <http://outdoor.tng.de>

4. Wissenswertes über Nordamerika

Einführung

In diesem Kapitel haben wir Informationen zusammengestellt, die für den Erst-Reisenden genau so wichtig sein können wie für den Wiederholer, der nicht unbedingt den "Lesestoff" braucht, aber vielleicht das eine oder andere im Bedarfsfall nachschlagen möchte. Unsere langjährige Erfahrung im Reisen und mit Reisen (als ehemalige Reiseveranstalter) zeigen uns immer wieder, wie wichtig solche Informationen sind.

Unzählige Male haben wir Urlaubern Aggregate erklärt oder gangbar gemacht, die angeblich im Wohnmobil nicht vorhanden waren oder nicht funktionierten. Häufig wurden die Erläuterungen des Vermieterpersonals vergessen oder ignoriert, das in vielen Fahrzeugen liegende Handbuch nicht gelesen oder nicht verstanden.

Wir wollen uns nicht als die Besserwisser aufspielen, aber wir wissen, daß Informationen, die man vorab erhält, den Umgang mit dem Wohnmobil erleichtern.

In Nordamerika ist vieles anders als bei uns. Die meisten Reiseführer erläutern die Unterschiede in ihrem Informationsteil ausführlich, so daß wir nicht auf alles einzugehen brauchen. Nur was wirklich für den Wohnmobilurlauber wichtig ist, hat dennoch Aufnahme bei uns gefunden.

Codes für Provinzen und Staaten

Die Abkürzungen für zehn Provinzen und drei Territorien in Kanada und 50 Bundesstaaten in USA sind weit verbreitet und werden auch in diesem Buch häufig gebraucht (die kanadischen Provinzen haben wir *kursiv* gesetzt, und NU ist erst 1999 durch die Teilung von NT entstanden):

AB Alberta	**MA** Massachusetts	**OH** Ohio
AK Alaska	*MB* Manitoba	**OK** Oklahoma

AL Alabama	**MD** Maryland	**ON** *Ontario*
AR Arkansas	**ME** Maine	**OR** Oregon
AZ Arizona	**MI** Michigan	**PA** Pennsylvania
BC *British Columbia*	**MN** Minnesota	**PE** *Prince Edward Island*
CA California	**MO** Missouri	**PQ** *Quebec*
CO Colorado	**MS** Mississippi	**RI** Rhode Island
CT Connecticut	**MT** Montana	**SC** South Carolina
DC District of Columbia	**NB** *New Brunswick*	**SD** South Dakota
DE Delaware	**NC** North Carolina	**SK** *Saskatchewan*
FL Florida	**ND** North Dakota	**TN** Tennessee
GA Georgia	**NE** Nebraska	**TX** Texas
HI Hawaii	**NF** *Newfoundland*	**UT** Utah
IA Iowa	**NH** New Hampshire	**VA** Virginia
ID Idaho	**NJ** New Jersey	**VT** Vermont
IL Illinois	**NM** New Mexico	**WA** Washington
IN Indiana	**NS** *Nova Scotia*	**WI** Wisconsin
KS Kansas	**NT** *Northwest Territories*	**WV** West Virginia
KY Kentucky	**NU** *Nunavut*	**WY** Wyoming
LA Louisiana	**NV** Nevada	**YT** *Yukon Territory*
	NY New York	

Führerschein

Jeder Führerschein, der das Fahren eines Pkw erlaubt, ist ein Jahr lang in Kanada und den USA zum Führen eines Wohnmobils unabhängig von der Größe (Länge oder Gewicht) zugelassen. Das sind die **Führerscheinklassen:** in Deutschland 3, in der ehem. DDR B oder BE, in Österreich B, in der Schweiz Kategorie B oder C. Auf dem neuen Euro-Führerschein im Scheckkartenformat kann statt der deutschen Klasse 3 stehen: B, BE, C1, C1E, L und M, auf Antrag CE mit Beschränkung auf die bisher in Klasse 3 fallenden Züge.

Da in Nordamerika die Gültigkeit der Führerscheine zeitlich begrenzt ist, kommt bei einer etwaigen Verkehrskontrolle die manchmal komische Situationen auf, wenn der Polizist nicht weiß oder es sich nicht vorstellen kann, daß ein Führerschein *Indefinitely* gültig ist, also unbegrenzt.

☞ Obwohl in Nordamerika der Führerschein schon mit 16 Jahren erworben werden kann, ist das Führen von Mietfahrzeugen aus Versicherungsgründen erst ab 21 oder 25 Jahren möglich!

Zeit

Zeitzonen
Die Erde ist aufgeteilt in 24 Zeitzonen, die rechnerisch je 15 Längengrade umfassen (24 x 15 = 360°). Es gibt acht Zeitzonen in Nordamerika, das zeigt, wie riesig dieses Gebiet ist. Von diesen Zeitzonen liegen sechs auf dem Festland. Sie reichen von der Atlantic Time in New Brunswick (-5 Stunden) bis Alaska Time (-10 Stunden). Ihre Grenzen verlaufen oft, aber nicht immer, entlang der Staats- oder Provinzgrenzen. Auf die Notwendigkeit, die Uhren umzustellen, weisen meistens Schilder am Straßenrand hin.

12-Stunden-Uhr
Der "Welttag" wurde 1884, wohlgemerkt in den USA, auf 24 Stunden festgelegt. Trotzdem werden in Nordamerika heute noch die Uhrzeiten als 12-Stunden-Uhr, nämlich mit **a.m.** *(ante meridiem* = vormittags) und **p.m.** (*post meridiem* = nachmittags) angegeben.

Nur vereinzelt, z.B. im Luftverkehr und bei einigen Fähren, wird die **24-Stunden-Uhr** wie bei uns üblich benutzt. Im Fahrplan der Alaska-Fähren z.B. steht hinter der Uhrzeit entweder ein **A** für vormittags oder ein **P** für nachmittags. Bei Delta Air Lines werden im Flugplan die Zeiten am Vormittag mit mageren, am Nachmittag mit fetten Ziffern angegeben. 12 Uhr mittags heißt *noon*, 24 Uhr nachts heißt *midnight*, damit keine Verwechslungen vorkommen können.

Müdigkeit durch Jetlag
Ein Phänomen bei jeder Reise über mehrere Zeitzonen ist der sog. *Jet lag*, das Nachhinken des Körpers, der entwicklungsgeschichtlich für Düsenflugzeuge nicht konzipiert ist. Man sagt, daß der Körper je Zeitzone einen Tag brauche, bis er sich angepaßt habe. Das mag jeder anders empfinden, aber ohne Folgen bleibt kaum jemand, denn Müdigkeit zum falschen Zeitpunkt ist wohl eine allgemeine Erscheinung. Vielflieger haben ihre eigenen Regeln, sich der neuen Zeitzone anzupassen.

☺ Nach unserer Erfahrung wird man am besten damit fertig, wenn man **westwärts** bei Ankunft am Nachmittag nach dem langen Flug nicht der Müdigkeit nachgibt, sondern nach etwas körperlicher Betätigung (Spaziergang, Schwimmen, Fitnessraum des Hotels) und einem möglichst leichten Abendessen ohne viel Alkohol bald ins Bett geht.

Denn wenn man am Nachmittag schläft - für den Körper ist es um 15:00 in Nordamerika bereits Abend (Ostküste) oder Nacht (Westküste) -, dann kann man sicher sein, etwa um 2:00 oder 3:00 nachts wach zu werden und nicht wieder einschlafen zu können, dafür aber große Lust auf ein gutes Frühstück zu verspüren.

☺ Wer regelmäßig Medikamente zu bestimmten Zeiten nehmen muß, sollte sich mit seinem Arzt über die Umstellung auf die neue Zeit während des Urlaubs besprechen.

Zahlungsmittel

✱ Im Gegensatz zu manchen europäischen Ländern fährt man in Nordamerika am besten, wenn man sein Geld bereits in Deutschland in die jeweilige Landeswährung getauscht hat, sei es in **Bargeld** (der dafür angewandte Sortenkurs ist wesentlich schlechter als der Devisenkurs) oder Reiseschecks *(Traveler's Checks)*, für die der Devisenkurs zuzüglich einer Gebühr zur Anwendung kommt.

Wer Kanada und die USA bereist, sollte für jedes Land die "richtige" Währung verfügbar haben. In Kanada werden zwar oft US-Dollar angenommen, aber meist zu einem für den Reisenden ungünstigen Wechselkurs. In den USA werden, außer in grenznahen Regionen, kanadische Dollars nicht akzeptiert, erst recht nicht die Münzen.

✱ In Nordamerika ist das **Umtauschen von DM in Dollar** zwar auf den großen Flughäfen möglich, bei Banken aber mehr als problematisch. Wir kamen uns bei unserer ersten Reise vor 25 Jahren vor, als hätten wir ein unsittliches Ansinnnen an den Bankbediensteten gestellt, als wir einen Hunderter in Dollar wechseln wollten. Er schien noch nie so etwas Seltsames in der Hand gehabt zu haben!

Bis heute hat sich daran wenig geändert, denn in aller Regel tauscht nur die Hauptverwaltung einer Bank um, nicht aber die Filialen. In Hotels, die von Deutschen stark besucht werden, kann man - zu ungünstigem Wechselkurs - oftmals umtauschen. In größeren Städten gibt es Wechselstuben (*Currency Exchange*) auf kommerzieller Basis. Weil gelegentlich falsche Banknoten in Umlauf sind - der US-Dollar ist leicht nachzumachen, und das nutzen die Geldfälscher aus -, empfiehlt es sich, möglichst keine größeren als 50-Dollar-Noten mitzunehmen.

✱ **Euroschecks** sind in Nordamerika wertlos. Aber: Seit 1999 kann man an Geldautomaten mit dem *Maestro*-Zeichen (sieht dem *Mastercard*-Logo 🔵 mit den zwei Weltkugeln ähnlich) per **Euroscheckkarte** (**ec**-Karte) bei fast 590.000 Stellen in den USA, bzw. fast 16.000 Stellen in Kanada Bargeld im Gegenwert von ca. DM 400 relativ günstig abheben.

✱ **Reiseschecks** leisten ebenfalls gute Dienste. Sie werden wie Bargeld behandelt, und wenn der Scheck größer ist als die geforderte Zahlung, erhalten Sie die Differenz als Bargeld. Es ist ratsam, die Reiseschecks nicht über mehr als 50 Dollar ausstellen zu lassen. Beachten Sie auch, daß Reiseschecks im Verlustfall ersetzt werden, Bargeld nicht. Reiseschecks sind zweimal zu signieren: erstens bei der Ausgabe durch die Bank und zweitens bei der Zahlung im Beisein des Empfängers.

Die Liste mit den Nummern der Reiseschecks sollten Sie aus Sicherheitsgründen an einer oder mehreren Stellen getrennt von den Schecks aufbewahren. Was sehr vorteilhaft sein kann, aber zu wenig bekannt ist: Es gibt neuerdings Reiseschecks, die von **zwei Personen** benutzt werden können: Sie werden bei der Ausgabe von beiden Personen unterschrieben, bei der Einlösung genügt dann die Unterschrift einer der beiden Personen.

✱ **Kreditkarten** von American Express und Diners Club werden in beiden nordamerikanischen Staaten weitaus seltener akzeptiert als Visa und MasterCard/Eurocard. Das hängt wahrscheinlich mit den geforderten Provisionen zusammen. Sie werden das auch erkennen, wenn Sie sich die Prospekte der deutschen Veranstalter ansehen, in denen aufgelistet ist, welche Vermieter welche Kreditkarten akzeptieren. Es gibt Vermieter, die bei Zahlung mit Kreditkarte eine "Verwaltungsgebühr" in Höhe von 3% berechnen, aber das steht nicht in allen Veranstalterprospekten. Wir haben es auch häufig erlebt, daß Benzin bei Zahlung mit Kreditkarte teurer war als bei Barzahlung. Aufmerksamkeit kann Geld sparen.

Lassen Sie sich von Ihrer Bank die Konditionen für eine Kreditkarte geben, falls Sie noch keine haben, und vergleichen Sie auch die Angebote von Automobilherstellern, Reiseveranstaltern (TUI) und Vereinen (z.B. Deutsches Jugendherbergswerk, ADAC). Die Bedingungen unterscheiden sich nicht nur bei den Jahresgebühren.

Sie können oft eine Kreditkarte auf drei Monate "zur Probe" beantragen und nach dem Urlaub entscheiden, ob Sie die Karte weiterhin behalten wollen.

Da Fremdwährungen meist mit dem Devisen-Briefkurs umgerechnet werden, der in jedem Fall günstiger ist als der Sortenkurs (Umtausch von Banknoten), lohnt sich die Zahlung mit Kreditkarte schon aus diesem Grund.

Die Kartenorganisationen weisen in der Werbung auf die eingeschlossenen Versicherungen hin, sagen aber nicht, daß diese nur gelten, wenn die Leistung (z.B. Wohnmobil, Flug) mit der Kreditkarte bezahlt wurde. Wir empfehlen, den Versicherungsschutz zu hinterfragen, bevor Sie Reiseversicherungen abschließen.

Was auf jeden Fall zu empfehlen ist: Lassen Sie vor der Reise Ihren Verfügungsrahmen erhöhen (Notfall, teure Mitbringsel) oder zahlen Sie auf das Kreditkartenkonto eine entsprechende Summe ein.

Wenn eine Kreditkarte verloren geht oder gestohlen wird, muß sie schnellstens gesperrt werden. Es wird auch empfohlen, den Verlust bei der Polizei zu melden. Sie sollten die Kartennummer und die für die Sperrung der Karte notwendige Telefonnummer an einem oder mehreren sicheren Plätzen aufbewahren, damit Sie schnell reagieren können. Eine wiedergefundene Karte dürfen Sie nach der Sperrung nicht mehr einsetzen. Alle Nummern sind rund um die Uhr erreichbar.

(Eurocard)	in Nordamerika in Deutschland	☏ 1-800-307-7309 mehrsprachig. ☏ 069-79331910.
(Visa)	in Kanada in USA in Deutschland	☏ 1-800-847-2911 mehrsprachig. ☏ 1-800-336-8472 mehrsprachig. ☏ 0130-814910.

Die Kreditkarte kann auch in Nordamerika zum Abheben von Bargeld genutzt werden, auch an Geldautomaten. Die Gebühren für die Barabhebung werden bankintern festgesetzt, sie liegen meist um 3% ($ 1.000 abzuheben kostet also $ 30). Von der Bank wird auch der bei Auslandszahlungen angewandte Währungskurs festgelegt (vergleichen!).

Die Abdrücke der Karte (z.B. im Hotel oder als Kaution) und das Kohlepapier zwischen den Belegen sollten Sie aus Sicherheitsgründen selbst entsorgen.

☺ Bei dieser Gelegenheit wollen wir auf die abweichende **Schreibweise von Zahlen** hinweisen. In Nordamerika schreibt man die Ziffer 1 ohne den Aufstrich, die Ziffer 4 wie hier (oben geschlossen), die Ziffer 7 wie hier ohne Querstrich (wird sonst möglicherweise als F mißdeutet!).

Wo wir das Komma benutzen, also z.B. zwischen Mark und Pfennig, steht in Nordamerika ein Punkt. Wo wir einen Punkt benutzen, z.B. nach den Tausendern oder Millionen, benutzen die Amerikaner und Kanadier ein Komma.

Ein Motorhome Class A auf einer Vermietstation

Maße und Gewichte

In den 70er Jahren hat Kanada rigoros auf das metrische System umgestellt. Von einem Tag auf den anderen wurden Temperaturen in den Wetterberichten der Rundfunkanstalten nur noch in Celsiusgraden angegeben, die Schilder für Geschwindigkeitsbegrenzungen wurden ausgetauscht. Inzwischen ist die Umstellung vollständig abgeschlossen, aber viele Kanadier rechnen auch heute noch in gewohnten Maßen.

Die USA haben sich trotz mehrerer Anläufe immer noch nicht zur Umstellung auf das metrische System entschlossen, insofern ist es unvermeidlich, die verschiedenen Maßeinheiten einander gegenüberzustellen. Die Maße für die Küche sind "genormt" und finden sich oft auf Verpackungen und in Rezepten. Die wichtigsten "englischen" bzw. amerikanischen Maßeinheiten und ihre metrischen Entsprechungen sind:

Längenmaße
1 inch (in)		=	2,54 cm
1 foot (ft)	= 12 inches	=	30,48 cm
1 yard (yd)	= 3 feet	=	91,44 cm
1 mile (mi)	= 1.760 yards	=	1.609 m
1 nautical mile (nm)		=	1.852 m

Flächenmaße
1 square inch (sq in)		=	6,4516 cm²
1 square foot (sq ft)	= 144 sq in	=	0,0929 m²
1 square yard (sq yd)	= 9 sq ft	=	0,8361 m²
1 acre	= 4.840 sq yd	=	4.046,8 m²
247 acres		=	1 km²
1 square mile	= 259 ha	=	2,59 km²

Hohlmaße (Kanada)
1 fluid ounce (oz)		=	28,412 cm³	
1 pint	= 20 fl oz	=	568,3 cm³	= 0,5683 l
1 quart (qt)	= 2 pints	=	1,1365 l	
1 gallon (gal)	= 4 qt	=	4,5461 l	

Hohlmaße (USA)
1 fluid ounce (oz)		=	29,5729 cm³	
1 US pint		=	473,2 cm³	= 0,4732 l
1 US quart (qt)	= 2 pints	=	0,9464 l	
1 US gallon (gal)	= 4 qt	=	3,7854 l	

Gewichte (Kanada und USA)
1 ounce (oz)		=	28,3495 g
1 pound (lb)	= 16 oz	=	0,4536 kg

In der Küche gebräuchliche Maße

1 teaspoon		= 5 g	
1 tablespoon	= 3 teaspoons	= 14 g oder	15 ml in USA
1 ounce (oz)	= 2 tablespoons	= 28 g oder	30 ml in USA
¼ cup	= 4 tablespoons	= 56 g oder	59 ml in USA
1 cup	= 8 oz	= 227 g oder	237 ml in USA
1 quart	= 4 cups	= 2 pounds oder	946 ml in USA

Alkoholgehalt

Volumen-%	0	10	20	30	40	50
Canadian Proof	0	18	35	53	70	88
US Proof	0	20	40	60	80	100

Reifendruck

1 psi (pounds per square inch) = 0,07 at
1 at = 14,22 psi

Temperaturen

°C	-20	-10	0	10	20	30	40	50	100	150	200	250
°F	-4	14	32	50	68	84	104	122	212	302	392	482

Celsius in Fahrenheit umrechnen: (C° : 5) x 9 + 32
Fahrenheit in Celsius umrechnen: (F° -32) : 9 x 5

Berechnung des Benzinverbrauchs

Über den Benzinverbrauch der Wohnmobile gibt es weit auseinander klaffende Angaben. Der Verbrauch wird vorrangig vom Fahrer beeinflußt, daneben aber auch vom Gelände, dem Klima und der Motoreinstellung durch den Vermieter. Mit *Overdrive* (☞ Kapitel 3) und Bedacht kann man Benzin sparen.

Damit man korrekte Durchschnittswerte für Verbrauch und Kosten erhält, muß man richtig rechnen. Das klingt banal, ist es aber nicht, denn bei der Umrechnung von Gallonen zu Dollarpreisen über Fahrtstrecken in Meilen auf Liter je 100 Kilometer zu DM-Preisen kommt es leicht zu Fehlergebnissen.

Wenn ein Kanadier oder US-Amerikaner seinen Benzinverbrauch nennt, dann tut er das anders als wir: Er gibt die Fahrtstrecke an, die man mit einer Treibstoffeinheit zurücklegen kann (**miles per gallon = mpg**), während bei uns die Angabe **Liter auf 100 km** üblich ist. Beispiel aus der Umrechnungstabelle: *Twelve miles to the gallon* bedeutet "kanadisch" 23,54 l/100 km, "amerikanisch" 19,60 l/100 km, weil die beiden Gallonen unterschiedlich groß sind (☞ Maße und Gewichte).

Wenn Sie glauben, daß wenigstens Kanada nach der Umstellung auf das metrische System jetzt auch so "denkt" wie wir, dann täuschen Sie sich: Wir haben im Juli 1998 per Fragebogen Informationen bei einer Anzahl von Vermietern eingeholt; die Verbrauchsangaben lauteten immer noch *Miles per gallon*, obwohl es die beiden Maßeinheiten offiziell gar nicht mehr gibt.

Vergleich der Berechnungsmethoden

Meilen pro Gallone	l/100 km in Kanada	l/100 km in USA	Meilen pro Gallone	l/100 km in Kanada	l/100 km in USA
6	47,08	39,20	16	17,66	14,70
7	40,35	33,60	17	16,62	13,84
8	35,31	29,40	18	15,69	13,07
9	31,39	26,14	19	14,87	12,38
10	28,25	23,52	20	14,12	11,76
11	25,68	21,38	21	13,45	11,20
12	23,54	19,60	22	12,84	10,69
13	21,73	18,09	23	12,28	10,23
14	20,18	16,80	24	11,77	9,80
15	18,83	15,68	25	11,30	9,41

Kleidung

Die meisten Urlauber neigen dazu, zu viel oder die falsche Kleidung mit in den Urlaub zu nehmen. Selbst erfahrenen Wohnmobilurlaubern passiert es gelegentlich, daß sie frische Wäsche nach der Tour wieder für die Heimreise einpacken. Wir wollen keine allgemeingültige Packliste zusammenstellen, aber mit einigen Hinweisen doch dazu beitragen, daß besonders Neulinge "Fehler" vermeiden.

✱ Für die Campingreise ist **sportliche Garderobe** angesagt, die möglichst pflegeleicht sein sollte. Jeans oder waschbare Baumwollhosen, die man auch in der Stadt oder zu einem Restaurantbesuch tragen kann, sind das Richtige. Dazu eignen sich bügelfreie Hemden und Blusen, je nach Jahreszeit leichte oder schwere Pullover, Anorak oder Parka.

Das oft empfohlene "Zwiebelschalen"-Prinzip bewährt sich auch oder besonders bei Campingreisen: Lieber mehrere leichte Kleidungsstücke mit der Möglichkeit zum "Entblättern" tragen, als einen zu dicken Pullover.

✻ **Schuhe** sind Sache der Einstellung und der Mode. Stabile Wanderschuhe sind nie ein Fehler, denn ein verstauchter Fuß kann einen Urlaub für die ganze Familie ruinieren. Auch und besonders in Wüstengebieten, wo man unversehens einer Klapperschlange oder einem Skorpion begegnen kann, tragen gute Schuhe und lange Hosen zur Sicherheit bei.

✻ Sicherheit bietet auch ein **Hut** gegen Sonne und Regen. Ein Cowboyhut ist auch ein reizvolles Souvenir, es muß ja nicht unbedingt ein Stetson sein, ein gleich geformter Strohhut ist angenehm zu tragen und dazu sehr preiswert.
Die Maße der Hüte und Gürtel werden ganz einfach umgerechnet: Amerikanische Hutgröße mal acht ergibt die deutsche Hutgröße (Warum acht? Wir wissen es nicht). Und beim Gürtel wird die Länge in Nordamerika in Zoll (*Inches*) angegeben, bei uns in Zentimetern.

✻ Die Konfektionsgrößen sind nur Anhaltspunkte zur Orientierung und wenn die Verkäuferin Sie fragt, welche *Size* Sie haben. Die Kleidungsstücke im gleichen Laden fallen bei gleicher Größenangabe unterschiedlich aus, aber das kennen Sie ja auch von zu Hause.

Herren
Anzüge, Jacketts, Mäntel, Pullover

D, A, CH	44	46	48	50	52	54	56	58
Kanada		Small		Medium		Large		Extra Large
USA		36	38	40	42	44	46	48

Hemden (Kragenweite)

D, A, CH	36	37	38	39	40	41	42	43
USA/Kanada	14	14½	15	15½		16	16½	17

Schuhe

D, A, CH	39	40	41	42	43	44	44½	45	46
USA/Kanada	6½	7	8	9	10	10½		11	

Hüte

D, A, CH	54	56	58	60
USA/Kanada:	6¾	7	7¼	7½

Damen
Kleider, Kostüme, Jacken, Mäntel

D, A, CH	34	36	38	40	42	44	46	48	50
Kanada	X Small		Small		Medium		Large		Extra Large
USA			8		10	12	14	16	18	20

Schuhe

D, A, CH	35	36	37	38	39	40	41	42
USA/Kanada:	5	5½	6	7	7½	8,5	9	9½

Sporthemden und **T-Shirts** werden in den Größen Small (S), Medium (M), Large (L), Extra Large (XL) und darüber hinaus in XXL, 3XL, 4XL usw. angeboten. Bei **Jeans** werden die Größen an Hand der Bundweite und der Schrittlänge (beide in Zoll) angegeben, z.B. 38 x 32, d.h. Bundweite 97 cm, Schrittlänge 81 cm.

Elektrogeräte

Die Stromnetze in Nordamerika haben eine **Spannung** von 110 Volt; bei uns sind es 220 - 240 Volt. In Europa benutzte Geräte mit Spannungswähler können problemlos in Nordamerika benutzt werden, manche Geräte, z.B. Rasierapparate, stellen sich automatisch auf die jeweilige Spannung ein oder funktionieren auch bei abweichender Spannung zufriedenstellend.

☝ Wichtig ist, daß nicht nur die Spannung, sondern auch die Frequenz des Wechselstroms von Gerät und Netz übereinstimmt. In Europa haben die Netze eine **Frequenz** von 50 Hertz (Hz), in Nordamerika sind es 60 Hz. Auf dem Typenschild des Geräts steht außer der Spannung auch die Frequenz, die aber <u>nicht</u> verändert werden kann. Manche Geräte geben 50 - 60 Hz an; dann lassen sie sich problemlos auf beiden Kontinenten benutzen.

☺ Unerläßlich ist der **Adapter** für das nordamerikanische Flachsteckersystem, den man sich im Fachhandel besorgen kann. In Übersee ist der Adapter schwer zu bekommen.

Einreisebestimmungen

Paß und Visum

Für die Einreise nach Kanada und in die USA ist ein gültiger Reisepaß notwendig; "gültig" heißt, daß er zum Zeitpunkt der **Ausreise** noch gültig ist. Kanada und die USA verlangen von deutschen, österreichischen und Schweizer Staatsangehörigen kein Visum für Urlaubs-, Besuchs- und Geschäftsreisen bis zu einer Aufenthaltsdauer von maximal 90 Tagen.

Es empfiehlt sich, statt eines Familienpasses für jedes Kind einen Kinderpaß ausstellen zu lassen. So kann jedes Familienmitglied unabhängig vom anderen reisen, z.B. wenn unvorhersehbare Ereignisse die vorzeitige Abreise eines Familienmitglieds erzwingen.

Im Flugzeug nach **USA** erhalten Sie das Einreise-Formular I-94W, das Sie in Großbuchstaben ausfüllen müssen. Außer den üblichen Personaldaten wird eine Adresse in USA verlangt; an dieser Stelle tragen Sie, wenn Sie eine Wohnmobilreise gebucht haben, *Touring* ein. Der untere Abschnitt wird in den Paß eingeheftet und bei der Ausreise zurückgenommen.

Bei der Einreise in die USA per Flugzeug oder Schiff muß der Reisende ein Rückreiseticket nachweisen, bei der Einreise auf dem Landweg (z.B. mit dem Wohnmobil) hat er den Nachweis zu führen, daß er über genügend Mittel für den geplanten Aufenthalt verfügt. Die Fragen danach werden in aller Öffentlichkeit gestellt. Man sollte sich dadurch nicht überraschen lassen. Es ist besser, dem Beamten der Einwanderungsbehörde einen Ausreisetermin zu nennen, der eine Woche später als der geplante/gebuchte Rückflug liegt. Wenn der Rückflug um ein paar Tage verschoben werden muß (z.B. wegen Krankheit), brauchen Sie nicht eine Verlängerung der Aufenthaltsdauer zu beantragen, was umständlich ist.

Einfuhrbestimmungen, Zoll

Allgemeines

Auf dem Flug bekommen Sie für die USA bzw. Kanada ein Formular, in dem Sie nach Flugnummer, Namen, Adresse, Herkunftsflughafen, Reisezweck und anderen Informationen gefragt werden. Sie müssen darin auch Angaben machen, ob Sie innerhalb des letzten

Monats auf einer Farm waren oder in den nächsten 14 Tagen eine Farm besuchen wollen (Kanada) oder ob Sie außerhalb der USA auf einem Bauernhof oder einem Gut waren (USA).

USA
In der Zollerklärung, die Sie auf dem Flug ausfüllen müssen, wird auch nach einer Adresse gefragt (☞ oben), ferner, ob Sie mehr als $ 10.000 bei sich haben. In diesem Fall ist das Formular Nr. 4790 bei der US-Zollverwaltung einzureichen.

✋ Schmuggel und gesetzwidrige Einfuhr bestimmter Substanzen ist auch in kleinen Mengen verboten. Mögliche Überprüfungen werden angedroht. Die Nichtbeachtung der Deklarationspflicht ist strafbar. In der Regel werden für zollpflichtige Waren 10% Einheitszoll erhoben.

* **Lebensmittel**: Backwaren und Käse dürfen eingeführt werden, nicht hingegen Fleisch, Geflügel und daraus hergestellte Erzeugnisse, ferner Früchte, Pflanzen, lebende Tiere.
* **Alkoholische Getränke** sind, ohne Rücksicht auf den Alkoholgehalt, auf einen Liter begrenzt. Alles darüber hinaus unterliegt dem Zoll und den Steuern. Regelungen in den einzelnen Staaten können von den Vorschriften des Bundes abweichen und strenger sein; wenn Sie in einen solchen Staat einreisen, haben dessen Gesetze Vorrang vor den Bundesgesetzen.
* An **Tabakwaren** sind erlaubt: 200 Zigaretten, 50 Zigarren oder 2 kg Rauchtabak; eine anteilige Zusammensetzung der zollfreien Menge ist möglich.
* **Geschenke** dürfen im Wert bis zu $ 100 zoll- und steuerfrei eingeführt werden. In diesem Betrag dürfen 100 Zigarren enthalten sein, aber keine alkoholischen Getränke.
* **Einfuhrverbote** bestehen für Absinth, Pralinen mit Alkoholfüllung, Lotterielose, pornographische Erzeugnisse, Narkotika, Beruhigungsmittel, Gifte, Feuerwerk, von Gefangenen oder unter Zwang hergestellte Produkte, Springmesser.
* Gefälschte Markenprodukte werden beschlagnahmt und zerstört.
* Für Haustiere (Katzen und Hunde) ist bei Einreise aus einem tollwutfreien Gebiet keine Impfung vorgeschrieben.

Motorhome Typ B im Glacier National Park, Montana

Motorhome Typ E-L im Kluane National Park, Yukon Territory

* Wer Medikamente nehmen muß, die es nur auf Rezept gibt (Opiate, morphinhaltige Präparate), tut gut daran, eine ärztliche Verschreibung vorweisen zu können.

Kanada

Einfuhrverbot für Lebensmittel wie Fleisch und Wurst, Gemüse, Milchprodukte, Pflanzen und Samen aller Art (Nüsse!). Das hat mit der Angst vor eingeschleppten Krankheiten und Schädlingen zu tun. Das Verbot gilt nicht für Konserven und eine geringe Menge eingeschweißten Käses.

Bei der Einreise wird manchmal genau kontrolliert; sogar das Obst, das Sie auf dem Flug bekommen, aber nicht gegessen haben, wird konfisziert, wenn man es entdeckt. Wenn man etwas findet, das Sie im Einreiseformular nicht deklariert haben, drohen Strafen.

* Für **alkoholische Getränke** gelten je nach Provinz unterschiedliche Regelungen; Ein Liter Hochprozentiges ist erlaubt, zwei Dutzend Dosen Bier oder zwei Liter Wein. In AB, MB und PQ liegt die Altersgrenze für diese Freimengen bei 18 Jahren, sonst bei 19 Jahren.
* **Geschenke** sind in einer Höhe von $ 60 zollfrei, aber alkoholische Getränke und Tabakwaren zählen nicht dazu. Die Einfuhr von Pralinen mit Füllungen, die Alkohol enthalten, z.B. Weinbrandbohnen, ist grundsätzlich streng verboten.
* Für **Tabakwaren** liegen die Grenzen bei 200 Zigaretten, 50 Zigarren und 200 g Rauchtabak. Personen unter 19 haben diese Freigrenzen nicht. In AB, SK, MB, YT, NT und PQ liegt die Altersgrenze bei 18 Jahren.
* **Haustiere** wie Hunde und Katzen benötigen eine Impfbescheinigung, die zwischen einem und zwölf Monaten vor der Einreise ausgestellt sein muß. Details erfahren Sie von der Kanadischen Botschaft in Bonn.

5. Vorbereitung einer Nordamerikareise

Hinweise für die Reise- und Routenplanung

Eine Fahrt ins Blaue kann etwas Wunderschönes sein: Man läßt sich überraschen, was auf einen zukommt, und genießt es, ohne Vorbereitung in den Tag hinein zu leben. Für eine Nordamerikareise ist eine solche Haltung nur bedingt zu empfehlen, bestenfalls ab dem Moment, wenn man das Wohnmobil übernommen hat; dann hat man bis zum Rückgabezeitpunkt alle Freiheit der Welt, das Leben in der Natur zu genießen. Doch bevor man "drüben" ist, sollte man die Reise gründlich vorbereiten. Wir schlagen auch vor, auf Grund der Informationen aus Reiseführern und Karten oder von Freunden und Verwandten, die Erfahrungen gesammelt haben, einen ziemlich präzisen Plan zu erstellen, damit man unterwegs stets weiß, ob man "im Plan" ist, sich verbummeln kann oder Zeit hereinholen muß, um den Rückgabetermin nicht zu versäumen. Sich sklavisch an den Plan zu halten, wäre allerdings falsch, denn das widerspräche dem Wohnmobil und der mit seiner Hilfe gewonnenen Freizügigkeit.

Bei aller Planung ist es wichtig, die Weite des Kontinents nicht zu unterschätzen. Als Faustregel sollte man im Durchschnitt zwischen 100 km und 100 Meilen (160 km) pro Tag einplanen. Dazu einige Erfahrungswerte: Bei einer dreiwöchigen Reise kommen praktisch nur 18 Wohnmobiltage zusammen, weil der erste Tag der Flugtag ist und weil bei Fahrzeugübernahme am Nachmittag und den Einkäufen für die Grundausstattung mit Lebensmitteln vom zweiten Tag nicht viel übrig bleibt. Da das Wohnmobil am 21. Tag gemäß unserem Beispiel zurückgegeben werden muß, und zwar bei allen Vermietern am Vormittag, kann man den auch nicht als vollen Fahrtag rechnen. 18 Tage mit 160 km pro Tag ergeben eine Fahrtstrecke von 2280 km. Wenn man nur zwei Tage bummelt, vielleicht an einem See angelt und die Seele baumeln läßt, dann muß man rechnerisch an **jedem** der verbleibenden 16 Wohnmobiltage im Schnitt 180 km zurücklegen.

Diese 180 km pro Tag ergeben bei einer angenommenen Durchschnittsgeschwindigkeit von 50 km/h eine reine Fahrzeit von drei bis vier Stunden. Für die Mahlzeiten, Besichtigungen, Wanderungen, Einkäufe und Fotostops braucht man mehr Zeit, als man sich selbst eingesteht. Wenn Sie andere Erfahrungswerte haben und damit zufrieden gereist sind, ist das nicht zu beanstanden.

Wir kennen Urlauber, die im Durchschnitt einer dreiwöchigen Reise **täglich** rund 400 km zurückgelegt und während der Fahrt bei fliegendem Fahrerwechsel ihre Mahlzeiten eingenommen haben. Aber das ist nicht jedermanns Urlaubsstil.

Wichtig ist insbesondere, daß auch die Wohnmobile des besten Vermieters technisch komplexe Geräte sind, die von unterschiedlichen Fahrern benutzt und von unterschiedlichen Mechanikern gewartet werden. Pannen infolge Fehlbehandlung oder wegen Materialfehlern sind nicht auszuschließen. Wenn ein Ersatzteil fehlt und ein Tag verloren geht, kann ein Reiseplan durcheinander geraten und die Reisenden in Stress-Situationen bringen. Damit sollten Sie Ihre Urlaubserholung nicht aufs Spiel setzen.

Bei unserer letzten Reise zerbarst das Fenster im "Schlafzimmer" ohne äußeren Einfluß: Materialfehler. Es geschah in Bella Coola, 456 km vom nächsten Glaser in Williams Lake oder 17 Stunden mit der Fähre von Port Hardy entfernt. Wenn so etwas mit einem noch wichtigeren Teil geschieht und die Weiterfahrt in Frage gestellt ist - wir benutzten Plastikfolie und Klebeband und lebten mit zugeklebtem Fenster für den Rest der Reise -, dann ist ein zu umfangreiches Reiseprogramm von Übel.

Fremdenverkehrsämter und ihre Vertretungen

Früher war es einfach: Kanada und die USA hatten jeweils ein zentrales Fremdenverkehrsamt, an das man sich mit seinen Wünschen nach Informationen wenden konnte. Seit einiger Zeit ist es den Regierungen zu teuer geworden, solche Ämter zu unterhalten, obwohl der Tourismus eine enorme Bedeutung für den jeweiligen Staatshaushalt hat. Man steht neuerdings auf dem Standpunkt, daß die Privatwirtschaft, die von den Urlaubsreisenden zuerst (aber nicht allein!) profitiert, solche Ausgaben übernehmen sollte.

Kanada

Informationen gibt die CTC **Canadian Tourism Commission** heraus. Sie werden vom Touristik-Dienst G. Lange ebenso kostenlos versandt wie das von den zehn Provinzen und den drei Territorien zur Verfügung gestellte Informationsmaterial (seit April 1999 sind die Northwest Territories geteilt, und Nunavut = "Unser Land" entstand als drittes Territorium neu).

Die Telefon-Hotline ☏ 06181-45178 ist von 8:00 bis 17:00 mit einem lebendigen Menschen besetzt, der/die freundlich und kenntnisreich die Informationswünsche für die Reiseplanung notiert. Der Versand des Materials erfolgt in der Regel am gleichen oder nächsten Tag. In der übrigen Zeit zeichnet ein Anrufbeantworter Ihre Wünsche auf; er bietet sogar einen Rückruf an, wenn Sie spezielle Fragen haben, die nicht mit dem gedruckten Material beantwortet werden können.

USA

Hier ist die Prozedur komplizierter und weniger erfreulich: Sie können telefonisch die Vertretungen der Staaten und Regionen über *den USA Info Service*, ☏ 0180-5313531, ermitteln. Von einer wohlklingenden weiblichen Stimme werden Sie aufgefordert, Papier und Stift bereitzuhalten, und nach Ihren Informationswünschen gefragt. Dann müssen Sie die dafür genannte Ziffer auf Ihrem Telefon drücken, z.B. für "Reiseziele" die [1], für "sonstige Informationen" (z.B. Flüge) die [2]. Wenn Sie die [1] für Reiseziele gedrückt haben, dann können Sie Informationen über die "Westküste und Hawaii" mit der [1] wählen, für die "Ostküste" mit der [2]. Dann verzweigt sich das System weiter: für "Hawaii" müssen Sie die [1] drücken, für "Kalifornien" die [2], für "Oregon und Washington" die [3] usw. Danach werden Sie gefragt, ob Sie als "Reisebüro oder Pressevertreter" anfragen [1] oder als "Individualreisender" [2], und schließlich erhalten Sie die Telefon- und/oder Faxnummer der Vertretung, die das von Ihnen gewünschte Reiseziel repräsentiert.

Dieses Verfahren ist unpersönlich, zeitlich aufwendig und teuer, denn je angefangene 15 Sekunden kostet der Service eine Einheit (12 Pfg.). Außerdem müssen Sie den Service mehrmals anwählen, wenn Sie mehrere einzeln ausgewiesene Reiseziele auf Ihrem Programm haben oder z.B. von Ost nach West oder umgekehrt fahren wollen. Eine Wohnmobilreise ist ja schließlich kein Badeaufenthalt am gleichen Strand!

Für die USA gibt es ein **Visit USA Committee Germany**, in dem rund 50 Staaten und Regionen zusammenarbeiten. Wir haben alle Repräsentanzen den vertretenen Staaten zugeordnet. Solche, die nur einen Staat oder eine Region vertreten, erscheinen mit allen für die Kommunikation wichtigen Angaben neben dem Staats- oder

Provinzcode. Unternehmen, die mehrere Staaten, Provinzen oder Regionen vertreten, haben wir mit den Informationen, die für **alle** vertretenen Gebiete gelten, unten aufgelistet. In solchen Fällen stehen neben den Codes oft nur die speziellen Telefonnummern mit einer Kurzform der ☞ **Repräsentanz.**

Einige Repräsentanzen verlangen Gebühren für das Informationsmaterial in Höhe von DM 10 oder DM 15, die per Scheck vorab einzusenden sind. Wir haben diese Regionen markiert. Alle Angaben wurden mit Sorgfalt zusammengestellt, müssen aber ohne Gewähr veröffentlicht werden; auch Änderungen während der Bearbeitung des Manuskripts können nicht berücksichtigt werden.

☺ Damit Sie gleich die Stelle anschreiben oder anrufen können, die Informationsmaterial für die von Ihnen geplanten Reiseziele anbietet, haben wir die Vertretungen in Deutschland in völlig neuer Form zusammengestellt. Eliminiert haben wir die Repräsentanzen, die sich nur mit Marketing oder Medienarbeit beschäftigen. Mit dieser verbraucherfreundlichen Aufstellung können Sie sich den Umweg über den *USA Info Service* ersparen.

Regionen (Die Repräsentanzen sind weiter unten erläutert)

AB Travel Alberta, Infoservice, ☞ Lange, <http://www.travelalberta.org>

AK Fremdenverkehrsamt von Alaska, Informationsmaterial ☞ Pela gegen Einsendung eines Euroschecks für Porto/Bearbeitung über DM 10 aus D oder über DM 15 aus A und CH; <http://www.alaska.net/acvb>

AZ Arizona Office of Tourism, c/o Tourism Marketing Group, ☎ 02204/85677, FAX 02204/85063, Prospekte ☞ Lange, <TMGIBiging@aol.com>

BC British Columbia Tourism, Infoservice ☞ Lange <http://www.travel.bc.ca>

Blues Alley ☞ Global, ☎ 089/5389777

CA Verkehrsbüro Kalifornien ☞ Schotte, DM 10 <http://www.gocalif.ca.gov>

CDN Kanadisches Konsulat - Canadian Tourism Commission, Arbeitsbereich Deutschland und Österreich, Infoservice ☞ Lange, <http://www.kanada-info.de> Aktuelle Informationen bringt auch das deutschsprachige Internet-Service-Magazin NETREISEN: <http://www.netreisen.de>

CO Vail Vail Resorts Management Company ☞ Schuch, ☎ 06101/4629

CT Connecticut Office of Travel & Tourism ☞ Schotte, DM 10

DC Washington DC Fremdenverkehrsbüro ☞ Wiechmann, ☎ 069/4950493

FL	Visit Florida, Schillerstraße 10, 60313 Frankfurt/M. ☎ 069/1310092, FAX 069/1310641, <http://www.flausa.com>
FL Bradenton	Bradenton Area Convention & Visitors Bureau ☞ Global, ☎ 089/54370754
FL Clearwater	St. Petersburg/Clearwater Area Convention & Visitors Bureau ☞ Schuch, ☎ 06101/44052
FL Daytona Beach	Daytona Beach Tourist Bureau, Breslauer Straße 17, 25648 Glückstadt, ☎ + FAX 04124/97719, <http://www.daytonabeach-tourism.com>
FL Hutchinson Isl.	☞ Larsen, ☎ 06196/25092
FL Florida Keys	The Florida Keys & Key West ☞ Larsen, ☎ 06196/25091 <http://www.fla-keys.com>
FL Fort Lauderdale	Greater Fort Lauderdale Convention & Visitors Bureau Mangum, ☎ 089/23662133
FL Lee County	Lee County Visitor & Convention Bureau, Hauptstraße 204, 63897 Miltenberg, ☎ 09371/69945, FAX 09371/67855 <http://www.LeeIslandCoast.com>
FL Miami	Greater Miami Convention & Visitors Bureau and The Beaches, ☞ Pela, das Infomaterial ist kostenlos. <miamifrankfurt@compuserve.com>
FL Orlando	Orlando Tourism Bureau, Angelbergstraße 7, 56076 Koblenz, ☎ 0261/9730673, FAX 0261/9730674, <rukhsana.timmis@t-online.de> <http://www.go2orlando.com>
FL Palm Beach	Palm Beach County Convention & Visitors Bureau ☞ Wiechmann, ☎ 069/435664
FL St. Petersburg	St. Petersburg/Clearwater Area Convention & Visitors Bureau ☞ Schuch, ☎ 06101/44052
FL Treasure Coast	☞ Larsen, ☎ 06196/25092
Great Lakes	Great Lakes of North America ☞ Romberg
ID	c/o Rocky Mountain ☞ Wiechmann, DM 10
IL	Illinois Fremdenverkehrsamt ☞ Wiechmann, ☎ 069/443353 siehe auch Great Lakes ☞ Romberg
IN	Indiana Tourism Development c/o Great Lakes ☞ Romberg
LA	Louisiana Fremdenverkehrsamt ☞ Wiechmann, ☎ 069/435655
LA New Orleans	New Orleans Fremdenverkehrsamt, siehe LA
MA	Massachusetts Office of Travel & Tourism ☞ Schotte, DM 10
MA Boston	Massachusetts Ports Authority c/o Herzog HC GmbH Borsigallee 17, 60388 Frankfurt/M., ☎ 01805/267866 für Materialbestellung und persönlichen Kontakt, FAX 069/42089027
MB	Travel Manitoba, Infoservice ☞ Lange <http://www.gov.mb.ca/Travel-Manitoba>
MD	Maryland Office of Tourism, Leuvenseteenweg 613, B-1930 Zaventem, ☎ 0032/2/7576390, FAX 0032/2/7576391
ME	Maine Office of Travel & Tourism ☞ Schotte, DM 10
MI	Michigan Travel c/o Great Lakes ☞ Romberg
MN	Minnesota Office of Tourism c/o Great Lakes ☞ Romberg
MS	Memphis & Mississippi - America's Blues Alley ☞ Global

	☎ 089/5389777
MT	c/o Rocky Mountain ☞ Wiechmann
NB	Tourism New Brunswick, Infoservice ☞ Lange <http://www.gov.nb.ca/tourism>
NC	North Carolina Travel & Tourism Division ☞ Mangum, ☎ 089/23662135
New England	Discover New England ☞ Schotte, DM 10 (CT, MA, ME, NH, RI, VT)
NF	Tourism Newfoundland, Infoservice, ☞ Lange <http://public.gov.nf.ca/tourism>
NH	New Hampshire Office of Travel & Tourism ☞ Schotte, DM 10
NM	New Mexico Tourist Information, Liefenroth 25, 51645 Gummersbach, ☎ 02261/979056, FAX 02261/979055
NS	Nova Scotia Tourism, Infoservice, ☞ Lange <http://explore.gov.ns.ca>
NT	TravelArctic, Infoservice, ☞ Lange, <http://www.nwttravel.nt.ca>
NU	Nunavut Tourism, Infoservice, ☞ Lange, <http://www.nunatour.nt.ca>
NV Las Vegas	Las Vegas Convention & Visitors Authority ☞ Mangum, ☎ 089/23662130
NY	New York Convention & Visitors Bureau ☞ Mangum, ☎ 089/23662149 <newyork@mangum.de>
OH	c/o Great Lakes ☞ Romberg
ON	Ontario Tourism ☞ Mangum, ☎ 089/23662138 <http://www.ontario-canada.com> Infoservice, ☞ Lange
OR	Oregon State Fremdenverkehrsamt ☞ Wiechmann, ☎ 069/4059574
PE	Tourism Prince Edward Island, Infoservice, ☞ Lange <http://www.peiplay.com>
PQ	Tourism Quebec, Infoservice, ☞ Lange <http://www.tourisme.gouv.qc.ca>
RI	Rhode Island Tourism Division ☞ Schotte, DM 10
Rocky Mountain	Rocky Mountain International ☞ Wiechmann ☎ 069/4059573 1 Staat DM 10, ab 3 Staaten DM 20
SC	Fremdenverkehrsbüro South Carolina, c/o AVM American Adventure, Siemensstraße 9, 63263 Neu-Isenburg, ☎ 06102/722751, FAX 06102/722409
SD	c/o Rocky Mountain ☞ Wiechmann, DM 10
SK	Tourism Saskatchewan, Infoservice, ☞ Lange <http://www.sasktourism.com>
TN	Tennessee Tourism, Horstheider Weg 106 a, 33613 Bielefeld, ☎ 0521/9860415, FAX 0521/9860411, <TNtourism@aol.com>
TN Memphis	America's Blues Alley Memphis & Mississippi ☞ Global, ☎ 089/5389777
TX	Texas Tourism ☞ Mangum, ☎ 089/23662143
VA	Virginia Fremdenverkehrsbüro, Steinweg 3,

	60313 Frankfurt/M, ☎ 069/291923, FAX 069/291904, <VAWILD@aol.com> <http://www.virginia.org>
VT	Vermont Office of Tourism ☞ Schotte, DM 10
WA	Washington State Fremdenverkehrsamt ☞ Wiechmann, ☎ 069/4059574
WI	c/o Great Lakes ☞ Romberg
WY	c/o Rocky Mountain ☞ Wiechmann, ☎ 069/4059573
YT	Yukon Tourism, Infoservice, ☞ Lange, <http://www.touryukon.com>

Repräsentanzen

Global	Global Contact, Pettenkoferstraße 24, 80336 München FAX 089/5389789, <blauen@global-contact.de>
Lange	Touristik-Dienst G. Lange, Postfach 200247, 63469 Maintal, FAX 06181/497558, ☎ 06181/45178, <Canada-Info@t-online.de> <http://kanada-info.de>
Larsen	Touristic Promotion Larsen, Postfach 1507, 65800 Bad Soden, FAX 06196/63444, <Promotions.I.L@t-online.de>
Mangum	Mangum Management GmbH, Herzogspitalstraße 5, 80331 München, FAX 089/2604009,
Pela	Pela Touristikservice, Postfach 1227, 63798 Kleinostheim
Romberg	TravelMarketing Romberg, Wallstr. 56, 40878 Ratingen, FAX 02102/21177, ☎ 02102/711191, <rombergg@t-online.de> <http://www.cglg.org/greatlakestourism
Schuch	Schuch-Beckers Touristic Service, Alt-Erlenbach 25, 60437 Frankfurt/M., FAX 06101/4524, <BSBNE@t-online.de> <http://home.t-online.de/home/BSBNE>
Schotte	Schotte Media Partners, Postfach 4101 (für CA), Postfach 4244 (für Neuengland), 40654 Meerbusch
Wiechmann	Wiechmann Tourism Services, Scheidswaldstraße 73, 60385 Frankfurt/M., FAX 069/439631, <info@wiechmann.de> <http://www.wiechmann.de>

Automobilclubs als Informationsquellen

Nicht alle deutschen Automobiclubs haben ein Korrespondenz-Abkommen mit den Automobilclubs von Kanada (🆎 = *Canadian Automobile Association*) und USA (🆎 = *American Automobile Association*, kurz: *Triple A*), nach dem deutsche Clubmitglieder den kanadischen oder amerikanischen gleichgestellt sind.

Mitglieder der großen deutschen Automobilclubs ADAC und AvD, des österreichischen ÖAMTC und der Schweizer Clubs ACS und TCS können die Dienste der nordamerikanischen Clubs bei Nachweis der Mitgliedschaft in Anspruch nehmen:

✱ **Reiseservice** mit Informationen über Unterkünfte, Sightseeing und Adressen für medizinische und anwaltliche Hilfe; Reiseberatung bezüglich Straßenzustand und Mautgebühren; Tourenberatung und Erstellung von Triptiks (markierte Routenkarten); kostenlose *TourBooks*, Reservierungsservice, z.T. mit Berechnung der anfallenden Gebühren.

✱ **Pannenhilfe** auf den Highways als mechanische erste Hilfe mit kleineren Reparaturen (Ersatzteile müssen bezahlt werden); als Abschleppservice, für den bei größeren Entfernungen (über 5 km oder 3 Meilen) Gebühren anfallen; als Reifenservice beim Reifenwechsel; als Batterieservice in Form von Starthilfe.

Der AvD listet nur die wichtigsten Adressen der nordamerikanischen Clubs auf und nennt die Adressen der deutschen Informationsbüros; Tourenplanung bietet der AvD derzeit nur für europäische Reiseziele an.

Am umfassendsten informieren **ADAC** und **ÖAMTC** ihre Mitglieder, die für die Reise nach Nordamerika eine Bonuskarte mit dem Motto *Show Your Card & Save* mit Ermäßigungen bei Dienstleistungsanbietern aller Art (Hotels, Restaurants, Vergnügungsparks, Zoos, Gärten, Shows und Theatern) bekommen.

Diese Karte ermöglicht in Verbindung mit dem Mitgliedsausweis, die Beratungsdienste des ⓒⒶⒶ und des ⒶⒶⒶ in Anspruch zu nehmen und deren Karten- und Informationsmaterial zu bekommen. Ein vollständiges Verzeichnis der ⓒⒶⒶ- und ⒶⒶⒶ-Büros wird mitgeliefert, so daß man sich das am günstigsten zum Vermieter oder an der geplanten Route gelegene Büro frühzeitig aussuchen kann.

📖 Darüber hinaus kann man schon vor der Abreise beim ADAC zusätzlich zu dem Dutzend ADAC-**TourSets** (50 x 100 cm große Faltblätter mit Karten, Lageskizzen, Fotos und Erläuterungen) sieben **TourBooks** des ⒶⒶⒶ und ⓒⒶⒶ zum Preis von jeweils fünf Mark zuzüglich Versandkosten beziehen:

◆ Florida
◆ Arizona and New Mexico
◆ Western Canada and Alaska
◆ Connecticut, Massachusetts, Rhode Island
◆ Maine, New Hampshire, Vermont

- California and Nevada
- Colorado and Utah

Der ÖAMTC schickt seinen Mitgliedern die TourBooks zum Preis von je 50 öS inclusive Versandkosten zu.

Seit 1999 werden auch ausgewählte CampBooks zum Preis von DM 3 angeboten, in denen viele Campgrounds mit Ausstattung, Preis und z.T. Empfehlung des ⒶⒶⒶ aufgelistet sind. Wer bei der ADAC Reise GmbH bucht, bekommt das ⒶⒶⒶ-Material zur gewählten Route automatisch kostenlos.

Der kanadische ⒸⒶⒶ bietet außer Nr. *5 Western Canada and Alaska* noch die *TourBooks* in englischer und französischer Sprache an, die man in den ⒸⒶⒶ-Filialen bekommt:

- Ontario / Quebec / Atlantic Provinces

Wer nicht Mitglied eines Automobilclubs ist, kann nach Aussage des ⒸⒶⒶ die *TourBooks* nicht einmal käuflich erwerben. Er kann nur eine Karte der jeweiligen Region zum Preis zwischen $ 2,75 und 4 kaufen; Mitglieder erhalten die Karten und TourBooks (Wert $ 10) kostenlos.

Der ⒶⒶⒶ hat außer den oben genannten Büchern in seinen Informationsbüros *TourBooks* für alle US-Staaten vorrätig.

KOA-Campgrounds

Sie können Ihre Übernachtungen auf den Campgrounds der Kette KOA = *Kampgrounds of America* schon in Deutschland und der Schweiz kostenlos reservieren, wenn Sie für bestimmte Termine einen Platz sicher haben wollen. Die Kette hat etwa 500 Campingplätze in den USA, 40 in Kanada und 5 in Mexico. Sie werden nach vorgegebenen Regeln von privaten Eigentümern im Franchising-System geführt und regelmäßig vom KOA überprüft. Die Campingplatzwarte haben sich nach unseren Erfahrungen immer als freundliche und für die Wohnmobiltechnik kompetente Helfer gezeigt.

Diese Einrichtungen sind Standard: Laden mit Zubehör für Wohnmobile und eine Auswahl an Lebensmitteln, Propangas,

Dumping Station, *Pull-throughs* (das sind Stellplätze, die eine Durchfahrt ohne Rangieren erlauben), *Hook-ups* für Strom, Frischwasser und überwiegend Kanal-Anschluß (*Sewer*); die meisten haben auch einen *Swimming Pool*.

📖 Der *KOA Directory - Road Atlas and Camping Guide* ist ein Verzeichnis, das jedes Jahr neu erscheint und $ 5 kostet (wird von der Kreditkarte abgebucht). Dafür stehen folgende Möglichkeiten zur Verfügung:

- KOA Tours, P.O. Box 30558, Billings, MT 59114, USA
- FAX 0130/817423 bzw. FAX 0800/8174230 von Deutschland (gebührenfrei)
- FAX 0800/890956 von der Schweiz (gebührenfrei)
- FAX 9001/406-245-9878 von Österreich direkt bei KOA in Billings, MT, USA
- ✉ <camping@KOA.net>
- 🖥 <http://www.koakampgrounds.com>

Die Reservierungen können über dieselben Nummern vorgenommen werden. Dafür ist in dem *Directory* ein Formblatt enthalten, das auch in deutscher Sprache erläutert wird. Je Formular (nicht je Campground!) sind allerdings US$ 5 als Bearbeitungsgebühr per Kreditkarte zu entrichten. Ein großes Risiko gehen Sie bei der Reservierung nicht ein, denn Sie können bis 16 Uhr am Tag vor der Anreise die Reservierung für einen Wohnmobil- oder einen Zeltplatz kostenlos stornieren.

KOA bietet den Urlaubern außerdem die kostenlose *Value Kard* an, die auf den Campgrounds eine Ermäßigung von 10% gewährleistet. Sie wird von einigen Veranstaltern mit den Reisedokumenten ausgeliefert und gehört auch bei den meisten Vermietern zum Informationspaket.

Hinweise für besondere Routen

Es gibt einige Straßen, die nur unter Einschränkungen oder überhaupt nicht mit dem Wohnmobil befahren werden dürfen, und zwar aus unterschiedlichen Gründen. Unter diesem Aspekt sind die Veranstalterprospekte besonders gründlich zu lesen. Einige Beispiele:

Typ D Super Cab

Typ C Fifth Wheel als Gespann

- Die Vermieter erlauben die Fahrt durch das **Death Valley** (Tal des Todes) zwischen Kalifornien und Nevada nur in der Wintersaison. Im Sommer ist es zu heiß, und wenn ein Wohnmobil liegen bleibt, kommen unverhältnismäßig hohe Kosten auf den Vermieter zu, um das Fahrzeug wieder flott zu machen.
- Die meisten Vermieter untersagen die Einreise nach **Mexico** oder erlauben nur die Fahrt auf der Halbinsel Baja California, und das nur mit Zusatzversicherungen und manchmal bei Ausschluß aller Haftungsgrenzen für den Mieter.
- Die Fahrt nach **Alaska**, in das **Yukon Territorium** und die **Northwest Territories** wird von vielen Vermietern gänzlich untersagt oder nur mit bestimmten Wohnmobiltypen erlaubt, und dann mit zusätzlichen Gebühren. Auch wenn der Alaska Highway inzwischen überwiegend zu einer breiten Straße mit weiten Kurven ausgebaut und fast durchgängig geteert ist, wollen manche Vermieter ihre Fahrzeuge nicht im Norden fahren lassen. Es gibt aber auch Vermieter, die diese Zielgebiete ohne Zusatzkosten problemlos, wenn auch nur mit Voranmeldung, erlauben.
- Der **Highway 20** in British Columbia von Williams Lake nach Bella Coola) darf mit den Wohnmobilen einiger Vermieter überhaupt nicht oder nur zum Teil befahren werden. Bei diesen Vermietern scheidet die Fährpassage entlang der *Discovery Coast* aus (Port Hardy auf Vancouver Island - Bella Coola).
- Auf dem **Dempster Highway** gibt es zwischen Dawson City, YT und Fort McPherson, NT auf einer Strecke von knapp 600 km nur eine Tankstelle in Eagle Plains. Für diese Strecke bieten die Vermieter, die die Fahrt dorthin erlauben, gegen Bezahlung und bei vorheriger Bestellung an: Reservekanister (*Jerry can*) und zusätzliches Reserverad (*Extra spare wheel*). Einige Vermieter erlauben die Fahrt auf dem Dempster Highway überhaupt nicht.
- **Apache Trail:** Östlich Phoenix (AZ) zweigt der z.T. ungeteerte Apache Trail bei Apache Junction vom Highway 60 ab, führt als State Route 88 zum Roosevelt Lake und trifft den Highway 60 wieder zwischen Miami (AZ) und Globe (AZ). Etwa 40 km sind Schotterstrecke, die die Vermieter trotz eindrucksvoller Landschaft nicht erlauben.

One-Ways, Überführungsfahrten

Für viele Nordamerikareisende scheint es ein Traum zu sein, dem kanadischen Wappenspruch "a mari usque ad mare" zu folgen und den Kontinent von Ozean zu Ozean zu durchqueren. Der **Transcanada Highway** hat von St. John's (NF) bis Victoria (BC) eine Länge von 7.821 km - ein Programm für mehr als einen durchschnittlichen Jahresurlaub!

Da es an beiden Endpunkten des Highways keine Wohnmobile zu mieten gibt, reduziert sich die Distanz ein wenig auf die Strecke zwischen Halifax (NS) und Vancouver (BC) aber das macht fast keinen Unterschied, zumal es Fähren nach Newfoundland und Vancouver Island gibt.

☹ Gegen Einwegmieten sprechen leider ein paar Argumente:

✱ Die Vermieter berechnen stets eine happige "Rückführungsgebühr", selbst wenn das Wohnmobil nach einer Einwegtour vom nächsten Mieter wieder zu seiner eigenen Station zurückgebracht wird. Das verstehen zwar beide Mieter nicht, aber damit müssen sie sich abfinden - denn das ist so kalkuliert und ausgeschrieben.

✱ Es ist nicht auszuschließen, daß der Vermieter eher die älteren und nicht ganz einwandfreien Fahrzeuge auf die Reise zu einer anderen Station schickt.

✱ Die Gepäckstücke müssen auf die Fahrt mitgenommen werden. Besonders bei kleineren Wohnmobilen ist es sinnvoll, statt der Hartschalenkoffer mit Seesack, Rucksack und/oder Taschen zu reisen, weil diese in leerem Zustand weniger Platz benötigen.

Auch in den USA kann man bei einigen Vermietern zwischen Ost- und Westküste oder auch über kürzere Entfernungen *One-way* reisen. Grenzüberschreitende Einwegfahrten zwischen Kanada und den USA werden nicht angeboten, weil das Wohnmobil aus dem jeweiligen "Ausland" nicht vermietet werden darf. Daran zeigt sich, daß die "Rückführungspauschale" eigentlich gar keine ist, sondern eine Entschädigung des Vermieters für eine evtl. geringere Ausnutzung des Wohnmobils.

Einwegmieten sind stets bei der Buchung anzufordern und müssen bestätigt werden. Es stehen manchmal nur bestimmte Fahrzeugtypen zur Verfügung, stets nur ein begrenzter Teil der Flotte, weil Einwegfahrten die Flexibilität der Einsatzplanung beeinträchtigen. Die Einweggebühren werden von einigen Veranstaltern in Mark ausgewiesen und in Deutschland kassiert; das Währungsrisiko entfällt. Die Mehrheit der Veranstalter nennt die an den Vermieter zu zahlenden Gebühren, zu denen die örtlichen Steuern kommen, in Dollar.

✋ Wir raten dringend davon ab, zur Vermeidung von Einweggebühren und zum Ausnutzen von Langzeitrabatten auf eigene Faust Einwegtouren zu organisieren, z.B. daß Familie Müller das Wohnmobil von A nach B fährt, Familie Meier von dort nach A zurück. Da jeder Fahrer beim Vermieter den Vertrag unterschreiben muß, wäre ein solches Verhalten ein Vertragsbruch mit möglichen rechtlichen Folgen, zumindest würde bei einem Schaden die Haftungsbegrenzung in der Kaskoversicherung entfallen, und der Mieter wäre für alle Schäden in voller Höhe verantwortlich. Möglicherweise könnte sich auch die Haftpflichtversicherung aus der Verantwortung ziehen.

Wie bei vielem im Leben ist es Geschmackssache, ob man den Eindruck der Weite "erfahren" muß, denn es gibt große Strecken in der Prärie mit unendlichen Getreidefeldern und einem niedrigen Horizont, über den als "Höhepunkte" die *Grain Elevators* (Getreidesilos) ragen. Auch die legendäre **Route 66** von Chicago nach Los Angeles existiert nicht mehr in voller Länge infolge von Streckenneubauten. Anders ist es, wenn man mit wenig Zeit auskommen muß und vielleicht nur entlang der Pazifikküste von Los Angeles nach Seattle fahren will, wobei rund 2.000 km zusammenkommen, also ein Pensum für zwei Wochen. Aber in der Regel nehmen sich die Urlauber mindestens drei Wochen Zeit für eine Wohnmobilreise, sonst hätten die Flugkosten allein schon einen zu hohen Anteil an den gesamten Reisekosten.

☺ Eine besondere Ausprägung der Einwegfahrten sind die **Überführungsfahrten**, die gelegentlich zum Saisonbeginn und Saisonende angeboten werden. Weil diese *One-ways* im Sinne des Vermieters sind, bietet er sie zu günstigen Konditionen an. Der

Motorhome Typ B mit Dinette, Küche und Schlafzimmer

Typ E-L mit Küche, Dinette und Alkovenbett

Mieter muß aber auch mit unsicherem Wetter rechnen und ist auf die ausgeschriebenen Termine und den Start- bzw. Zielort festgelegt.

☺ Wenn Sie die Zeit im Frühjahr oder Herbst haben oder sich nehmen, können Sie ein Schnäppchen machen und eine Reise ohne viel Tourismus erleben: Achten Sie deshalb auf Sonderangebote wie *Three-for-one*: drei Wochen mieten und eine Woche "bezahlen".

Wohnmobile in den Prospekten der Reiseveranstalter

Einführung
"Wer die Wahl hat, hat die Qual" - dieses geflügelte Wort gilt auch und vielleicht sogar ganz besonders für die Wahl des Reiseveranstalters, aus dessen Programm man sein Wohnmobil bucht. Wenn man nicht zu den zufriedenen "Wiederholungstätern" gehört oder von Freunden und Verwandten eine Empfehlung auf Grund deren Erfahrungen bekommt, läßt einen die Vielfalt der Angebote fast verzweifeln. Außerdem haben bei der großen Zahl von Leistungsbestandteilen, die eine Wohnmobilreise ausmachen, die Veranstalter individuelle, oft schwer vergleichbare Darstellungen in ihren Prospekten oder Katalogen.

Es ist durchaus legitim, daß jeder Veranstalter sein Programm so attraktiv machen möchte, wie es geht. Der Urlauber muß lernen, die unterschiedlichen Leistungen zu vergleichen, auf das nicht Gesagte zu achten und zwischen den Zeilen zu lesen. Dabei wollen wir ein wenig helfen.

Veranstalter: Es gibt solche und solche
Wie wichtig die Wohnmobilangebote in den Prospekten oder Katalogen der Reiseveranstalter genommen werden, zeigt nicht nur der eigene Prospekt, sondern auch der Versuch in der Angebotsübersicht des kanadischen Fremdenverkehrsamtes prominent in Erscheinung zu treten. Es gibt mehr als ein Dutzend Veranstalter, die Wohnmobile in Provinzen oder Territorien anbieten, in denen es überhaupt keine zu mieten gibt (NT, SK, PE, NB, NF). Da wurden einfach alle Provinzen und Territorien im Fragebogen angekreuzt, und niemand hat sich die Mühe gemacht, die Angaben zu prüfen.

In einigen Fällen war die Produktion der Prospekte "eingestellt" worden oder wohl gar nicht geplant; es sollten nur gezielte Angebote unterbreitet werden. Auch ein Veranstalter, der keinen Prospekt produziert, unterliegt dem Reisevertragsgesetz, es muß auch kein schlechter Veranstalter sein. Wer sich orientieren und Angebote vergleichen will, was wir jedem Interessenten dringend empfehlen, sollte in einer offiziellen Publikation eines Fremdenverkehrsamtes aber erkennen können, bei wem er einen Prospekt oder Katalog bekommt und bei wem nicht.

Umsetzung der Konditionen der Vermieter

Alle Veranstalter bekommen von den Vermietern im Prinzip die gleichen Informationen über die Mietbedingungen und Preise, nicht unbedingt jedoch die gleichen Provisionen. Doch in den Prospekten werden die Konditionen sehr unterschiedlich dargestellt. Das macht oft einen Vergleich schwierig. Wir geben deshalb an dieser Stelle ein paar Anregungen, wie man sich in den Prospekten am besten zurechtfindet.

Beginnen wir mit den **bildlichen Darstellungen** und den **Grundrissen** der Wohnmobile. Für denselben Fahrzeugtyp beim gleichen Vermieter sieht man gelegentlich unterschiedliche Fotos in den Veranstalterprospekten. Außenansicht und Grundriß des gleich bezeichneten Wohnmobils stimmen oft nicht überein; das erkennt man am besten an der Eingangstür zum Wohnbereich, die immer auf der Beifahrerseite liegt. Wenn nicht, sind die Fahrzeuge seitenverkehrt abgebildet.

Es ist weitgehend üblich, die Inneneinrichtung in einer Tag- und einer Nachtversion darzustellen. So kann man die Schlafgelegenheiten besser erkennen als in einem gezeichneten Grundriß. Was aber oft versäumt wird und was beim Mieter zur Überraschung führen kann: Das Sofa ist bei Tag und bei Nacht gleich breit dargestellt, aber so ist es nicht, denn zum Schlafen wird es ausgezogen oder aufgeklappt, sonst wäre es zu schmal. Wenn *Sofa* und *Dinette* einander gegenüber liegen, dann ist das für den Tagbetrieb angenehm, denn man sitzt in gemütlicher Runde. Bei Nacht verschwindet aber der Raum zwischen beiden Schlafgelegenheiten, und dann fehlt der Durchgang zum WC. Die Kombination *Sofa/Dinette* direkt hinter den Fahrersitzen macht es den im Alkoven Schlafenden unmöglich, das WC nachts aufzusuchen, ohne die unten Schlafenden zu stören.

Da weder die Vermieter noch die Veranstalter bestimmte Auslegungen garantieren können - die Gründe dafür haben wir schon erläutert -, muß in der Art der Ausschreibung keine böse Absicht liegen, denn es ist ja denkbar, daß der Vermieter sowohl das Fahrzeug in seiner Flotte hat, das in Außenansicht gezeigt wird, als auch das mit der nicht dazu passenden Inneneinrichtung.

Die Grundrisse, die wir auf Seite 38/39 abbilden, hat uns die ADAC Reise GmbH freundlicherweise zur Verfügung gestellt. Wir haben darauf geachtet, daß Fahrzeuge gleicher Breite auch in den Grundrissen gleich breit dargestellt sind. Wir halten nämlich die in etlichen Prospekten abgedruckten U-Boot-ähnlichen Grundrisse der **A**-Modelle für unzumutbar.

Nicht jeder Veranstalter publiziert alle Fahrzeuge eines Vermieters, schon gar nicht alle Vermieter, aber auch nicht jeder Vermieter will mit jedem europäischen Veranstalter zusammenarbeiten. Insofern sollten Sie sich nicht auf einen oder zwei Prospekte beschränken, wenn Sie Ihre "mobile Ferienwohnung" aussuchen.

Preisbildung

Rechnen Sie mehrere Angebote genau durch und beziehen Sie alles ein, was für Ihre Reise wichtig ist. Dabei empfiehlt es sich, alles auf Wochenpreisen zu basieren, denn neben Tagespreisen werden auch Wochenpauschalen angeboten: Mietpreis, Kilometer-/Meilengeld, Steuern, im Preis eingeschlossene Versicherungen, andere Sonderleistungen.

Bis auf wenige Ausnahmen werden die Vermieter vom Reiseveranstalter genannt; das macht Vergleiche für den Leser einfacher. Es kommt jedoch vor, daß die Preise mehrerer Vermieter, die auch unterschiedliche Fahrzeuge haben können, in einer Tabelle zusammengefaßt werden. Wer nicht ausdrücklich einen bestimmten Vermieter bei der Buchung verlangt, bekommt die Bestätigung für den Vermieter, bei dem der Veranstalter den größten Erlös erzielt.

✱ In den Preisen sind entweder keine <u>oder</u> 50, 100, 150, 160 <u>oder</u> alle Frei-Kilometer/-Meilen eingeschlossen, machmal unterschiedlich nach Saisonzeit beim selben Vermieter. Da heißt es, die vorgesehene Route in ihrer Länge zu ermitteln, 20% bis 25% zuzuschlagen für Umwege und Besichtigungen - und zu rechnen.

Gepflegter (privater) BCRV-Campground in Vancouver, B.C.
Gemütlicher Provincial Campground in B.C.

Wenn ein **Meilenpaket** mit unbegrenzten Freimeilen beispielsweise DM 1.595 kostet, dann sind darin bei 32 Cents pro Meile, die ohne "Paket" zu zahlen wären (incl. 8% Steuer und einem Dollarkurs von DM 1,80, alles angenommene Werte) genau 2.564 Meilen (4.126 km) enthalten. Wenn Sie weniger fahren, ist es günstiger, alle Meilen zu bezahlen; wenn Sie aber mehr fahren, ist es besser, das Konzept mit unbegrenzten Freimeilen zu wählen (DM 1.595 geteilt durch 0,32 x 1,08 x 1,80). Wenn beide Mietkonzepte ungefähr dasselbe Ergebnis liefern, dann empfehlen wir, die unbegrenzten Freimeilen zu wählen. Aber Vorsicht: Für die vorausbezahlten Kilometer oder Meilen gibt es keine Erstattung, wenn die Fahrtstrecke kürzer ausfällt.

In gleicher Weise können Sie auch ermitteln, ob Sie besser fahren mit den unbegrenzten Freikilometern/-Meilen oder mit 160 oder 100 eingeschlossenen Freikilometern/-Meilen pro Tag: Die Preisdifferenz in DM wird geteilt durch das Produkt aus Kilometer-/Meilengeld in Cents incl. Steuer mal Dollarkurs; so erhält man die Zahl der Kilometer oder Meilen, bei denen die Mietkonzepte preisgleich sind.

✱ Die **Steuersätze** sind in Nordamerika von Staat zu Staat und von Provinz zu Provinz unterschiedlich. Es gilt immer der Steuersatz am Ort der Übernahmestation. Ohne Gewähr geben wir ein paar Beispiele für die Höhe der *Sales Tax* (Verkaufs- bzw. Umsatzsteuer) und der kanadischen Umsatzsteuer des Bundes (*GST*) an, die mit 7% überall zur Anwendung kommt:

Kanada: AB 7%, BC 7 + 7 = 14%, MB 7 + 7 = 14%, NS 8 + 7 = 15%, ON 8 + 7 = 15%, PQ 9 + 7 = 16%, YT 7%

USA: AK 0%, WA 14%, CA 8,5%, NY 6%.

Wichtig ist, die Saisonzeiten zu beachten und zu berücksichtigen, ob die Preise nach der Saison des Reiseantritts berechnet werden oder, wenn mehrere **Saisonzeiten** berührt werden, anteilig nach den einzelnen Saisontagen.

✱ Ferner spielt es für den Gesamtpreis, nicht jedoch für die Reiseroute, manchmal eine wichtige Rolle, in welcher Stadt bei gleichem Datum das Wohnmobil übernommen wird.

Beispiel: Rundreise um die *Four-Corners*-Staaten (CO, UT, AZ, NM) im Frühjahr. Las Vegas ist im April und bis Mitte Mai deutlich teurer als Denver bis 10. Mai. Wer seine Tour in Denver beginnt und zuerst nach Süden fährt, statt durch die Rocky Mountains, kann eine Menge Geld im Vergleich zum Start in Las Vegas sparen. Wir haben Preisdifferenzen zwischen 15% und 30% errechnet, wobei auch die Freimeilen zu berücksichtigen sind, je nachdem, in welche Saisonzeiten die Reisetage fallen.

☺ Für eine Mietdauer von mehr als 28 oder 30 Tagen geben viele Vermieter einen **Langzeitrabatt**. Es kann günstig sein, diesen Rabatt in Anspruch zu nehmen, selbst wenn man einen oder zwei Tage verfallen läßt.

☺ Vermieter, die an einer längerfristigen Planung ihrer Flotten interessiert sind, gewähren oft einen **Frühbucherrabatt**. So können sie ihre Wohnmobile eher nach den Wünschen der Urlauber disponieren und evtl. zu einem günstigen Zeitpunkt neue Fahrzeuge hinzukaufen.

Auch Reiseveranstalter, die das Währungsrisiko durch Terminkäufe von Dollars absichern, sind daran interessiert, daß die Buchungen frühzeitig hereinkommen. Ein Risiko gehen Sie nicht ein, wenn Sie für Ihre Buchung und Anzahlung einen Sicherungsschein erhalten.

Vermieterkonditionen

✱ Die **Preparation Fee** (Bereitstellungsgebühr) ist Preisbestandteil und muß in jedem Fall gezahlt werden. Sie schließt meist diese Leistungen des Vermieters ein:

- Transfers vom Hotel und zum Flughafen oder Hotel
- Erste Füllung des Propantanks
- Grundausstattung mit WC-Chemikalien und Toilettenpapier.

Nach deutschem Recht dürfen alle Leistungen, die vom Kunden bezahlt werden <u>müssen</u>, ausschließlich in DM ausgeschrieben werden. Es ist nicht korrekt, wenn der Urlauber z.B. die unvermeidliche Bereitstellungsgebühr bei Fahrzeugübernahme an den Vermieter zahlen muß. Damit versucht der Veranstalter gesetzeswidrig, einen vordergründig gut aussehenden Preis zu veröffentlichen.

✱ Für **Reparaturen** setzen die Vermieter eine Höchstgrenze, bis zu der ein Anruf bei der Station nicht gefordert wird; das sind meist $ 50 oder $ 75. Darüber hinaus erstatten die Vermieter die Auslagen nur nach vorheriger Genehmigung.

✱ Wer glaubt, bei der Angabe **Modelljahr 1999** ein im Jahr 1999 gebautes, also neues Fahrzeug zu bekommen, wird enttäuscht sein, denn *Model year* heißt nicht Baujahr, weil die neuen Modelle bereits ein Jahr im voraus konzipiert und vermarktet werden. Ein Wohnmobil "Modelljahr 1999" ist wahrscheinlich seit 1998 im Einsatz, kann also, bis ein Kunde es im Sommer 1999 übernimmt, bis zu 50.000 km hinter sich haben. Wenige Vermieter sind dazu übergegangen, ihre Fahrzeuge als *"New in ..."* zu definieren, d.h. anzugeben, wann sie neu in die Flotte aufgenommen wurden. Das ist eindeutig und ehrlich.

✱ **Vorzeitige Rückgabe:** Wer das gemietete Wohnmobil vor dem vereinbarten Termin zurückgibt, kann nicht auf Erstattung des Anteils der Miete für die nicht genutzte Zeit rechnen. Das ist eine generell gültige Regel, und sie hat auch ihren Sinn, denn zwischen der Rückgabe und der nächsten planmäßigen Miete kann der Vermieter kurzfristig keine Einnahmen mit dem Fahrzeug erzielen.

✱ **Reinigung des Wohnmobils innen und außen:** Es ist sicher richtig davon auszugehen, daß man eine Mietsache in dem Zustand zurückgeben sollte, in dem man sie übernommen hat. Was man unter "sauber" versteht, ist nicht objektiv zu definieren, also gibt es Meinungsverschiedenheiten und gelegentlich Streit bei der Wohnmobilrückgabe. Die Vermieter berechnen, wenn das Fahrzeug nicht sauber zurückkommt, Gebühren für die Reinigung; gelegentlich werden sie schon bei Wohnmobilübernahme vorsorglich von der Kreditkarte abgebucht.

Manche Vermieter verlangen nur die **Innenreinigung**, einige nennen Ihnen für Wohnmobile geeignete Waschanlagen in der Nähe der Vermietstation, aber davon gibt es nicht allzu viele. Das Waschen der Wohnmobile ist auf vielen Campingplätzen verboten, insbesondere den öffentlichen.

✱ Einige Vermieter bieten **ältere Fahrzeuge** zu günstigeren Mietpreisen an. Sie werden unter bestimmten Namen von den regulären Mietfahrzeugen unterschieden: *Coach Class*, *Value Homes* (Einschränkung: Die *Value*-Raten des Vermieters El Monte gelten für die reguläre Flotte!):

Problematik der Direktbuchung beim Vermieter

Immer wieder kann man lesen und hören, wie günstig jemand sein Wohnmobil in Kanada oder den USA ohne ein deutsches Reisebüro gebucht hat. Das kann durchaus der Fall sein, aber trotzdem läßt sich nicht verallgemeinern, daß es von Vorteil sein muß, "drüben" zu buchen. Dafür gibt es eine Reihe guter Gründe:

✱ Die Vermieter haben oft kein Personal verfügbar, das Anfragen europäischer Interessenten in deren Sprache beantworten kann. Fax und der Gebrauch der englischen Sprache sind kein Argument dagegen, denn in der Nebensaison wird das Personal häufig bis auf die Stammkräfte reduziert, in der Hochsaison sind alle hinreichend ausgelastet, auch ohne sich um Direktbucher kümmern zu müssen.

✱ Stichwort Hochsaison: In aller Regel haben sich die deutschen Veranstalter Kapazitäten gesichert, manchmal schon für eine bestimmte Zahl von Buchungen im voraus gezahlt. Bei der in den letzten Jahren stets stärker werdenden Nachfrage nach Wohnmobilreisen hat der einzelne nur geringe Chancen, das gewünschte Fahrzeug für den gewünschten Termin zu bekommen.

✱ Wenn ein Vermieter seine Leistungen selbst und direkt vermarktet, dann kann es entweder sein, daß er klein und unabhängig bleiben möchte und den persönlichen Kontakt mit seinen Gästen bevorzugt (weil er selbst Deutscher ist, *Red.*). Oder es kann sein, daß die deutschen Veranstalter, die einem strikten Konsumentenschutzgesetz unterworfen sind und bei Unregelmäßigkeiten in die Haftung genommen werden können, mit diesem Vermieter nicht oder nicht mehr zusammenarbeiten möchten.

✱ Zwischen Vermietern und Reiseveranstaltern gibt es ein Vertrauensverhältnis, das oft über viele Jahre hinweg aufgebaut worden ist. Wenn der Vermieter dem Veranstalter Konkurrenz macht, wird der Veranstalter daraus seine Konsequenz ziehen, d.h. andere Vermieter bevorzugen, die sich loyal verhalten.

✱ Das Wichtigste ist jedoch, daß es bei Unstimmigkeiten bei Direktbuchung kaum Möglichkeiten gibt, Ansprüche durchzusetzen. Anders unter dem Konsumentenschutzgesetz: Hier kann der Reiseveranstalter belangt werden, und es gilt heimisches Recht.

Vorsorgemaßnahmen, auch für Sicherheit und Gesundheit

Urlaubsgrüße

Für viele Urlauber ist es eher lästig, Postkarten an Freunde und Verwandte zu schreiben. Andere tun's gern, zumal eine Wohnmobilreise ja etwas Besonderes ist. Wie auch immer: Es erleichtert die Abwicklung und verhindert, daß man jemanden vergißt, wenn man sich schon zu Hause die Adressen auf Selbstklebe-Etiketten schreibt oder mit dem Computer ausdruckt.

Filmmaterial

Filme gleicher Hersteller können in Europa und in Übersee unterschiedliche Farben haben, was dem Geschmack der Käufer Rechnung trägt. Wenn Sie sicher sein wollen, daß Ihre Fotos und Dias so ausfallen, wie Sie es gewohnt sind, sollten Sie sich mit genügend Filmen eindecken, sie unterwegs kühl lagern und sie in Ihrem Fotogeschäft zu Hause entwickeln lassen.

Hilfsmittel

Ein paar Kleinigkeiten im Gepäck erleichtern oft das Leben oder ersparen kostbare Urlaubszeit.

✱ Wenn in den Wohnmobilen ein "Erste-Hilfe-Päckchen" vorhanden ist, dann muß das nicht mit Ihrer **Reiseapotheke** übereinstimmen. Lassen Sie sich evtl. von Ihrem Hausarzt raten, was Sie mitnehmen sollten.

✱ Wenn Ihnen der Vermieter Decken und Bettlaken mitgibt, kann es ratsam sein, sie mit **Sicherheitsnadeln** oder speziellen Klammern miteinander zu verbinden.

✱ In den Hotels gibt es überwiegend **Kleiderbügel**, die in einen Ring eingehängt werden, der an der Kleiderstange befestigt ist. Sie sind überhaupt nicht dazu geeignet, einmal ein Hemd oder eine Bluse zum Trocknen aufzuhängen. Wir nehmen immer zwei stabile Kleiderbügel von zu Hause mit.

✱ Wenn Sie in Ihrer Routenplanung Schotterstrecken vorgesehen haben, tun ein paar **Müllsäcke** gute Dienste, denn nicht alle Wohnmobile sind gegen den Staub der Straßen perfekt abgedichtet. Die Müllsäcke, die Sie auch im Supermarkt kaufen können, halten Ihre Wäsche in den Schränken ganz sicher sauber.

Kofferanhänger
Wir haben oft gestaunt, mit welcher Blauäugigkeit Urlauber auf Reisen gehen. Da steht auf dem Kofferanhänger deutlich für jeden sichtbar die komplette Adresse oder sie lädt auf der Klappe des Rucksacks dazu ein, der verwaisten Wohnung einen Besuch abzustatten. Kofferanhänger können geschlossen sein, so daß die Anschrift zumindest verdeckt ist.

☺ Schreiben Sie lieber in den Kofferanhänger das Hotel für die erste Nacht in Nordamerika hinein. Wenn das Gepäck verspätet ankommt, hat es die Fluggesellschaft leichter, es zuzustellen. Die Heimatanschrift nützt in einem solchen Fall nichts, die sollte nur beim Rückflug im Kofferanhänger stehen - daß sie <u>im</u> Gepäck vermerkt sein sollte, versteht sich von selbst.

Fotokopien und andere nützliche Vorkehrungen
Dokumente sollten immer sicher aufbewahrt werden - Binsenweisheit. Dennoch kommt es immer wieder vor, daß sie gestohlen oder verloren werden. Fotokopien können gute Dienste leisten und bei der Beschaffung von Ersatzdokumenten helfen (☞ Kapitel 8). Die Kopien sollten auch an mehreren Stellen verwahrt werden, z.B. im Handgepäck, in der Fototasche, in der Gürteltasche:

- ♦ Fotokopieren von Reisepaß, Führerschein,
- ♦ Flugtickets und Kreditkarte.
- ♦ Die Nummern der Reiseschecks notieren und separat von den Schecks aufbewahren.
- ♦ Die Anschriften und Telefonnummern von Angehörigen, die im Notfall verständigt werden sollen, aufschreiben.
- ♦ Die Fax-/Telefonnummer des Vermieters und/oder Reiseveranstalters hinterlegen Sie mit der geplanten Reiseroute bei einer (zuverlässigen und gut erreichbaren) Kontaktperson zu Hause, z.B. bei einem Verwandten oder gutem Freund.

♦ Benennen Sie diese Kontaktperson Ihren anderen Verwandten und Freunden gegenüber und rufen Sie ihn regelmäßig an. Über ihn können eventuelle wichtige Nachrichten weitergegeben werden.

Insektenschutz

In einigen Gebieten und zu bestimmten Zeiten können Insekten ziemlich lästig werden, wenn auch damit keine gesundheitlichen Risiken verbunden sind. Besonders schlimm sind die warmen Wochen nach dem Aufbrechen des Eises in Alaska und in Kanada, wenn die **Moskitos** zum Überleben und zur Fortpflanzung Blut brauchen - Ihr Blut!

Später im Sommer - um nur ein weiteres Beispiel zu nennen - machen die *Black flies* oder die *No-see-ums* einem das Leben schwer.

✱ Wenn man gestochen worden ist, braucht man Linderung des Juckreizes; dafür eignen sich nach unseren Erfahrungen Mittel wie Soventol, Combudoron, Azaron u. a.

✱ Damit man nicht gestochen wird, kann man die chemische Keule benutzen und das Wohnmobil aussprühen. Besser ist es jedoch, die Fliegendrahttüren geschlossen zu halten und den Plagegeistern keine Einflugs-Chance zu geben. Eine Fliegenklatsche kann sehr nützlich sein.

✱ Man kann sich auch mit *Repellents* schützen, die man auf Haut und Kleidung aufträgt. Die Wirkung der Mittel auf die Insekten unterscheidet sich von Mensch zu Mensch, allgemeingültige Aussagen verbieten sich deshalb. Bei uns haben sich die in Nordamerika erhältlichen Mittel *Muskol*, *Cutter*, *Deep Woods* und *Off* bewährt, die den Wirkstoff Deet enthalten und hautverträglich sind, aber bestimmte Kunststoffe angreifen können: Kunstleder von Fototaschen, Kameragehäuse, Nylon-Angelschnüre, Perlon und PVC (z.B. Wohnmobilfußboden).

✱ Gelegentlich wurden in deutschen Zeitungen Hinweise auf gefährliche Insekten veröffentlicht, die zum einen in Neuengland, zum anderen in Florida aufgetreten sein sollen. Es sind aber keine Krankheitsfälle bekannt geworden.

✱ Die in einigen europäischen Regionen verbreitete Zecken-Encephalitis (FSME) tritt in Nordamerika nicht auf.

Sprachhelfer

Auch wer mit einer Fremdsprache im Alltag gut umgehen kann, steht oft vor einem Problem, wenn es um Nicht-Alltägliches geht: Krankheit, Panne, Unfall. Der ADAC hat für seine Mitglieder zwei nützliche Broschüren verfügbar:

- **"Pannenwörterbuch** - Ersatzteile, Werkstatt - Reparatur" mit mehr als 750 Begriffen in englischer, französischer, spanischer und italienischer Sprache.
- "Sprachhelfer für **Arzt- und Apothekenbesuch** im Ausland", der auch dann als Dolmetscher dienen kann, wenn man die Sprache überhaupt nicht beherrscht: Man markiert den jeweiligen deutschen Begriff und läßt die Antwort vom Arzt oder Apotheker ankreuzen. Schon zu Hause kann man evtl. eigene Vorerkrankungen und solche in der Familie eintragen, damit der Arzt seine Diagnose leichter stellen kann.
- In ähnlicher Weise nützlich ist ein **Notfallausweis**, in dem alle wichtigen Daten vermerkt sind.

Cockpit eines Fahrzeugs vom Typ B-XL

6. Der Flug nach Nordamerika

Einführung

Heutzutage ist das Fliegen preiswert geworden, und gerade auf der Nordatlantikstrecke kämpfen die Fluggesellschaften traditionell um die Passagiere. Die früher übliche Unterscheidung in Linien- und Charterfluggesellschaften hat ihre Bedeutung verloren. Auch "Ferienflieger" wie die LTU sind Mitglied des Weltluftfahrtverbandes IATA und fliegen auf manchen Strecken ganzjährig wie die Lufthansa - auf anderen zwar nur während der Saison, aber auch dann gemäß einem veröffentlichten Flugplan.

Die "Ferienflieger" bedienen - und das ist ein für den Urlauber wichtiger Gesichtspunkt - oft Orte im Nonstop- oder Direktflug, die man mit den "Linien"-Fluggesellschaften nur mit Umsteigen erreicht. Wir geben später Beispiele für Orte, an denen man Wohnmobile übernehmen kann.

Flugrouten

In den Osten Kanadas (z.B. Toronto) und der USA (z.B. New York) fliegt man von Europa auf der **Atlantikroute**: südlich an Island vorbei, über Labrador und entlang dem St.-Lorenz-Strom; Grönland bleibt (meist unsichtbar) rechts liegen.

Auf der **Polarroute**, die weitaus nördlicher verläuft, fliegt man in den Westen des Kontinents zwar nicht über den Nordpol, wohl aber über Grönland, Baffin Island, die Hudson Bay und die Rocky Mountains.

Die **Route nach Alaska** (Anchorage) verläuft nahezu geradlinig - die Streckenkarten täuschen in der Wirklichkeit nicht vorhandene Bögen vor - zwischen geographischem und magnetischem Nordpol, der im kanadischen Nunavut-Territorium liegt (Bathurst Island, etwa 76° N und 102° W).

Code Sharing

Die Wettbewerbslage im internationalen Luftverkehr (*Open skies* einerseits und Konzentrationen andererseits) veranlaßt die Fluggesellschaften zu Kooperationen oder Zusammenschlüssen, die nicht ohne Folgen für die Flugpläne und -preise bleiben. Hier ist alles in ständiger Bewegung, und so wird es wohl auch noch eine ganze Weile bleiben.

Ziel ist es, den Passagieren mehr Verbindungen auf dem eigenen und dem Streckennetz der Partner-Airlines anbieten zu können. *Code Sharing* nennt man die Gemeinschaftsdienste mit einer anderen Fluggesellschaft, bei denen derselbe Flug zwei Flugnummern hat. Für den Urlauber ergibt sich aus solchen Zusammenschlüssen ein Vorteil bei den Couponstickets der nordamerikanischen Fluggesellschaften, die nur in Verbindung mit einem Interkontinentalticket der eigenen oder jeweiligen Partnergesellschaften erworben werden können, z.B. der *Skypass* von United Airlines mit drei (DM 649) bis acht individuell einsetzbaren Coupons (DM 1.276). Oder der *Go Canadian Pass* für DM 563/610 bei drei Coupons je nach Saison.

Einerseits bringen Gemeinschaftsdienste den Fluggesellschaften Vorteile, insbesondere Kosteneinsparungen, die auch zu niedrigeren Flugpreisen führen können; andererseits können sie das über viele Jahre hinweg aufgebaute Image einer Fluggesellschaft verwischen.

Überbuchungen

Bei allen Fluggesellschaften ist es üblich, ja sogar notwendig, mehr Reservierungen zu bestätigen, als Pläze in den einzelnen Klassen vorhanden sind. Das gilt zumindest so lange, wie Passagiere (*Paxe*) ihren gebuchten Flug nicht antreten (die sog. *No-shows*) oder Doppelbuchungen nicht absagen, ohne dafür zahlen zu müssen. Für 1996 gab die Lufthansa an, daß 10.000 LH-Kunden von Überbuchungen betroffen gewesen, daß aber im Gegensatz dazu 3 Mio Passagiere nicht zum Abflug erschienen sind!

Als "Zwischenlösung" füllen die Fluggesellschaften mit Passagieren aus der Touristenklasse die *Business Class* auf, deren Passagiere in die *First Class* umgesetzt werden. Wer davon profitiert, wird gegen Überbuchungen wenig einzuwenden haben.

Bei vielen Fluggesellschaften ist es üblich, bei Überbuchungen den Passagieren, die freiwillig zurücktreten und einen späteren Flug akzeptieren, einen nennenswerten Geldbetrag anzubieten. Das ist für die Airline immer noch billiger, als auf Überbuchungen zu verzichten und leere Sitze zu befördern.

Direkt oder Nonstop?

Ein **Nonstopflug** ist ein Flug von A nach B ohne Zwischenlandung. Ein **Direktflug** ist ein Flug von A nach B mit Zwischenlandung(en) in C und/oder D, sei es aus verkehrsbedingten Gründen oder nur zum Auftanken des Flugzeugs - hier spricht man von einem "technischen Stop". Bei einem Wechsel der Fluggesellschaft oder des Fluggeräts darf man eigentlich weder von dem einen noch dem anderen reden, was aber trotzdem manchmal getan wird.

Leistung und Preis
Wer besonders billig fliegen will, muß gelegentlich Umwege oder Zwischenlandungen in Kauf nehmen, vielleicht sogar Umsteigen. Weitere Kriterien, die den Flugpreis beeinflussen können, sind der Komfort an Bord und die Zahl der Flugbegleiter; darüber unten mehr.

Wichtiger Aspekt Sicherheit
Wer die Nachrichten verfolgt, findet häufig Fluggesellschaften, die wegen mangelnder Wartung oder hinausgeschobener Reparaturen ins Gerede kommen. Wer als Fluggesellschaft zu sehr spart, um besonders billig anbieten zu können, begibt sich leicht in Gefahr, die Sicherheitsstandards außer acht zu lassen.

Wichtig: Die Flugzeiten
Es gibt für die Abflugzeiten aus Europa Unterschiede zwischen europäischen und nordamerikanischen Gesellschaften. Tendenziell fliegen die "Europäer" früher ab, die "Nordamerikaner" mit Heimatbasis in Übersee später. Das ist beim Flug westwärts unproblematisch, weil vor Wohnmobilübernahme immer eine Hotelübernachtung gebucht werden sollte.

Am Rückflugtag aber kann besonders viel Zeit verloren gehen, wenn das Wohnmobil bis spätestens 11:00 an der Vermietstation sein muß, der Abflug aber erst am späten Abend erfolgt.

Anfahrt zum Flughafen
Nicht jeder Urlauber wohnt in der Nähe eines Flughafens. Die Mehrzahl der Reisenden wird also zum Abflug per Bahn, Pkw oder "Bringedienst" lieber Verwandter oder Bekannter anreisen müssen.

☺ Für eine angenehme und stressfreie Flugreise ist es wichtig, daß Sie sich genügend Zeit lassen und nicht in Hektik geraten. Es ist vielen Reisenden sicher lieber, eine Stunde länger am Flughafen zu sitzen und die Langstreckenmaschine zu bekommen, als infolge einer Verspätung auf dem Zubringer den Abflug nach Übersee zu verpassen. Wenn man sich darauf einstellt, dann kann man akzeptieren, daß es schönere Plätze als Flughäfen gibt, um seine Zeit zu verbringen.

Gepäckbestimmungen

Für Kanada und die USA gibt es im Linienverkehr, abweichend von anderen Destinationen, eine Kombination aus erlaubter Stückzahl und Gewichtsbeschränkung je Gepäckstück (siehe Tabelle). Kleinkinder unter zwei Jahren haben Anspruch auf ein Gepäckstück bis 115 cm (Länge + Breite + Höhe); ein faltbarer Kinderwagen oder Kindersitz wird nur in der Kabine befördert, wenn genügend Platz vorhanden ist, sonst muß er aufgegeben werden.

Freigepäck von und nach Kanada/USA im Linienverkehr

Beförderungs-Klasse	Anzahl, max. Ausmaß Länge + Breite + Höhe in cm und max. Gewicht	Beförderung
Economy Class	2 Stücke, je max. 32 kg und 158 cm, beide zusammen dürfen 273 cm nicht übersteigen	= aufgegeben
	+ 1 Stück zu 115 cm mit 8 kg	= Handgepäck
Business Class/ First Class	2 Stücke je 158 cm, jedes max. 32 kg	= aufgegeben
	+ 2 Stücke zu 115 cm bei max. je 8 kg	= Handgepäck

Die 115 cm des **Handgepäcks** entsprechen 55 x 40 x 20 cm (Länge x Breite x Höhe). Ein faltbarer Kleidersack darf maximal 57 x 54 x 15 cm groß sein.

Obige Regelungen gelten auch für Condor auf der Strecke nach Anchorage, sonst sind zwei aufgegebene Gepäckstücke zu je 23 kg (*Tourist Class*) zugelassen.

Bei anderen **Ferienfliegern** gelten teilweise Gewichtsbeschränkungen beim aufgegebenen Gepäck (Air Transat 20 kg), und auch für das Kabinengepäck werden manchmal andere Maße (51 x 40 x 23 cm) und ein geringeres Gewicht (5 statt 8 kg) angegeben (Air Transat). Bei LTU erhöht sich die Freigepäckgrenze bei einer Reisedauer von über 28 Tagen und in der Comfort Class auf 30 kg.

☝ Aus Sicherheitsgründen dürfen folgende Gegenstände im Gepäck nicht befördert werden:

- Behälter unter Druck (z.B. Campinggas, Druckluftflaschen zum Tauchen),
- Ätzende Stoffe (z.B. Säuren),
- Explosivstoffe (z.B. Munition),
- Leichtentzündliche Flüssigkeiten und Stoffe (z.B. Streichhölzer, Feuerzeuge und Nachfüllpatronen).
- Streichhölzer und Feuerzeuge, die in der Kleidung getragen werden, sind erlaubt.

An Bord

✱ So reizvoll Einkäufe in *Duty Free Shops* oder zollfrei an Bord sein können: Alkoholische Getränke dürfen nur konsumiert werden, wenn sie vom Bordpersonal serviert werden; der Schluck aus der eigenen Pulle ist grundsätzlich verboten. Wichtig ist auch zu bedenken, daß der Alkohol in der großen Höhe schneller und intensiver wirkt als am Boden.

✱ Bei manchen Ferienfliegern müssen alkoholische Getränke bezahlt werden, bei Condor nicht, bei LTU nur Spirituosen.

✱ Das **Rauchen** ist auf Flügen nach Nordamerika fast immer verboten. LTU hat jedoch nach USA noch eine Raucherzone, die variabel ist und von hinten nach vorn besetzt wird.

Komfort

An Bord der Flugzeuge geht es grundsätzlich mehr oder weniger eng zu. Auf einen Nenner gebracht, kann man salopp behaupten: "Je billig, desto eng". Zwei wichtige Kriterien für die Bequemlichkeit sind der Sitzabstand und die Zahl der in einer Reihe angeordneten Sitze: Je mehr Sitze eine Fluggesellschaft in die Maschine bringt, desto günstigere Flugpreise kann sie unter sonst gleichen Bedingungen anbieten. Insofern ist es wichtig, möglichst wenig Handgepäck bei sich zu haben, damit der vorhandene Raum nicht allzu sehr eingeengt wird, denn auch die Gepäckfächer über den Sitzen sind nicht unbegrenzt aufnahmefähig.

Kriterien für ein entspanntes Fliegen sind nicht nur die Sitzbreite und der Sitzabstand, sondern auch die Möglichkeiten aufzustehen, ohne Mitreisende über Gebühr zu stören, damit man sich die Beine vertritt und dem "Touristenklasse-Syndrom" vorbeugt: Bewegungsmangel, geknickte Sitzposition und Flüssigkeitsverlust in der trockenen Luft an Bord beeinträchtigen die Blutzirkulation. Es wird empfohlen, je Flugstunde mindestens einen Achtelliter Wasser oder Saft zu trinken, d.h. zwischen Frankfurt und Vancouver nonstop mehr als einen Liter Flüssigkeit (Kaffee und Tee zählen nicht). Wenn Sie mit dem wiederholten Wunsch nach Wasser dem Kabinenpersonal lästig werden, dann haben Sie die falsche Fluggesellschaft gewählt.

Der Sitzabstand wird von etlichen Fluggesellschaften nicht genannt. Das ist kein gutes Zeichen. Die Liniengesellschaften haben in der Economy-Klasse, abhängig vom Flugzeugtyp, zwischen 80 und 82 cm, manche etwas mehr (z.B. United 85 cm in der Boeing 777), manche Ferienflieger etwas weniger (z.B. Air Transat 74-79 cm). Bei den moderneren Flugzeugen wie Boeing 767-300 unterscheiden sich die deutschen Ferienflieger Condor und LTU nicht mehr von den Liniengesellschaften.

Es leuchtet ein, daß der Flugpreis nicht nur von der Bestuhlung, sondern auch von der Zahl der Flugbegleiter beeinflußt wird: Sie ist bei den Ferienfliegern geringer als bei Liniengesellschaften.

Verpflegung

Loriot hat einmal gesagt, der Mensch sei das einzige Wesen, das im Fliegen eine warme Mahlzeit zu sich nehmen könne. Für Passagiere, die eine bestimmte Diät einhalten müssen, sind die Mahlzeiten besonders wichtig. Sie können bei der Fluggesellschaft ihre Spezialverpflegung dementsprechend vorbestellen, beispielsweise bietet die Lufthansa wie viele Liniengesellschaften in allen Flugklassen sieben **Spezialmenüs** an.

Bei den Ferienfliegern wie Condor, LTU, Air Transat und Martinair gibt es eine nicht ganz so große Auswahl, aber immerhin können die Fluggäste über ihr Reisebüro einige Sondermenüs ohne Aufpreis buchen.

Unterhaltungsprogramme

Auf den Flügen, die mindestens acht Stunden ab Frankfurt nonstop dauern, gibt es Filme, Audioprogramme und bei vielen Gesellschaften auch die *Airshow*, bei der der Flugverlauf mit zurückgelegter Entfernung, Flugzeit, Außentemperatur und Position des Flugzeugs mit wechselnden Karten angezeigt werden.

Telefonieren an Bord
Bei einigen Fluggesellschaften kann man von Bord aus telefonieren. Lassen Sie Ihr eigenes "Handy" aber auf jeden Fall zu Hause, Sie dürfen es im Flugzeug nicht benutzen, und in USA/Kanada funktioniert es sowieso nicht.

Rückbestätigung
Bei einigen Fluggesellschaften müssen die Passagiere bis 72 Stunden vor dem Rückflug ihren Flug rückbestätigen lassen (*Reconfirmation*). Damit will man erreichen, daß die Passagiere über evtl. Flugplanänderungen informiert werden können.

Wichtige Flughäfen für Wohnmobilurlauber

Auf den Gepäckabschnitten, die an die Koffer geheftet oder geklebt werden, benutzen die Fluggesellschaften statt des ausgeschriebenen Namens einen Flughafencode aus drei Buchstaben. Manche Städte haben mehrere Flughäfen, so daß Codes zur Unterscheidung unerläßlich sind. Die Codes für kanadische Städte beginnen fast immer mit einem Y und geben - im Gegensatz zu den meisten anderen Orten - kaum einen Anhaltspunkt für den Ortsnamen.

Kürzeste Reisezeiten zum Wohnmobil
Wir nennen die Flughafenstädte mit ihren Codes und Wohnmobilvermietstationen sowie die kürzesten Reisezeiten für den Hinflug ab Frankfurt. Unter *via* steht der Flughafen, auf dem eine Zwischenlandung durchgeführt wird oder auf dem man umsteigen muß - wenn dort nichts steht, ist der Flug *nonstop*.

Wenn mehrere Fluggesellschaften genannt werden, dann fliegt die zuerst genannte ab Deutschland, die andere vom Umsteigeflughafen zum Ziel. Diese Angaben sollen zur Orientierung dienen und helfen, die bei Billigflügen oft recht langen Reisezeiten dem Preisvorteil gegenüberzustellen. Es gibt auch von anderen deutschen Flughäfen Nonstop- und Direktflüge nach Nordamerika, auch von Ferienfliegern wie LTU, aber die können wir nicht alle darstellen. Wer sich über die Problematik zwischen Preis und Leistung im klaren ist, wird für sich die beste Verbindung finden. Daß **Verspätungen** nie ausgeschlossen werden können, gilt für Liniengesellschaften und Ferienflieger gleichermaßen.

Kanada

		Flugdauer	Airline(s)	via	
Calgary, AB	YYC	9:15	Air Transat		
		9:30	Air Canada		
Halifax, NS	YHZ	7:25	Air Canada		
		7:20	Air Transat		
Montreal, PQ	YUL	8:15	Air Canada		
Toronto, ON	YYZ	8:05	Air Transat		
		8:20	Lufthansa		
Vancouver, BC	YVR	9:50	LH und AC		
Whitehorse, YT	YXY	9:40	Condor		[2]
		17:00	AC/CP	Vancouver	[3]
Winnipeg, MB	YWG	13:10	LH/AC	Toronto	

USA

		Dauer	Airline(s)	via	
Albuquerque, NM	ABQ	14:32	Delta	Cincinnati	
Anchorage, AK	ANC	9:30	Condor		[2]
Atlanta, GA	ATL	9:45	Lufthansa		
Bellingham, WA [1]	BLI		☞ Seattle oder Vancouver		
Boston, MA	BOS	8:00	Lufthansa		
Chicago, IL O'Hare	ORD	7:55	Lufthansa		
Denver, CO	DEN	14:45	Condor	Las Vegas	[2]
Fort Lauderdale, FL	FLL	10:15	Condor		
Houston, TX Intercont.	IAH	11:00	Lufthansa		
Las Vegas, NV	LAS	11:30	Condor		[2]
Los Angeles Intern.	LAX	11:30	Lufthansa		
Miami, FL	MIA	9:50	Lufthansa		
New Orleans, LA	MSY	12:28	Delta	Cincinnati	
New York J. F. Kennedy	JFK	8:15	Lufthansa		
• Newark	EWR	8:25	Lufthansa		
Orlando, FL	MCO	12:42	United	Washington	
Phoenix, AZ	PHX	14:32	LH/UA	Washington	
Salt Lake City, UT	SLC	15:39	United	Chicago	
San Francisco, CA	SFO	11:20	Lufthansa		
Seattle, WA	SEA	12:35	LH/Air BC	Vancouver	
		12:45	BA	London	
Tampa, FL	TPA	10:15	Condor		

[1] Bellingham (Abfahrtshafen der Alaskafähre) mit einer Vermietstation liegt zwischen Vancouver und Seattle; die meisten Urlauber werden diese beiden im interkontinentalen Luftverkehr angeflogenen Städte als Zielflughafen wählen. Der Vermieter holt seine Kunden von Hotels sowohl in Vancouver als auch in Seattle ab.

[2] Dreiecksflug: Die Fluggäste haben zu und ab beiden Zielen jeweils **eine** Zwischenlandung entweder auf dem Hin- **oder** dem Rückflug. Frankfurt - Whitehorse - Anchorage - Frankfurt (einmal wöchentlich) bzw. Frankfurt - Las Vegas - Denver - Frankfurt.

[3] Empfehlenswerte Alternative: Übernachtung in Vancouver und früher Flug mit CP (Canadian) am nächsten Morgen (Flugzeit 2:25 Stunden).

7. Übernahme des Wohnmobils

Nach dem Interkontinentalflug

Nach dem langen Flug ist vor Wohnmobilübernahme eine Übernachtung in einem Hotelbett unerläßlich. Den Vermietern kann man nicht zumuten, daß sie Fluggäste aus Übersee am Flughafen abholen, denn nicht alle Flüge sind pünktlich, ferner kommen die Maschinen aus Europa häufig am Nachmittag an. Wenn auch der eine oder andere Vermieter das Wohnmobil am Ankunftstag der Urlauber übergibt, so knüpft er daran Bedingungen: Ankunft nur per Flug innerhalb des Kontinents, nicht interkontinental; Ankunft an der Station spätestens um 14 oder 15 Uhr; die Transferkosten muß der Kunde tragen, während der Vermieter sonst von Hotels kostenlos abholt.

Transfer zum Hotel
In den Preisen der deutschen Reiseveranstalter ist der Transfer vom Flughafen zum Hotel in der Regel nicht enthalten. Es gibt mehrere Möglichkeiten, je nachdem, ob ein Flughafen- oder ein Innenstadthotel gebucht ist:

✱ Das **Taxi** ist die bequemste und schnellste Art, ins Hotel zu kommen, aber bei zwei Personen ist es sicher auch die teuerste. In manchen Städten kostet ein Taxi in die Innenstadt bei drei oder vier Personen etwa so viel wie der Flughafenbus.

✱ Der **hoteleigene Bus** verkehrt entweder auf Anruf - in der Ankunftshalle stehen oft Tafeln, die mittels kostenlosem Telefon die Verbindung zum Hotel ermöglichen - oder der Bus pendelt nach einem mehr oder weniger festen Fahrplan.

✱ Wenn das Hotel an der **Flughafenbusroute** zur Innenstadt liegt, dann ist diese Transferart meist preiswert. Sie kann aber eine Menge Zeit kosten, wenn man ausgerechnet in dem Hotel wohnt, das als letztes angefahren wird.

✱ In der Regel ist das für Sie vom Reiseveranstalter gebuchte Hotel "garantiert", d.h. es muß bezahlt werden, ob der Gast kommt oder nicht. Das hat den Vorteil, daß das Zimmer auch gehalten wird, wenn sich die Ankunft verzögert, denn meist werden reservierte Zimmer spätestens nach 18:00 anderweitig vergeben.

- ✱ Wenn Sie von der Hotelreservierung aus irgendwelchen Gründen keinen Gebrauch machen möchten, müssen Sie die Reservierung frühestmöglich stornieren und dem Veranstalter gegenüber den Nachweis dafür führen. Lassen Sie sich unbedingt die **Stornierungsnummer** (*Cancellation number*) geben, sonst kann keine Erstattung erfolgen.
- ✱ Da viele Hotelzimmer von den Reiseveranstaltern nicht direkt bei den jeweiligen Hotels, sondern über Agenturen gebucht werden, können in solchen Fällen besondere Stornobedingungen gelten, korrekt gesagt: restriktivere Bedingungen, die oft eine Erstattung des Zimmerpreises gänzlich ausschließen.

☝ Aus Sicherheitsgründen nennt das Hotelpersonal die **Zimmernummer** eines anderen Gastes nicht, sondern verweist darauf, daß man über die Telefonzentrale den Gast anrufen kann (oft steht ein internes Telefon in der Lobby). Es nützt nichts, mit dem Personal darüber zu argumentieren; es muß im Interesse jedes Gastes sein, daß Sicherheit groß geschrieben wird.

Hotelpreise

Im Rahmen einer Wohnmobilreise gebuchte Zimmer werden meist viel früher reserviert als z.B. Zimmer von Reisenden, die mit einem Mietwagen unterwegs sind. Wenn das Hotel in der Hochsaison schlecht ausgelastet ist, dann kann es kurzfristig mittels *Room sale* Sonderpreise ausschreiben, die unter den regulären Preisen liegen, die der Reiseveranstalter Monate vorher vereinbart hat und bezahlen muß. Der Gast hat keinen Anspruch darauf, den Differenzbetrag erstattet zu bekommen.

Einchecken

- ✱ In der Regel verlangen die Angestellten an der Rezeption einen Abdruck der **Kreditkarte** für die *Incidentals* genannten Beträge, die der Gast aus eigener Tasche bezahlen muß. Der Reiseveranstalter bezahlt nämlich nur den Zimmerpreis und die darauf entfallende Steuer, nicht das Frühstück (das fast nie im Preis eingeschlossen ist), die Minibar, den *Room Service*, Telefonate usw. Auch wenn Sie diese Beträge bei der Abreise in bar zahlen wollen, müssen Sie den Abdruck der Kreditkarte akzeptieren. Bei Barzahlung sollten Sie sich aber bei der Abreise den *Credit Card Slip* aushändigen lassen.

- ✱ Als Nichtraucher können Sie nach einem **Non-smoking room** fragen. Ein solches Zimmer hat nicht nur den Vorzug, daß es besser "riecht", sondern auch den, daß es meistens auf einem Stockwerk liegt, wo es keine Suiten und sonstigen Versammlungsräume für Konferenzen gibt, also mehr Nachtruhe verspricht.
- ✱ Das **Gepäck** wird bei der Ankunft in vornehmeren Hotels vom *Bell boy* entgegengenommen und verwahrt, bis das Einchecken erfolgt ist. Er begleitet Sie mit dem Gepäckwagen zum Zimmer. Er erklärt die Ausstattung des Raumes, zeigt das Bad und die Klimaanlage, schaltet den Fernseher ein und erwartet dafür ein Trinkgeld. Faustregel: $ 1 bis $ 1,50 je Gepäckstück.

Kontakt zum Vermieter

Mit dem Vermieter sollten Sie schon bald nach Ankunft im Hotel telefonisch Kontakt aufnehmen, damit er Ihnen mitteilen kann, wann er Sie am nächsten Tag vom Hotel abholen wird. Es gibt aber auch Vermieter, die Ihren **Anruf erst am Übernahmetag** wünschen. Bei fast allen Vermietern wird deutsch gesprochen. Die Telefonnummer Ihres Vermieters finden Sie in den Reiseunterlagen des Veranstalters.

Die Vermieter haben den Reiseveranstaltern gegenüber definiert, von welchen Hotels sie die Urlauber abholen. Wenn Sie kein Hotel mitbuchen, weil Sie bei Freunden oder Verwandten übernachten, dann müssen Sie den Transfer zum Vermieter selbst bezahlen oder sich zu einem Hotel bringen lassen, von dem Sie nach Absprache mit dem Vermieter abgeholt werden.

Im Restaurant

Wir gehen hier auf ein paar Besonderheiten ein, die für einen Urlauber, der zum ersten Mal nach Nordamerika kommt, ungewohnt sind. Nicht alle Restaurants in Nordamerika dürfen alkoholische Getränke ausschenken. Die es dürfen, werben mit dem Hinweis *licenced/licensed premises*. Hier setzt sich die puritanische englische Tradition fort, die das Trinken von Alkohol räumlich und/oder zeitlich einschränkt.

Trinksitten: *Wir fliegen von Yellowknife in den Northwest Territories zu den Virginia Falls am Nahanni River. Zum Mittagessen* *haben wir ein Lunch-Paket bekommen, das Abendessen ist in einem Hotel-Restaurant vorgesehen. Ein langer Flug über die menschenleere Tundra; Landung auf dem Fluß oberhalb der Wasserfälle, die 75 m in die Tiefe stürzen; Wanderung zum Fluß hinunter und zu guten Standpunkten für Fotos: Alles dauert länger als vorgesehen, weil wir uns nicht satt sehen können. Wir kommen verspätet ins Hotel, genießen nach der Dusche das Abendessen und genehmigen uns dazu eine Flasche Wein.*

Wir sind mit dem Essen noch nicht fertig, als der Kellner freundlich darauf hinweist, daß ab jetzt im Restaurant kein Alkohol mehr getrunken werden dürfe - es ist 23 Uhr. Wir schlagen vor, den Wein aus Kaffeetassen zu trinken, aber darauf läßt er sich nicht ein, sondern kassiert Flasche und Gläser und stellt sie auf einen etwa fünf Meter entfernten Tisch im gleichen Raum, nur jenseits eines tischhohen Tresens. Dort dürfen wir, als wir zu Ende gegessen haben, unseren Wein ohne Intervention weiter trinken.

Typ-B-Wohnmobil in einem Wüstenpark Kaliforniens

* Am Abend der Ankunft empfiehlt sich ein leichtes Abendessen im Hotelrestaurant oder vielleicht beim Chinesen nebenan. In den meisten Restaurants, auch in den Frühstücksräumen der Hotels, ist es üblich, daß man am Eingang wartet und sich einen Platz zuweisen läßt: *Wait to be seated.* Sollte das nicht der Fall sein, steht meist ein Schild an der Tür *Please select your table* oder ähnlich.
* Die Restaurants und Coffee Shops haben fast immer eine Trennung in **Raucher-** und Nichtraucher-Bereiche oder sind ganz und gar Nichtrauchern vorbehalten. Ausnahmen haben wir in China-Restaurants in Kanada gefunden; dort gibt es oft (noch?) keine Trennung, und Rauchen ist erlaubt
* In besseren Restaurants gibt es für das Dinner oft **Kleidungsvorschriften**: Jackett oder Blazer und Krawatte werden vom Herrn erwartet; die Dame ist mit Kleid, Kostüm oder Hosenanzug richtig angezogen, sollte aber den Gepflogenheiten in Nordamerika entsprechend Strümpfe tragen. Wir haben noch nie außerhalb des Freizeitbereichs eine Amerikanerin oder Kanadierin ohne Strümpfe gesehen, egal welche Temperaturen herrschten.
* Die **Speisenkarten** listen die Vorspeisen unter *Appetizers* auf, gefolgt von den *Soups* (Suppen) und *Salads* (Salaten aller Art, die zusammen mit einer Suppe ein Mittagessen ergeben können). Die Hauptgerichte stehen unter *Entrees*.
* Auf dem Tisch steht fast immer ein Glas **Eiswasser**. In manchen Restaurants muß man es verlangen, weil das Hotel unter Umweltgesichtspunkten Energie sparen will. Gelegentlich schmeckt und riecht es ein wenig nach Chlor.

Frühstück am nächsten Morgen

* Das Frühstück wird nicht im Restaurant serviert, sondern im **Coffee Shop** des Hotels. Man kann auch in der Nähe vieler Hotels Coffee Shops oder Fast Food Restaurants finden, die typische Frühstücke anbieten: mit Saft und Früchten, *Cereals*, Pfannkuchen oder Waffeln mit Ahornsirup, Eiern in jeder Form mit Schinken (*Ham*), Speck (*Bacon*), Würstchen (*Sausages*) oder einem kleinen Steak, Bratkartoffeln *(Hashed brown potatoes)*, Toastbrot weiß oder braun, Kaffee, der unbegrenzt nachgeschenkt wird oder in großer Kanne auf dem Tisch steht. Das ist - auch in Kanada - *das American*

Breakfast. Teetrinker bekommen zwar heißes Wasser nachgeliefert, aber keinen weiteren Teebeutel.

✱ Wenn Sie nur mit Brötchen, Toast und Marmelade frühstücken wollen, dann ist das *Continental Breakfast* das Richtige.

✱ Viele Hotels bieten ein **Buffetfrühstück** an, bei dem es fast alles Genannte gibt, die Eier allerdings nur als Rührei er (*Scrambled Eggs*). Wer Spiegeleier will, kann sich meist ein Frühstück von der Speisenkarte bestellen. Einseitig gebratene Spiegeleier heißen *Fried eggs sunny side up*, sie können aber auch *Over easy* bestellt werden (beide Seiten gebraten). Weichgekochte Eier werden wegen aus Angst vor Salmonellen im Restaurant nicht angeboten; statt dessen gibt es verlorene Eier im Glas, die *Poached eggs* heißen.

Transfer vom Hotel zur Vermietstation

Abholung durch den Vermieter

✱ Die meisten Vermieter benutzen Kleinbusse (*Vans*), die durch Werbebeschriftung deutlich gekennzeichnet sind. Es kann vorkommen, daß der Vermieter Sie auffordert, sich zu einem bestimmten Zeitpunkt ein Taxi zur Vermietstation zu nehmen; die Kosten dafür übernimmt der Vermieter.

✱ In den Reisekatalogen haben Sie sich schon darüber informieren können, zu welchen Zeiten das Wohnmobil übernommen werden kann und wann es spätestens zurückgegeben werden muß.

Bei den meisten Vermietern erfolgt die **Übergabe** des Fahrzeugs an den Kunden am Nachmittag, die Rückgabe am Vormittag, so daß ein paar Stunden für die Reinigung und technische Überprüfung zwischen zwei Mietverträgen bleiben.

In solchen Fällen kommt es auf unbedingte Einhaltung der Termine an, weil sonst der nachfolgende Mieter warten muß und darüber sicher wenig Freude zeigen wird, also dem Vermieter Ärger bereitet.

☹ Deshalb haben die Vermieter "Strafgebühren" für **verspätete Rückgabe** festgesetzt. Im Gegensatz dazu gibt es für vorzeitige Rückgabe aber keine Erstattung.

✱ Sollte der für Sie vorgesehene Wagen durch Panne oder Unfall beim Vormieter nicht planmäßig zur Station zurückgekommen sein oder sollten Reparaturen am Fahrzeug notwendig werden, dann wird der Vermieter eine für den Vormittag vorgesehene Übergabe des Wohnmobils auf den Nachmittag verschieben und Sie, wenn er sich korrekt benimmt, rechtzeitig informieren, damit Sie nicht in der Hotellobby unnütz herumsitzen.

Bei planmäßiger Übernahme am Nachmittag kann es in einem solchen Fall eng werden, und Ihre Urlaubsreise beginnt so spät, daß Ihr Reiseplan schon durcheinanderkommt, bevor die Fahrt überhaupt begonnen hat.

Es gibt kulante Vermieter, die einen Pkw zur Verfügung stellen oder die Wartenden zum Supermarkt fahren, damit sie schon ihre Einkäufe erledigen können.

✱ Einige Vermieter weisen ausdrücklich darauf hin, daß die **Übernahme am Vormittag** erfolgt. Auch in einem solchen Fall können unvorhergesehene Verzögerungen eintreten, aber in der Regel ist das für Sie vorgesehene Fahrzeug bereits am Vortag zur Vermietstation zurückgekommen. Es wird jedermann einleuchten, daß Vermieter, die ihre Wohnmobile planmäßig zwischen zwei Mietverträgen über Nacht auf dem Gelände stehen haben, für diese Nacht keinen Erlös erzielen. Unter sonst gleichen Bedingungen können die Mietpreise in einem solchen Fall ein wenig höher liegen als bei Vermietern, die *Same-day-turn-around* betreiben, also Rücknahme und Abgabe des Wohnmobils am gleichen Tag.

Wenn Sie jetzt sagen: "Gut, dann suche ich mir einen Vermieter aus, bei dem ich am Vormittag das Wohnmobil bekomme", dann haben Sie nach unseren Erfahrungen einen guten Vermieter gewählt, aber eine Garantie übernimmt niemand. Und der Umkehrschluß wäre völlig falsch, daß Vermieter, bei denen die Übergabe am Nachmittag erfolgt, nicht so gut seien.

Einführung in das Wohnmobil

Die Vermieter haben bei den z.T. recht großen Fahrzeugflotten repräsentative Stationen mit Werkstätten, Waschhallen, Lagerräumen für das Campingzubehör und die Koffer der Kunden und reichlich Stellplatz für die Wohnmobile.

* Es versteht sich von selbst, daß die **Einweisung**, wie in den Prospekten angekündigt, in deutscher Sprache erfolgt. Aber nicht an allen Stationen hat das Personal Deutsch als Muttersprache aus Europa "mitgebracht". Gelegentlich werden Studenten für die Einweisung eingesetzt, die billiger und nur während der Hochsaison in den Ferien zu haben sind.
* Außer bei Einwegmieten können Sie Ihre **Koffer**, die Sie während der Reise nicht brauchen, von der Vermietstation verwahren lassen. Das muß nicht immer sinnvoll sein, denn bei einem großen Wohnmobil sind reichlich große Außenfächer (verschließbar!) vorhanden, in denen Koffer und Taschen mitreisen können. Das hat den Vorteil, daß man sie für den Rückflug am Abend vor der Rückgabe des Wohnmobils auf einem Campingplatz in Ruhe packen kann - und nicht unter Zeitdruck beim Vermieter.
* Einige Vermieter sind bereit, Ihre **Flugtickets** aufzubewahren, so daß sie Ihnen unterwegs nicht abhanden kommen können. Am besten fragen Sie den Vermieter, wenn Sie davon Gebrauch machen wollen.
* Scheuen Sie sich nicht, den Vermieter um eine **Probefahrt** auf dem Gelände oder um den Block herum zu bitten, wenn Sie sich beim Anblick des ach so großen Fahrzeugs unsicher fühlen. Es ist besser, dafür ein wenig Zeit einzusetzen, als sich unter Stress unsicher in den Verkehr zu stürzen.
* Für die erste Nacht nach Übernahme und die letzte Nacht vor Rückgabe des Wohnmobils empfehlen die Vermieter oft **geeignete Campingplätze**.

🚐 BURNABY CARIBOO R.V. PARK INC. ⚠

*Erstklassiger Wohnmobilpark im Herzen von **Vancouver**!*

8765 Cariboo Place, Burnaby, B.C. V3N 4T2, ☎ 604/420-1722, FAX 420-4782.
📧 <camping@bcrvpark.com> 🖥 <http://www.bcrvpark.com>
Vom Hwy 1 die Cariboo-Ausfahrt nehmen, 1. Ampel rechts, sofort wieder links abbiegen. Die nächste Straße rechts ist die Einfahrt. Full Hook-ups, Innen-Swimmingpool, Grillplatz, Kabel-TV/Telefon am Stellplatz, Shop, Wohnmobilwaschplatz.
Gebührenfreie Reservierung:
in Nordamerika ☎ 1-800-667-9901, von Deutschland FAX 0130-818635 !
☺ *Legen Sie diese Anzeige vor und Sie erhalten einen Discount von 10%!*

---

* Beim Vermieter müssen Sie den **Mietvertrag** unterschreiben, in dem viele Einzelheiten festgelegt sind, z.B. der Umfang der

Versicherung und die Selbstbeteiligung, welche Schäden in keinem Fall von der Versicherung gedeckt sind, wer das Wohnmobil fahren darf (nur im Vertrag genannte Personen dürfen das Fahrzeug führen!). Lesen Sie die Bestimmungen durch, damit Sie im Ernstfall keine Überraschung erleben.

✱ Achten Sie darauf, daß alle **Schäden am Fahrzeug**, die keine Beeinträchtigung der Funktionsfähigkeit bewirken, im Mietvertrag auf entsprechenden Formblättern mit Fahrzeugskizzen gekennzeichnet sind. Das können beispielsweise Kratzer im Lack sein, Beulen im Blech oder kleine Einschläge von Steinen im Verbundglas der Windschutzscheibe, die der Vermieter nach Ende der Saison reparieren wird. So laufen Sie nicht Gefahr, für Schäden zu haften, die nach der Wohnmobilrückgabe bemerkt werden, aber vor Übernahme schon vorhanden waren.

✱ Wenn Sie das Mietkonzept gewählt haben, bei dem nicht alle Kilometer oder Meilen im Pauschalpreis eingeschlossen sind, fordern manche Vermieter die Vorauszahlung des voraussichtlich anfallenden **Kilometergeldes**.

✱ Stellen Sie sich darauf ein, daß Sie keinen zweiten **Schlüssel**-Satz für das Wohnmobil bekommen, denn so wie mancher Reisende seinen einzigen Schlüsselsatz verlieren oder im Fahrzeug einschließen kann, so haben Urlauber oft auch den zweiten Schlüsselsatz verloren oder eingesperrt. Dieses Risiko gehen die Vermieter nicht ein. Deshalb ist es sinnvoll, daß man sich selbst ein "Erinnerungssystem" einfallen läßt (Kontrolle durch einen Mitreisenden) oder Vorkehrungen trifft (dünnes Kettchen am Hosenbund oder Schlüssel am Karabinerhaken).

✱ Die meisten Vermieter haben eine rund um die Uhr erreichbare **Notruf-Telefonnummer** - bei vielen ist sie kostenlos -, damit Urlauber bei Pannen oder Unfällen mit der Vermietstation in Verbindung treten können.

✱ Notieren Sie etwaige Störungen, auch wenn sie Sie nicht beeinträchtigen, für den Vermieter: Der kann oftmals beim Reinigen des Fahrzeugs und Vorbereiten auf den nächsten Mieter Fehler nicht erkennen. Wenn Sie ihn darauf aufmerksam machen, ersparen Sie dem Nachmieter und dem Vermieter möglicherweise Probleme, mit denen Sie ja auch nicht konfrontiert werden wollten.

✋ Doch Vorsicht: Stellen Sie sich nicht selbst ein Bein, denn es könnte sein, daß man Sie selbst als fahrlässigen oder unwissentlichen Verursacher entlarvt! *(Red.)*

☺ Wir sagen es noch einmal: Lassen Sie sich nicht unter Zeitdruck setzen und bleiben Sie immer ruhig. Wenn die Fahrzeugübernahme unter unschönen Bedingungen verläuft, hängt Ihnen das noch lange nach, und dafür ist Ihr Urlaub zu schade.

Checkliste für die Wohnmobilübernahme

Videodemonstrationen über die Technik und Bedienung eines Wohnmobils können nützlich sein, denn sie geben einen ersten Eindruck von dem, was man für die nächsten Wochen handhaben muß. Aber allein sind sie nicht ausreichend, es muß immer eine **persönliche Einweisung** hinzukommen. Einige Vermieter - und es sind nicht die schlechten - lehnen Videodemonstrationen vollständig ab und vertrauen auf ihr Personal.

Vertrauen ist gut, Kontrolle ist besser - ein bewährtes Prinzip in allen Lebensbereichen. Wenn Sie einiges nicht selbst prüfen können (Reifendruck, Getriebeöl, Automatiköl), dann können Sie den Angestellten der Station darum bitten, Ihnen zu zeigen, wie geprüft wird. Das hat auch für den Vermieter den Vorteil, daß er sich auf Sie als Kunden verlassen kann: Ein informierter Kunde ist ein guter Kunde.

Bei manchen Vermietern hängt im Wohnmobil eine Checkliste, auf der das Servicepersonal die einzelnen Wartungs- und Pflegearbeiten abzeichnen muß. An Hand einer solchen Liste können Sie leicht erkennen, welche Punkte Sie "abhaken" können. Im übrigen verweisen wir auf die im technischen Teil gegebenen Hinweise zu den einzelnen Punkten.

Wir empfehlen, daß Sie eine Fotokopie dieser Liste mitnehmen, die einzelnen Punkte prüfen, bei okay abhaken und dann die offenen Punkte mit dem Vermieter (Störungen oder Unklarheiten) besprechen.

wenn okay, hier abhaken ✓

1. Benzintank(s) voll? ☐
2. Propantank voll? (Manometer am Tank) ☐
3. Wassertank voll? (Monitor) ☐

4. Abwassertank leer? (Monitor und offenes Ventil) ☐
5. WC-Tank leer? (Monitor und offenes Ventil) ☐
6. Motorölstand in Ordnung? (Peilstab) ☐
   ggf. vorgeschriebene Sorte notieren: ....
7. Getriebeöl in Ordnung? (Fragen) ☐
8. Waschanlage für Windschutzscheibe voll? ☐
9. Batterie aufgeladen? (Monitor) ☐
10. Reifendruck korrekt? (Fragen, wie hoch er sein soll) ☐
11. Reifenprofil in Ordnung? (Sichtkontrolle) ☐
12. Fahrlicht, Fernlicht, Standlicht okay? ☐
13. Blinker und Warnblinkanlage okay? ☐
14. Rückfahrscheinwerfer okay? ☐
15. Bremsleuchten okay? ☐
16. Hupe okay? ☐
17. Schlösser funktionsfähig? (Probieren) ☐
18. Wagenheber und Kurbel vorhanden und wo? ☐
19. Reserverad: Profil und Luftdruck korrekt? ☐
20. Schlüssel für Reserveradbefestigung? ☐
21. Wasserpumpe funktionsfähig? ☐
22. Sicherungen wo? (Basisfahrzeug/Wohnmobilaufbau) ☐
23. Rauchwarngerät: beim Kochen abstellbar? ☐
24. Funktioniert die Innenbeleuchtung? ☐
25. Außenlicht neben Wohnmobiltür okay? ☐
26. Fliegendraht an Fenstern und Türen okay? ☐
27. Rollos funktionsfähig? (Probieren) ☐
28. Klettverschlüsse an den Vorhängen okay? (Probieren) ☐
29. Klapptisch funktionsfähig? (Probieren) ☐
30. Abwasserschlauch mind. 5-6 m lang? (Camper 3 m) ☐
31. Frischwasserschlauch mind. 5-6 m lang? ☐
32. Stromkabel mind. 5-6 m lang? ☐
33. Steckeradapter vorhanden?
    a) für 15 Amp (normal) ☐
    b) für 30 Amp (bei Betrieb der Dachklimaanlage) ☐
34. Monitor/Kontrollpaneel funktionsfähig? ☐
35. Generator funktionsfähig, Ölstand okay? ☐
    Ölprüfung nach .... Betriebsstunden
36. Betrieb des Kühlschranks bei Fahrt mit Propan? ☐
37. Einschläge in der Windschutzscheibe? ☐
38. Dellen am Aufbau/Stoßstange, Schäden am Lack? ☐
39. Küchengeschirr, Besteck, Töpfe/Pfannen komplett? ☐

40. Bettzeug, Handtücher (wenn gemietet) komplett? ☐
41. Fahrzeughandbuch, Geräte-Anleitungen vorhanden? ☐
42. Wo ist eine Waschanlage für Wohnmobile? ....
43. Bei längeren Reisen und über große Entfernungen:
    Ölwechsel durchführen bei km oder Mi ....
    Inspektion durchführen bei km oder Mi ....

Es lohnt sich, genau nachzusehen und die Liste abzuhaken; die Zeit ist gut angewandt, besonders wenn man zum ersten Mal eine Wohnmobilreise unternimmt. Wenn man unterwegs etwas Fehlendes besorgen oder Informationen über die nicht verstandenen oder kontrollierten Funktionen einholen oder gar eine Werkstatt aufsuchen muß, dauert das länger, und das meist im unpassenden Moment.

Mietvertrag

Alter des Fahrers
Unabhängig davon, daß Sie mit Ihrem Reiseveranstalter einen Vertrag abgeschlossen haben, müssen Sie die Mietbedingungen Ihres vorbestellten Wohnmobils mit dem Vermieter vertraglich regeln. Einige Konditionen kennen Sie aus dem Veranstalterprospekt, andere erfahren Sie im Gespräch mit dem Angestellten der Vermietfirma. So zum Beispiel, daß **jeder Fahrer** den Vertrag unterschreiben muß (Haftungsgründe!).

Ein Mindestalter für das Fahren eines Wohnmobils ist nicht gesetzlich geregelt, sondern wird vom Vermieter festgesetzt, möglicherweise in Absprache mit seiner Versicherung. Vielfach wird ein Alter von 25 Jahren gefordert, manche Vermieter erlauben das Fahren schon ab 21 Jahren, gelegentlich aber nur in Verbindung mit einer höheren Kaution oder restriktiveren Versicherungsbedingungen, um den Fahrer zu mehr Sorgfalt und Vorsicht anzuhalten.

Versicherungen: Haftpflicht und Kasko, Selbstbeteiligung
In Nordamerika sind die gesetzlichen Vorschriften für Versicherungen um einiges anders als bei uns. Jeder Staat und jede Provinz haben ihre eigenen Gesetze. In den USA sind in der **Haftpflichtversicherung** die gesetzlich vorgeschriebenen **Deckungssummen** lächerlich niedrig.

✱   Bei einigen Vermietern in USA und bei allen Vermietern in Kanada sind sie ausreichend hoch; darüber geben die Veranstalterprospekte Auskunft. Außerdem haben viele deutsche Veranstalter eine Zusatz-Haftpflichtversicherung über 2 oder 3 Mio DM abgeschlossen, um ihre Kunden vor Ersatzansprüchen zu schützen, wenn sie für einen Schaden einem Dritten gegenüber verantwortlich sind. Denn die Haftpflichtversicherung kommt nicht für Schäden am gemieteten Wohnmobil auf. Wenn Sie also kein Risiko eingehen wollen, müssen Sie diese Fakten in Ihre Überlegungen einbeziehen.

✱   Die **Kaskoversicherung** ist eine komplizierte Sache, weil jeder Vermieter ihre Konditionen selbst bestimmt. Häufig betreiben die Vermieter *Self-insurance*, d.h. sie kassieren eine Prämie und zahlen die Schäden aus diesem eigenen "Topf", soweit der Mieter nicht ohnehin für den Schaden aufkommen muß. In welchen Situationen das der Fall ist, erläutern wir unten.

✱   Im Mietpreis kann eine Mindestdeckung eingeschlossen sein, muß aber nicht. Der Mieter haftet, wenn er keine Zusatzversicherung (CDW, CDR, LDW, VIP, ELVIP - ☞ Glossar) abschließt, in vollem Umfang für alle Schäden oder mit Beträgen von $ 2.500 bis $ 3.500 je Vorfall für genau definierte Schadensfälle.

✱   Für je einen Schaden vorn und hinten am Wohnmobil muß der Mieter den geforderten Betrag zweimal zahlen. Zu den "genau definierten Schadensfällen" gehören Verkehrsunfälle, Fahrerflucht, Brand, Glasbruch (incl. Windschutzscheibe), Schäden im Dachbereich, an Fahrgestell und Rädern inkl. Reifen, im Fahrzeuginneren, Schäden durch Fahren abseits öffentlicher Straßen (auch Tankstellen, Campgrounds, Parkplätze), durch Überhitzung oder Frost und vom Mieter nicht zu verantwortende Schäden durch Vandalismus und Diebstahl.

✱   Manche Vermieter bieten den zusätzlichen Schutz in zwei Stufen an (Stufe 1: CDW oder CDR, Stufe 2: VIP), bei anderen gibt es nur eine Zusatzversicherung, für die eine Prämie zu zahlen ist (deren Höhe ist in den Veranstalterprospekten angegeben).
Auf jeder der beiden "Stufen" gehört zu den genannten Schadensfällen eine maximale Haftungssumme oder **Selbstbeteiligung**

des Mieters (*Deductible*); in derselben Höhe muß er eine Kaution hinterlegen. Bei Stufe 2 ist die Prämie deutlich höher, aber dafür sind Selbstbeteiligung und Kaution deutlich niedriger als bei Stufe 1.

✸ Die VIP-Versicherung (*Vacation Interruption Protection*) garantiert dem Mieter zusätzlich zu den genannten Bedingungen eine Entschädigung für den **Nutzungsausfall** bei Pannen, die nicht vom Mieter verschuldet sind und eine Reparaturzeit von mehr als zwölf Stunden erfordern. Die Vermieter erstatten den Mietpreis bis zu einer bestimmten Höhe (manchmal nur auf der Basis des Preises ohne eingeschlossene und bezahlte Kilometer oder Meilen) oder gewähren einen Tagessatz pro Person für Übernachtung und einen bestimmten Betrag für Ersatzbeförderung (z.B. Taxi). Bei Verkehrsunfällen gilt diese Regelung nicht.

✸ Einen deutlichen Unterschied machen die Vermieter zwischen "Pannen" (*Breakdowns*) und "Störungen" (*Malfunctions*): Für eine **Panne** kommt der Vermieter auf. Ausfälle bestimmter Aggregate (Tempomat, Radio, Klimaanlage, Kühlschrank, Mikrowelle und andere Geräte, die Wasser- und Abwasserinstallation und der Generator) gelten als **Störungen**, für die der Vermieter keine Entschädigung gewährt. Diese Haltung mißfällt uns schon lange, denn - und jetzt kommt die Überlegenheit des Begriffs "Wohnmobil" über "Reisemobil" so richtig zum Tragen - mindestens Klimaanlage und Kühlschrank gehören zur "Wohnung" wie die Lenkung zum Auto. Durch deren Ausfall kann eine beträchtliche Komforteinbuße entstehen, die man dem Mieter eines "Wohnmobils" nicht anlasten sollte. Ohne Tempomat, Lenkradverstellung und Radio kann man ohne nennenswerte Beeinträchtigung reisen; wenn aber Kühlschrank und Klimaanlage ausfallen, fehlen wichtige Bestandteile des Wohnmobils, für das der Urlauber seine Miete gezahlt hat. Wir wissen nur von einem Vermieter, daß er diese Einschränkung nicht macht, und zwar aus genau den Überlegungen, die wir angestellt haben: Fraserway in Kanada.

Keine Haftungsgrenze gibt es u.a. bei vorsätzlicher Beschädigung des Fahrzeugs, bei Fahren unter dem Einfluß von Alkohol und Drogen, bei Schäden infolge fehlenden Motoröls, Schäden im Innenraum und an den Reifen infolge Fahrens über Bordsteinkanten oder andere scharfe/spitze Gegenstände.

Kautionen

✹ Alle Vermieter verlangen eine Kaution (*Deposit*) als Sicherheit für etwa auftretende Schäden, für die der Kunde haften muß. Sie ist unterschiedlich in der Höhe - je nachdem, ob die angebotenen Zusatzversicherungen abgeschlossen werden oder nicht. Die Kaution kann in bar hinterlegt werden (wird nicht von jedem Vermieter akzeptiert), mittels Reiseschecks, die wie Bargeld behandelt werden, oder durch Abdruck der Kreditkarte (nicht blanko unterschreiben, sondern nur mit einer festen Summe! *Red.*). Wieviel Kaution Sie beim Vermieter zu hinterlegen haben, können Sie dem Veranstalterprospekt entnehmen.

✹ Auch für die evtl. notwendig werdende Reinigung verlangen einige Vermieter eine Kaution, die von der Kreditkarte abgebucht und nach Rückgabe des als sauber akzeptierten Wohnmobils zurück überwiesen wird.

Wenn der **Kreditkartenabdruck** für die Kaution benutzt wird, dann gibt es zwei Möglichkeiten, die Kaution zu erstatten, wenn Sie das Fahrzeug ohne Schaden zurückgeben:

1. Sie erhalten den Beleg zurück (funktioniert selten bei Einwegmieten) und können ihn zerreißen. Dies ist der eleganteste Weg.

2. Der Vermieter hat den Abdruck eingereicht und Ihr Konto bereits belastet. Dann erhalten Sie einen *Gutschriftsbeleg (Credit note)*, mit dessen Hilfe der abgebuchte Kautionsbetrag Ihrem Konto wieder gutgeschrieben wird. Zwischen Abbuchung und Gutschrift liegt eine Zeitspanne, innerhalb der der Wechselkurs des Dollars sich zu Ihren Gunsten oder zu Ihrem Nachteil verändern kann. Sie müssen einen Kursgewinn nicht an den Vermieter abführen, bekommen aber von ihm auch keinen Ersatz für einen Kursverlust. Auch der Reiseveranstalter hat mit diesen Transaktionen nichts zu tun.

Campingausrüstung

Da man kaum *Pots and pans* von zu Hause mitbringen kann, muß man das *Camping Equipment* (auch *Convenience Kit* genannt) mieten. Was die Vermieter zur Verfügung stellen, unterscheidet sich von Station zu Station und ganz besonders auch von den Vorstellungen der Mieter.

Manche Veranstalter erläutern das Campingzubehör im Prospekt oder übermitteln eine Liste dessen, was der Vermieter zur Verfügung stellt mit den Reisedokumenten. So kann man Fehlendes, das man als notwendig erachtet, von zu Hause mitbringen - wir wissen von schwäbischen Hausfrauen, die auf ihr Spätzlesieb nicht verzichten wollten! - oder es drüben kaufen. Der Mietpreis für die Campingausrüstung ist entweder im Wohnmobilpreis enthalten (Veranstalterprospekt prüfen!) oder wird an den Veranstalter (in DM) oder den Vermieter bezahlt (in Dollar zuzüglich der ortsüblichen Steuern). Er schließt - das sollte man bedenken - nicht nur die Benutzung, sondern auch die Reinigung ein.

Die Campingausrüstung ist ein Quell häufigen Ärgers zwischen dem Urlauber, dem Vermieter und nach Rückkehr auch mit dem Veranstalter, denn die Meinungen darüber, ob das Gebotene seinen Preis wert ist, gehen oft beträchtlich auseinander. Ob die Schlafsäcke zu dünn sind oder eine Decke pro Person in der Vor- oder Nachsaison zu wenig, ist oftmals eine Frage der Schlafgewohnheiten: Nordamerikaner sind es gewohnt, nachts das Schlafzimmer und somit auch das Wohnmobil zu heizen, was viele Deutsche nicht tun.

Wir geben Ihnen hier eine Liste dessen, was man "normalerweise" von den Vermietern erwarten kann; verbindlich ist die Zusammenstellung weder für deutsche Reiseveranstalter noch für nordamerikanische Wohnmobilvermieter.

Bitte, denken Sie immer daran, daß Sie einen Campingurlaub gebucht haben; ein wenig Improvisation gehört schon dazu. Die Vermieter haben oft kein Verständnis für allzu große deutsche Perfektionswünsche - daß das Wohnmobil technisch einwandfrei und die Campingausrüstung sauber und ordentlich zu sein hat, steht aber außer Frage.

Zur Campingausrüstung gehört in der Regel...
...pro Person...

* Ein Schlafsack. Wenn er aus der Reinigung kommt, steckt er in einem Plastik-Beutel, gelegentlich gibt es einen waschbaren Innenbezug. Statt Schlafsack haben einige Vermieter Decken. Am besten haben uns die eingezogenen Steppdecken einiger kanadischer Vermieter gefallen.
* Bettücher, am besten zwei pro Person (eins für die Matratze, das andere unter die Decken).

- ✱ Kopfkissen mit Bezug.
- ✱ Handtücher: Achten Sie darauf, daß nicht alle die gleiche Farbe haben, damit jeder sein Handtuch erkennen kann.
- ✱ Je eine Tasse, ein Becher, ein flacher Teller, eine kleine Salat- oder Suppenschüssel.
- ✱ Ein Satz Besteck. Großzügige Vermieter statten auch ein von zwei Personen gebuchtes Wohnmobil mit Geschirr und Besteck für vier Personen aus. Nur so braucht man nicht sofort abzuwaschen oder kann einen Campingplatznachbarn mal auf einen Kaffee einladen.

...pro Wohnmobil...
- ✱ Ein Satz Töpfe und Pfannen, Kaffee- und/oder Teekanne (gelegentlich Kanne mit Filter), Wasserkessel, Suppenkelle, Sieb.
- ✱ Brotmesser, Küchenmesser.
- ✱ Minimalausstattung an Werkzeug (Schraubenziehersatz, Kombizange), Taschenlampe.
- ✱ Geschirr- und Spültücher.
- ✱ Korkenzieher und Flaschenöffner, Streichhölzer.
- ✱ Eimer, Besen und Schaufel, Kleiderbügel.
- ✱ Elektrokabel, Wasserschlauch, Abwasserschlauch, Steckeradapter für 30-Amp-Anschlüsse.
- ✱ Axt oder Beil. Wird wegen der besonders in USA strengen Haftpflicht-Bestimmungen nicht von allen Vermietern angeboten, evtl. sind ein paar Dollar dafür zu zahlen.
- ✱ Straßenkarten, Campgroundverzeichnisse, Informationsbroschüren über den Staat oder die Provinz, gelegentlich Folder von touristischen Attraktionen; *ValueKard* für 10% Nachlaß auf KOA-Campingplätzen.

Auf Wunsch
(möglichst bei Buchung angeben!) und gegen Zusatzgebühr
Wir nennen hier alles, was uns irgendwann einmal auf den Angebotslisten der Vermieter begegnet ist. Was der einzelne braucht oder zu brauchen glaubt, muß er selbst entscheiden. Die Reiseveranstalter geben in ihren Prospekten Auskunft darüber, welcher Vermieter welche Ausrüstungsgegenstände zur Miete anbietet.

- ✱ Babysitz.
- ✱ Toaster, mit dem auf Campingplätzen mit Stromanschluß

oder bei Generatorbetrieb das von uns und vielen anderen Deutschen wenig geliebte Brot getoastet werden kann.
- Campingstühle und -tisch.
- Fahrräder oder Mountain Bikes mit Halterung (nicht bei allen Wohnmobiltypen möglich).
- Kanu, Kajak oder faltbares Boot mit Paddeln und Schwimmwesten (bietet nicht jeder Vermieter an).
- Holzkohlegrill (gibt's auch in Supermärkten) oder Einweggrill, der gleich die Holzkohle enthält.
- Reservekanister für Benzin (nützlich eigentlich nur beim Befahren des Dempster Highway in den Northwest Territories, sonst nicht notwendig).
- Zusätzliches Reserverad (nur für Dempster Highway nützlich).
- Angelausrüstung.
- Eisbox: Die Vermieter verbieten die Aufbewahrung selbst gefangener Fische im Kühlschrank, in dem Fischgeruch unerwünscht und nicht mehr zu entfernen ist. Eine Eisbox aus Styropor ist im Supermarkt für wenige Dollar zu haben.
- Tragbarer Generator zur Erzeugung von Strom für die Dachklimaanlage oder den Fernseher, wenn man in der Wildnis steht - er verbraucht viel Benzin, macht Lärm und die Benutzer bei anderen Campern unbeliebt.
- Fernseher, der nur mit Netzstrom oder bei Benutzung des Generators betrieben werden kann; der terrestrische Empfang ist nicht besonders gut, in den Bergen kommt recht wenig auf den Bildschirm.

Was Sie vielleicht vermissen könnten

- Eierbecher: Von zu Hause mitbringen oder Hilfskonstruktionen basteln, z.B. zusammengeknüllte Alufolie, Ausschnitt aus Eierpappschachtel, notfalls tut's auch ein Ehering.
- Haken für Handtücher: Obwohl wir die Vermieter seit 25 Jahren auf diesen Schwachpunkt angesprochen haben, fehlen sie immer noch zu häufig. Die Naßzelle ist klein, man sollte nasse Handtücher auch zum Trocknen im Fahrzeug aufhängen können. Wenn Sie Klebehaken mitnehmen und sie an den Wohnmobilwänden anbringen, könnte der Vermieter das als Beschädigung ansehen und Sie zur Kasse bitten. Wir haben uns mit einfachen S-Haken (35-40 mm)

- beholfen, die es in jedem *Hardware Store* (Eisenwarenhandlung) für ein paar Cents gibt. Für die findet man leicht Platz an Scharnieren oder Griffen der Schranktüren, an der Schiene des Duschvorhangs oder sonstigen Stellen, ohne Schaden anzurichten.
- Wischtuch: Die kanadische oder amerikanische Hausfrau putzt nicht mit Schrubber und Lappen, sondern mit einem Wischmop, der aber im Wohnmobil nicht vorhanden ist. Wenn auch die Bodenfläche eines Wohnmobils nur wenige Quadratmeter ausmacht, ist es doch sinnvoll, den Boden feucht zu wischen und nicht den Staub mit dem Besen planmäßig zu verteilen. Am besten nimmt man ein Bodentuch von zu Hause mit. Auch wenn es diese Tücher inzwischen im Supermarkt geben soll - wir haben sie allerdings noch nicht gefunden -, erspart man sich die Suche.

Karten, Bücher und Informationsmaterial

Wir wissen, daß die meisten Urlauber ihre Reise im Wohnmobil gut vorbereiten; deshalb haben wir in Kapitel 5 so viele Vorschläge gemacht und Kontaktstellen genannt. Bei den Vermietern finden Sie darüber hinaus viele Werbe-Broschüren, -Faltblätter und -Handzettel über Anbieter und Attraktionen in der Region.

- Straßenkarten sind in manchen Gegenden zeitweise knapp gewesen, weil die Staaten und Provinzen die Zuschüsse für touristische Programme reduziert haben. Seien Sie nicht überrascht, wenn der Vermieter Sie bittet, ihm die Karte zusammen mit dem Wohnmobil zurückzugeben. Wo immer Sie ein Informationsbüro sehen (erkennbar durch ein **?** oder ein **i**), sollten Sie sich in einer solchen Situation eine eigene Karte besorgen. Seien Sie aber nicht überrascht, wenn man für Informationsmaterial ein paar Dollar verlangt...
- Nützlich, aber schlecht im voraus zu bekommen sind die *Campground Guides*, die gelegentlich beim Vermieter oder in den jeweiligen Informationsbüros zu bekommen sind. Sie enthalten meist sowohl die öffentlichen als auch die privaten Campingplätze.

📖 Praktisch alle Reiseführerverlage haben Bücher über die USA und Kanada im Programm, die sich mehr oder weniger auch für Wohnmobilreisende eignen. Für Individualreisende informiert umfassend das RKH-Buch von Hans Grundmann über Nordamerika, während Bücher aus dem Conrad Stein Verlag Staaten, Highways oder Gebiete in Routen- oder Logbuchform wesentlich ausführlicher beschreiben. In Büchern beider Verlage sind besonders die allgemeinen Reise-Informationen von A bis Z wertvoll.

- ReiseHandbuch **USA - Südwesten** (Arizona, Colorado, Kalifornien, Nevada, New Mexico, Utah), H. P. Richter, 6. völlig überarbeitete Auflage 1996, 532 Seiten, 39 farb. u. 12 s/w Abb., 22 Karten, 1 farb. Übersichtskarte. Conrad Stein Verlag, ISBN 3-89392-235-0, DM 39,80.
- ReiseHandbuch **USA - Nordwesten** (Idaho, Montana, Oregon, South Dakota, Washington, Wyoming), Hans Peter Richter, 3. überarbeitete Auflage 1997, 407 Seiten, 16 farb. und 5 s/w Abbildungen, 11 Karten, farbige Übersichtskarte. Conrad Stein Verlag, ISBN 3-89392-252-0, DM 34,80.
- ReiseHandbuch **Alaska**, Hans Peter Richter, 3. Aufl. 1998, 345 Seiten, 24 farb. u. 18 s/w Abb., 21 Karten, farb. Übersichtskarte. Conrad Stein Verlag, ISBN 3-89392-215-6, DM 34,80.
- ReiseHandbuch **Kanadas Westen** (British Columbia & Alberta), Conrad Stein, 9. überarbeitete Auflage 1998, 500 Seiten, 42 farbige u. 22 s/w Abbildungen, 42 Karten, 1 Umschlagklappe mit farbiger Übersichtskarte. Conrad Stein Verlag, ISBN 3-89392-261-X, DM 39,80.
- ReiseHandbuch **Ontario** mit Montréal u. Québec, Conrad Stein, 4. Aufl. 1997, 378 Seiten, 48 farb. u. 5 s/w Abb., 8 Ktn. u. Pläne, farb. Übersichtskarte. Conrad Stein Verlag, ISBN 3-89392-207-5, DM 29,80 .
- OutdoorHandbuch **USA: Route 66**, Ingrid Stein, 1999, ca. 120 Seiten, ca. 15 farb. Abb., ca. 10 Karten. Conrad Stein Verlag, ISBN 3-89392-184-2, DM 22,00.
- OutdoorHandbuch **Alaska Highway**, Cassiar-, Klondike- und andere Highways nach Alaska, Hans-Peter Richter, 4. völlig überarbeitete Auflage 1998, 154 Seiten, 10 farb. Abb, 5 Ktn. Conrad Stein Verlag, ISBN 3-89392-166-4, DM 24,80.
- **USA & Canada**, Hans Grundmann, RKH-Verlag Grundmann, ISBN 3-89662-154-8, DM 44,80.
- **Canada Ost/USA Nordosten**, Berghahn/Grundmann, RKH-Verlag Grundmann, ISBN 3-89662-151-3, DM 39,80.

🎣 Wenn Sie unterwegs angeln wollen, müssen Sie sich für jeden Staat einen Angelschein kaufen. Wo Sie *Angling licences* oder *Fishing permits* erhalten, kann Ihnen der Vermieter sagen (meist in Sportgeschäften). Wer ohne Lizenz erwischt wird, muß mit drastischer Strafe rechnen - in diesem Punkt verstehen die Nordamerikaner keinen Spaß. Für Nationalparks gelten besondere Bestimmungen (☞ Kapitel 1), für sie ist jeweils eine Angel-Lizenz **zusätzlich** zur staatlichen zu erwerben.

Vorbereitungen für den Start

Wenn Sie zum ersten Mal mit einem Wohnmobil reisen, schwirrt Ihnen vielleicht der Kopf bei so viel Neuem, das Sie sich merken sollen. Bleiben Sie ganz ruhig, es dauert nicht lange, bis Sie mit dem Fahrzeug völlig vertraut sind. Am besten organisieren Sie sich in aller Ruhe, nachdem die Formalitäten im Büro des Vermieters und die Einweisung in das Fahrzeug abgeschlossen sind:

- Auspacken des Gepäcks und Einrichten der Schränke.
- Anpassen der Fahrer- und Beifahrersitze.
- Einstellen der Rückspiegel.
- Einstellen des Kühlschranks für den Fahrbetrieb: Temperatur und Energiequelle.
- Sichern der Kühlschranktür, wenn sie nicht automatisch fest schließt.
- Markieren der Fahrzeughöhe im Blickfeld des Fahrers.
- Markieren der Tanks am Monitor: Was ist rechts, was links?
- Schließen der Dachluken.
- Einholen der Stufe.

Bei der Fahrt sind Sicherheitsgurte anzulegen, nicht nur im Fahrerhaus, sondern auch in der *Dinette*, wo bis zu vier Mitreisende sitzen können. Nicht zulässig ist die Benutzung der *Swivel Chairs* genannten Sessel (meist hinter dem Beifahrersitz installiert) während der Fahrt, wenn keine Sicherheitsgurte vorhanden sind. Bei Verstößen gegen die Anschnallpflicht werden auch Touristen empfindlich zur Kasse gebeten.

Der erste Einkauf

Supermarkt

Der Vermieter kann Ihnen einen Supermarkt in der Nähe der Station nennen, in dem Sie Ihre Grundausstattung kaufen können. Am besten stellen Sie nach Ihren Lebensgewohnheiten oder Vorlieben eine Liste zusammen, die Ihnen das Einkaufen erleichtert. Die kann etwa so aussehen (ohne die Produkte nach Bedeutung zu sortieren):

Kartoffeln, Nudeln, Reis	☐	Gemüse	☐
Milch, Butter, Käse	☐	Fleisch, Wurst	☐
Marmelade, Konfitüre, Honig	☐	Fisch	☐
Konserven als Reserve	☐	Fertiggerichte	☐
Pappteller	☐	Plastikbecher	☐
Getränke, Bier, Wein	☐	Kaffee, Tee	☐
Salz, Pfeffer, Gewürze	☐	Essig und Öl	☐
Spülmittel, -bürste,	☐	Brot	☐
Obst	☐	Eier	☐
Alufolie zum Grillen	☐	Streichhölzer	☐
Küchenrollen	☐	Suppen	☐
Schwammtücher	☐	Mineralwasser	☐

☺ Wenn Sie gefragt werden, lassen Sie sich Papiertüten geben, denn so erhalten Sie gutes Anzündmaterial fürs Lagerfeuer, während die Wiederverwendbarkeit von Plastiktüten als Abfallbeutel angenehm ist. Die Pappteller und Plastikbecher sind billig und ersparen das häufig notwendig werdende Spülen, denn Geschirr ist erfahrungsgemäß nicht genug vorhanden.

Auf die Unterteilung der Schrankfächer über der Dinette mit angepaßten Kartons (*Cardboard boxes*) aus dem Supermarkt haben wir schon mehrfach hingewiesen.

✋ Sie sollten sich nicht darauf verlassen, daß der von Ihnen anvisierte erste *Campground* in seinem Laden genau das hat, was Sie brauchen. Wir haben gute Läden angetroffen, aber auch schlecht sortierte, und in manchen lag keine frische Ware in den Regalen.

8. Mit dem Wohnmobil auf Tour

Versorgung und Entsorgung unterwegs

✱   Wohnmobile haben, über den Daumen gepeilt, mit vollem Benzintank eine Reichweite von mindestens 400 km. Im Herbst 1997 sind wir mit einem *Motorhome* **B**-L in Kanada 580 km gefahren und haben dann 117 Liter in den Tank gefüllt (ca. 20 Liter/100 km). Bei dem recht dichten Netz an Tankstellen in Nordamerika sollte es nie Probleme mit der **Treibstoff**-Versorgung geben. Bei Fahrzeugen mit zwei Tanks empfiehlt es sich, vom ersten Tank auf den zweiten umzuschalten, wenn der erste noch halb voll ist; das kann man dann als "Reserve" ansehen. Zu empfehlen ist, die Verbrauchswerte zu notieren, besonders am Anfang der Reise, denn wenn einmal die Benzinuhr falsch anzeigt, kann der Tank genau da leer sein, wo gerade einmal keine Tankstelle in der Nähe ist (◨ Seite 65 + 69).

✱   Bei **Propan** ist das Versorgungsnetz nicht ganz so dicht, aber man muß auch nicht so oft nachtanken. Propan gibt es an vielen Tankstellen, auf Campingplätzen, in einigen Staaten/Provinzen auch oder nur an Propandepots, die meistens in Gewerbe- oder Industriegebieten liegen. Im Zweifelsfall helfen die Gelben Seiten (*Yellow Pages*) des Telefonbuchs oder die *Campground Guides* für die jeweilige Region. Für eine drei oder vier Wochen dauernde Reise braucht man nur selten Gas nachzufüllen, äußerstenfalls dann, wenn man in der Nebensaison oder bei extrem schlechtem Wetter viel heizen muß, denn dabei wird das meiste Propan verbraucht.

✱   **Dumping Stations**, auch *Sani Stations* genannt, dienen der Entsorgung von Schmutzwasser und zum Entleeren des Fäkalientanks. Man findet sie auf vielen Campgrounds oder als öffentliche Stationen in Städten. Private Campgrounds erlauben die Benutzung nur den eigenen Gästen oder verlangen von Durchreisenden eine Gebühr.

✱   **Frischwasser** gibt es auf den meisten Campgrounds. In manchen *Provincial Parks* in Kanada gibt es zwar Frischwasser, aber keine Möglichkeit, den Wasserschlauch anzuschließen, weil das Wasser z.B. mit Handpumpen gefördert werden muß. In solchen Fällen muß man sich eine andere Versorgungsstelle suchen, z.B. die Tankstelle, die man zum nächsten Tanken aufsucht.

✋ Achten Sie beim Auffüllen des Wassertanks darauf, daß Sie nur einwandfreies Wasser nachfüllen. In manchen Gegenden wird an den *Campgrounds* geraten, das Wasser nur in abgekochtem Zustand zu benutzen. Solches Wasser sollten Sie nicht in den Tank füllen, denn es verdirbt die gesamte Menge.

Achten Sie auch darauf, daß der Einfüllschlauch einwandfrei sauber ist. Wir schrauben seine beiden Enden beim Transport immer zusammen und lassen Wasser durchlaufen, bevor wir ihn zum Auffüllen des Tanks verwenden. Vermieter empfehlen, zum Trinken und für die Zubereitung von Eiswürfeln das Wasser der Campgrounds nicht zu benutzen - es kommt manchmal aus nicht kontrollierten Quellen -, sondern Wasser in Flaschen zu kaufen. Das ist nicht immer "Mineral"-Wasser, sondern oft ganz einfach gutes, kontrolliertes Leitungswasser.

☺ Verwenden Sie z.B. Certisil zum Desinfizieren und Haltbarmachen von Trinkwasser *(Red.)*

✱ **Lebensmittel** gibt es frisch und in guter Qualität in Supermärkten, die oft Ketten angehören und die überall in gleicher Art organisiert sind, beispielsweise Safeway, SuperValu, K-Mart, Fred Meyer, Overwaitea. Häufig werden auch frisch zubereitete kalte und warme Speisen angeboten: Von der Suppe (oft mehrere Sorten!) über Grill-Hähnchen bis zur bestens sortierten Salatbar ist alles erhältlich. Damit läßt sich schnell ein gutes Essen ohne Arbeitsaufwand organisieren - Picknickplätze gibt es auch außerhalb der *Campgrounds*, notfalls hat uns auch der Parkplatz vor dem Supermarkt ausgereicht, wenn wir mittags nicht viel Zeit verlieren, aber trotzdem etwas Gescheites essen wollten.

In abgelegenen Gebieten findet man oft auch *General Stores*, die selbst dann einen Besuch wert sind, wenn man nichts Bestimmtes kaufen will.

☺ Beeindruckend für alle, die aus der deutschen "Servicewüste" kommen, ist die **Freundlichkeit und Hilfsbereitschaft des Personals**, das Fragen nicht nur beantwortet, sondern den Suchenden zum Regal führt. Oder Unbekanntes erklärt. Oder einen Touristen auch mal mit ein paar Worten über den Ort oder die Gegend informiert. Daß die Ware nicht nur eingepackt, sondern auf Wunsch auch zum Fahrzeug gebracht wird, ist oft selbstverständlich.

* **Butter** ist fast immer gesalzen. Wenn sie es nicht ist, dann steht *Unsalted* drauf; oft findet man salzfreie Butter nur im *Delicatessen*-Bereich.
* Eindrucksvoll sind die Abteilungen mit *Bulk Food* in numerierten Behältern, aus denen man auch kleinste Mengen selbst entnehmen und an der Kasse bezahlen kann.
* Eindrucksvoll ist auch die in manchen Supermärkten präsentierte Auswahl an **Kaffee** unterschiedlicher Provenienzen und Geschmacksrichtungen. Wir haben einmal 32 Sorten mit und 11 Sorten ohne Koffein gezählt.
* Supermärkte zeichnen sich aus durch reichlich Parkplätze, eine große Auswahl an Waren, üppige **Öffnungszeiten** (manchmal sind sie rund um die Uhr geöffnet) und einen freundlichen Service. Vieles gibt es leider nur in Packungsgrößen, die für den Campingurlauber unpassend sind, besonders Waschmittel. Nehmen Sie sich für zwei, drei Wäschen Pulver oder Tabs von zu Hause mit.
* Obwohl inzwischen zahlreiche europäische Produkte in den Supermärkten zu haben sind, gibt es einige Dinge oft nur in den **Delicatessen**-Läden oder -Abteilungen der Warenhäuser. Dazu gehören bestimmte Wurstwaren, Brotsorten (z.B. Pumpernickel, Knäckebrot) oder Käsesorten (z.B. Brie, Camembert, Gruyère; *Swiss Cheese* ist nicht unbedingt aus der Schweiz, wohl aber wenn man *Swiss Swiss* verlangt) oder auch Pfanni-Knödel. Diese Importe für den unamerikanischen Geschmack haben verständlicherweise ihren Preis.
* **Fleisch** wird grundsätzlich in Supermärkten geführt, hinter deren Theken man den Metzgern oft beim Portionieren zusehen kann. Die Auswahl ist riesig, die Preise sind, gemessen an europäischen Verhältnissen, sehr günstig. Wenn man kein *Sirloin Steak* und z.B. ein *Chuck Blade Steak* wählt, dann zahlt man nur einen Bruchteil dessen, was man hierzulande zahlen müßte. In abgelegenen Gegenden kann man manchmal nur gefrorenes Fleisch kaufen, aber oft sind die abgepackten Mengen für Campingzwecke zu groß.
* Auch **Fisch** und Meeresfrüchte gibt es im Supermarkt oft in guter Qualität und Frische für alle, die nicht selbst angeln

können oder wollen. Fisch von Indianern zu kaufen, ist verboten und wird bestraft. Wo die Bevölkerungsdichte gering ist und jedermann selbst angelt, sucht man oft Fisch im Supermarkt vergebens.

✱ **Bäckereien** gibt es gelegentlich auch außerhalb der Supermärkte, aber auch die sind nicht so häufig anzutreffen wie bei uns. Süßes findet man in einer großen Auswahl an Gebäck, oft in etwas ungewohnten Farben.

✱ Was man selten in der Konsistenz und Qualität findet, die wir gewohnt sind, ist **Brot**. Bauernbrot aus Sauerteig (*Sourdough*) mit harter Kruste gibt's nur dort, wo ein deutscher Bäcker arbeitet und Abnehmer findet, die das Brot so mögen. Ansonsten ist Brot weiß und toastbrotartig (als Bio-Ware etwas dunkler), luftig und fast immer süßlich (achten Sie auf die Angaben der Inhaltsstoffe!).

Wenn gar kein uns genehmes Brot aufzutreiben ist, benutzen wir den Toaster (bei Anschluß ans Stromnetz) oder behelfen uns mit der Pfanne zum Aufbacken der einzelnen Scheiben.

✱ **Alkoholische Getränke** werden sehr unterschiedlich behandelt. In Kanada gibt es sie fast ausschließlich in *Liquor Stores,* in den USA bekommt man Bier und Wein auch in Supermärkten, nicht aber Höherprozentiges. Was im Supermarktregal steht und *Root Beer* heißt, ist eine Limonade, die an Hustensaft erinnert und mit Bier überhaupt nichts gemein hat. Alkoholfreie Getränke gibt es in großer Auswahl, mit oder ohne Zucker (die "Light"- oder "Diät"-Version heißt *Diet*).

✱ Zum **Shopping** und für Schnäppchenjäger eignen sich die Factory Outlets, Verkaufsstellen der Hersteller von Bekleidung, Schuhen und anderen für den Wohnmobilurlauber nicht unbedingt wichtigen Waren zu günstigen Preisen, weil der Zwischenhandel ausgeschaltet wird. Manchmal sind die Preise für zweite oder dritte Wahl drastisch herabgesetzt.

Verkehrsregeln

Fahren wie die Amerikaner

Die Fahrweise der Kanadier und Amerikaner ist überwiegend defensiv und rücksichtsvoll, wenn sich auch in den vergangenen 25

Jahren die Sitten verschlechtert haben, besonders in den großen Städten und fortschreitend von Ost nach West. Hupen war immer verpönt, aber selbst in Vancouver, BC hört man neuerdings Hupkonzerte.

Das Halten der Spur ist wichtig, Spurwechsel sind mit den Blinkern anzuzeigen; Rechtsüberholen ist grundsätzlich erlaubt. Häufig haben wir in Kanada beobachtet, daß ein langsameres Fahrzeug auch bei freier Gegenfahrbahn auf den (geteerten) Standstreifen ausweicht, um ein schnelleres Fahrzeug ohne Spurwechsel überholen zu lassen. Wo das nicht erwünscht ist, stehen entsprechende Schilder, z.B. *No Driving on Paved Shoulder*, also nicht auf der geteerten Bankette fahren. Wenn Sie eine Warnung vor *Soft Shoulders* sehen, dann bezieht die sich eindeutig nur auf die (unbefestigte) Bankette!

Beim Auffahren auf einen mehrspurigen Highway oder Freeway sollte man zügig einfädeln, denn die Fahrer auf der vorfahrtberechtigten "Autobahn" ermöglichen das Einfädeln durch Verlangsamung, wenn nötig. Gelegentlich weisen Schilder *Merge* darauf hin, daß Fahrzeuge auf den Highway oder Freeway auffahren.

☝ Im Gegensatz zu unseren Autobahnen sind Highways nicht grundsätzlich kreuzungsfrei. Auch das Linksabbiegen ist gelegentlich möglich.

Geschwindigkeitsbeschränkungen

✱ In Nordamerika gelten generelle Höchstgeschwindigkeiten. Sie wurden spätestens während der Energiekrise in den frühen 70er Jahren eingeführt und seither nur zögerlich nach oben verändert: 1987 in den USA in einigen Staaten von 55 mph auf 60 oder 65 mph.

✱ Innerorts gelten wie bei uns üblich 50 km/h oder 30 mph als Höchstgeschwindigkeit. Auf den Highways werden die maximalen Geschwindigkeiten mit Schildern signalisiert, in den USA haben die Interstate Highways meist 65 mph, andere Überlandstraßen 55 mph Höchstgeschwindigkeit. Völlig freie Fahrt gibt es nur in Montana, aber nur bei Tag (eine halbe Stunde vor Sonnenaufgang bis eine halbe Stunde vor Sonnenuntergang), wobei vom Fahrer vernünftiges und vorsichtiges Verhalten verlangt wird *(Reasonable and prudent)*.

- ✱ Geschwindigkeitsbegrenzungen werden nicht immer konsequent aufgehoben, z.B. dann nicht, wenn sie sich auf eine bestimmte Verkehrssituation beziehen, etwa eine Kurve. Wenn die Gefahrenstelle überwunden ist, kann wieder "normal" gefahren werden.
- ✱ Auch wenn die maximale Geschwindigkeit nicht in Ziffern ausgedrückt wird, gilt in *School Zones* (gekennzeichnet durch blaues Fünfeck mit zwei Kindern) tagsüber eine Beschränkung auf 30 km/h in Kanada, 20 mph in USA.
- ✱ Die Vermieter berichten von einer zunehmenden Zahl von Strafzetteln, die die Wohnmobilmieter auch dann zahlen müssen, wenn sie bereits abgereist sind. Am einfachsten ist die Abbuchung über die Kreditkarte, deren Nummer dem Vermieter bekannt ist. Wer die Zahlung verweigert, braucht sich nicht darauf zu verlassen, daß er nicht belangt werden könne. Den Vermietern steht ein effizientes Inkasso-Unternehmen in Deutschland zur Verfügung, das die geschuldeten Beträge eintreibt. Die Bearbeitungsgebühren können den "Spaß" beträchtlich verteuern.

Verkehrsampeln

Sie stehen nicht immer vor der Kreuzung wie bei uns, sondern oft hinter der Kreuzung oder sie hängen darüber. Daran muß man sich gewöhnen, denn wer bis zur roten Ampel vorfährt, könnte plötzlich im Querverkehr stehen - oder es kracht.

Verkehrskontrollen

- ✱ Es ist ratsam, die Geschwindigkeitsbeschränkungen einzuhalten, denn sie werden teilweise sogar aus der Luft überwacht, teils mit Radar, gelegentlich auch aus zivil wirkenden Polizeifahrzeugen. Die verhängten Strafen sind drastisch, und für Ausländer gibt es keinen Rabatt!
- ✱ Wenn die Polizei einen Wagen anhalten will, nähert sie sich mit blau-rotem Blinklicht dem zu stoppenden Fahrzeug von hinten. Dann muß man rechts heranfahren und anhalten. Man steigt aber nie aus, sondern hält die Hände gut sichtbar am Lenkrad, wenn sich ein Polizist von hinten nähert. Wer nach dem Handschuhfach greift, könnte den Eindruck erwecken, dort eine Waffe versteckt zu haben.

✱ Im wenig wahrscheinlichen Fall einer Festnahme, hat man Anspruch darauf, daß die Auslandsvertretung verständigt wird. Der Konsularbeamte informiert dann über die Rechtslage und benennt im Bedarfsfall einen Anwalt. Rechtsanwaltshonorare oder Kautionen zahlt die Botschaft oder das Konsulat nicht (☞Abschnitt "Sicherheitsaspekte ..." in diesem Kapitel).

Verkehrsschilder

In Europa haben sich durch die vielen Sprachen auf engem Raum bei den Verkehrsschildern Symbole entwickelt, die auf Sprache verzichten. In Nordamerika mit seiner ungeheuren Weite und - von ein paar Regionen abgesehen - einer einzigen Sprache schreibt man die Anweisungen oder Empfehlungen auf die Verkehrsschilder und verzichtet weitgehend auf Pictogramme. Beispiele:

Falling Rock	Steinschlag-Gefahr
No U Turn	Wenden verboten
Narrow Bridge	Verengung der Straße wegen Brücke
Merge	Einordnen (lassen)
Ped Xing	Fußgänger kreuzen
Men and Equipment at Work	Warnung vor Baustelle
Resume Speed	Ende Geschwindigkeitsbegrenzung
Right Lane Must Turn Right	Rechtsabbiegen ist vorgeschrieben für die rechte Spur
Two Way Traffic	Gegenverkehr
Do Not Enter	Einbahnstraße in falscher Richtung
Wrong Way	Keine Einfahrt
Hill	Gefälle
Passing Lane Ahead	Ankündigung einer Überholspur bei Strecken mit Überholverbot.
No Passing when Solid Line is on Your Side	Überholverbot bei durchgezogener Linie
Railroad Crossing (auf zwei gekreuzten Balken)	Bahnübergang, auf Halten vorbereiten
Soft Shoulder	weiche Bankette, zum Befahren nicht geeignet

Ungewohnte Verkehrsregeln

✱ **Rechtsabbiegen bei Rot:** Was in der DDR der grüne Pfeil war, funktioniert in Nordamerika problemlos: Wo es nicht ausdrücklich verboten ist, darf man nach vollständigem Halten und ohne Behinderung des Querverkehrs an einer roten Ampel nach rechts abbiegen. *Right Turn on Red Light* ist in Kanada überall erlaubt - außer in Quebec; in USA in allen Staaten, ausgenommen einige Städte, z.B. New York, aber das ist ausgeschildert.

✱ **Stop beim Schulbus:** Wenn ein Schulbus - grundsätzlich gelb lackiert - blinkt, müssen Sie anhalten, gleichgültig, in welcher Richtung Sie fahren wollen. So gibt es keine Diskussion darüber, ob der Fahrer "zu schnell" gefahren ist - er darf überhaupt nicht vorbeifahren!

✱ **4-Way-Stop:** Es gibt Kreuzungen, an denen **alle** Fahrzeuge halten müssen. Sie sind gekennzeichnet durch ein Stopschild mit dem Zusatz *4-WAY*. Hier gilt die Regel, daß derjenige zuerst weiterfährt, der als erster angehalten hat.

✱ **Halteverbote:** Außer den Zonen, in denen das Halten oder Parken mit den auch bei uns üblichen Schildern verboten ist, gilt in den USA ein generelles Halteverbot auf Highways außerhalb geschlossener Ortschaften. Wir wurden streng verwarnt, als wir auf einem von Horizont zu Horizont freien Highway im Gebiet der Four Corners zum Fotografieren am Straßenrand anhielten.

Fahren mit Abblendlicht

Auch am Tag kann das Einschalten der Scheinwerfer vorgeschrieben (Yukon Territory) oder empfehlenswert sein, z.B. bei staubigen Strecken, Regenwetter, bei Nebel sowieso. Neuere Wohnmobile sind so geschaltet, daß beim Einschalten der Zündung die Scheinwerfer mit 25% Stärke des Abblendlichts leuchten. Die Heckleuchten brennen erst, wenn das "richtige" Abblendlicht von Hand eingeschaltet wird.

Lichthupe

Am besten ist es, wenn Sie die Lichthupe ganz vergessen, denn sie wird in Nordamerika überhaupt nicht so verstanden wie in Europa. Mißverständnisse in der Bedeutung der Lichtzeichen könnten zu Problemen führen.

Fahren unter dem Einfluß von Alkohol

Drunk Driving ist ein schweres Vergehen, das grundsätzlich geahndet wird. In einigen Staaten liegt die Promillegrenze bei Nullkommanull.

Bei der Kaskoversicherung muß der alkoholisierte Fahrer für den Schaden am Mietfahrzeug in voller Höhe aufkommen; die sonst übliche Haftungsgrenze wird außer Kraft gesetzt.

Straßenzustand

In manchen Staaten in den USA ist uns in letzter Zeit aufgefallen, daß die Straßen offenbar schon lange nicht mehr repariert worden sind. Dafür scheint kein Geld vorhanden zu sein. Schlaglöcher können bei einem schweren *Motorhome* Schäden an den Rädern, Stoßdämpfern und Federn anrichten. Wie Sie aus Kapitel 7 wissen, gehen Schäden am Fahrgestell und den Rädern zu Lasten des Mieters. Insofern sollten Sie sich auch deshalb auf eine Fahrweise einstellen, die es erlaubt, Schlaglöchern auszuweichen.

Über den Straßenzustand kann man sich bei den Automobilclubs erkundigen. Verkehrsstaus werden wie bei uns über Radio gemeldet.

- Kanada: CAA, ☏ 1-800-267-0284 (kein deutschsprachiger Service)
- USA: AAA, ☏ 1-800-AAA-HELP (kein deutschsprachiger Service)
- ADAC/ÖAMTC-Mitglieder: ☏ 1-800-222-1373 (deutschsprachig)

☺ In Neuengland zieht der farbenprächtige *Indian Summer* viele Urlauber an. Über kostenlose Telefonnummern, die in den lokalen Informationsbüros zu erhalten sind oder in den kostenlosen Zeitungen stehen, die die Supermärkte auslegen, kann man nicht nur erfahren, wo die Laubfärbung gerade am schönsten ist, sondern auch, wo sich Verkehrsstaus gebildet haben oder zu befürchten sind.

Sicherheit im Verkehr

Geschlossene Türen

Es ist eine Selbstverständlichkeit, daß man alle Türen verschließt und alle Fenster sichert, wenn man das Fahrzeug verläßt. Aber auch während der Fahrt sollte die Tür zum Wohnbereich geschlossen sein. Wenn Sie sich in bestimmten Gegenden von Großstädten unsicher fühlen, ist es gut, auch die Türen im Fahrerhaus und die Fenster zu schließen. Das kann aber dann problematisch sein, wenn die Verriegelung bei einem Unfall nicht selbst öffnet.

Überholen

Benutzen Sie immer den Blinker (*Indicator*) beim Überholen. Scheren Sie nicht zu früh vor dem überholten Fahrzeug ein, denn ein *Motorhome* ist deutlich länger als ein Pkw! Das gilt um so mehr bei Regenwetter, denn ein Wohnmobil zieht eine große Wasserschleppe hinter sich her, und die braucht der Überholte nicht auch noch auf seiner Windschutzscheibe.

An den runden konvexen Rückspiegel, der auf den großen Spiegel aufgeklebt ist, muß man sich gewöhnen, denn er verkleinert stark. Bedenken Sie den **toten Winkel** neben und hinter dem Wohnmobil.

Wenn das *Motorhome* im Heck ein Fenster hat, kann man über den inneren Rückspiegel nicht auf die Straße sehen, aber immerhin hohe Lastwagen erkennen. Überholen ist vor Kuppen und Kurven grundsätzlich verboten.

Konvoi

Wenn Sie zusammen mit einem oder mehreren Wohnmobilen reisen, sollten Sie Treffpunkte vereinbaren und möglichst nicht Kolonne oder Konvoi fahren. Schon bei nur wenig Verkehr können ein paar *Motorhomes* hintereinander das Vorbeifahren schnellerer Fahrzeuge behindern oder gar unmöglich machen.

Beim Auftreten einer Störung an einem Fahrzeug gewährt der Vermieter unter bestimmten Umständen (☞ Versicherungen in Kapitel 7) nur diesem eine Kompensation für Zeitverlust oder nötig werdende Umwege (etwa zu einer Spezialwerkstatt), nicht aber den anderen Gruppenmitgliedern, deren Fahrzeuge in Ordnung sind.

Sicherheitsabstand

Im Gegensatz zum Pkw muß beim Wohnmobil eine große Masse heruntergebremst werden (ein *Motorhome* vom Typ **B**-M mit etwa 22 ft Länge wiegt leer rund fünf Tonnen, ein **A**-L mit 31 ft etwa acht Tonnen!). Jede Voll- oder Notbremsung bringt in einem Wohnmobil alles durcheinander und sollte deshalb vermieden werden. Denken Sie daran, daß die Weite des Landes und das weitgehende Fehlen der bei uns üblichen Begrenzungspfosten die Abstandsschätzung erschwert.

Als Faustregel für den Sicherheitsabstand zwischen zwei Fahrzeugen sollten Sie je nach Straßenzustand und Wohnmobilgröße stets mehr als einen **halben bis ganzen Tachoabstand** Zwischenraum (km/h zu m) lassen.

Bergfahrten, Pässe

Europäer sind immer wieder überrascht, wenn sie in den Rocky Mountains zwar Paßstraßen, aber nichts Vergleichbares mit den Alpenpässen antreffen. Haarnadelkurven sind weitaus seltener als in Europa, die Kurvenradien größer, die langen Steigungen folglich geringer.

Zu den Pässen, die aus dem Rahmen fallen, gehört **The Hill** am Highway 20 in BC bei Bella Coola (ungeteert, Steigung bis 18%); der **Logan Pass** (2.031 m) an der *Going to the Sun Road* im Glacier National Park, MT (die Strecke wird von einigen Vermietern nicht erlaubt); beim **Mount Evans** nahe Denver, CO, dem mit 4.348 m auf einer ausgebauten Straße höchsten erreichbaren Punkt in den USA (zum Vergleich: Zugspitze 2.962 m, Matterhorn 4.478 m) gibt es zwar nur maximal 6% Steigung, aber hier ist wegen der dünnen Luft Vorsicht geboten. An die Höhe sollte man auch denken in den Staaten um die Four Corners, weil man sie nicht "sieht" und das Hochplateau selbst schon Gipfelhöhe hat: der **Bryce Canyon** z.B. liegt zwischen 2.400 und 2.700 m hoch.

☺ Sie können Benzin sparen und die Überhitzung des Motors vermeiden, wenn Sie bei längeren Bergstrecken, besonders bei großer Hitze, von Hand zurückschalten und nicht darauf vertrauen, daß die Automatik schon zum rechten Zeitpunkt schalten wird. Mit der Erhöhung der Drehzahl befördert die Wasserpumpe mehr Wasser durch den Kühler, und der Motor wird besser gekühlt als bei untertourigem Fahren. Gegen Überhitzung des Motors hilft auch, zuerst die Klimaanlage abzuschalten, beim Halten den Motor im Leerlauf eine Weile nachlaufen zu lassen und, wenn es extrem wird, die Heizung <u>ein</u>zuschalten.

Kühlwasser sollte nur bei laufendem, aber nicht überhitztem Motor nachgefüllt werden. Vorsicht beim Öffnen des Kühlers: Der entweichende Dampf kann zu Verbrühungen führen! Manche Wohnmobile haben ein Ausgleichsgefäß, das es überflüssig macht, am Kühler zu hantieren und sich zu gefährden.

Bergab helfen die von Hand geschalteten Gänge, das Fahrzeug abzubremsen und das gefürchtete *Fading* der Bremsen zu vermeiden.

Seitenwind
Wohnmobile bieten dem Wind große Angriffsflächen. Besondere Gefahr droht auf Brücken oder wenn man aus dem Windschatten einer Brücke, eines Berges oder eines großen Lastwagens herausfährt.

Mitnahme von Anhaltern
Wenn es der Vermieter nicht ohnehin ausdrücklich verbietet, ist es ein großes Risiko, Anhalter mitzunehmen. Bei einem selbstverschuldeten Unfall hat man ganz schnell eine hohe Schadensersatzforderung am Hals. Sie sollten deshalb einen Anhalter nur in einem Notfall mitnehmen, z.B. wenn er eine Panne oder kein Benzin hat.

Tachoprüfung
In Nordamerika gibt es auf Highways etliche sog. **Odometer**- und **Speedometer**-Teststrecken, mit deren Hilfe Sie die Genauigkeit des Wegstreckenzählers (km, Meilen) und des Tachometers prüfen können. Das ist mehr als eine Spielerei, denn bei nennenswerten Abweichungen (plus oder minus 10%) kann das ins Geld gehen: erstens bei der Abrechnung des Kilometergelds, zweitens bei Übertretungen der zulässigen Höchstgeschwindigkeit. Machen Sie den Vermieter auf etwaige gravierende Abweichungen aufmerksam. Die Strecken sind mehrere Kilometer oder Meilen lang und werden rechtzeitig angekündigt. Wenn Sie mit konstanter Geschwindigkeit fahren (Tempomat), brauchen Sie für einen Kilometer oder eine Meile folgende Zeiten:

Geschwindigkeit	1 **km** in ... Sek.	Geschwindigkeit	1 **Meile** in ... Sek.
60 km/h	60	30 mph	120
70 km/h	51,4	40 mph	90
80 km/h	45	45 mph	80
90 km/h	40	50 mph	72
100 km/h	36	60 mph	60

Rückwärtsfahren

Backing up ist eine der Hauptursachen für Schäden am Fahrzeug. Riskieren Sie nichts, auch wenn Sie gegen Ende Ihrer Reise das Gefühl haben, das Wohnmobil perfekt zu beherrschen. Lassen Sie immer einen Mitreisenden aussteigen und Sie einweisen: Der tote Winkel ist hinter einem Wohnmobil größer, als Sie denken. Bei einem Schaden am Fahrzeug entfällt bei fast allen Vermietern die Haftungsbegrenzung in der Kaskoversicherung.

Neuere *Motorhomes* verfügen gelegentlich über ein Warngerät mit Hilfe von Radar, das alle Hindernisse in einem Abstand von 1,30 m hinter dem Fahrzeug durch einen Pfeifton signalisiert. Das ist eine schöne Spielerei, auf die Sie sich nicht verlassen sollten.

Reifendruckprüfung

Anders als bei uns gibt es an den meisten Tankstellen keine Druckmesser an den Preßluftschläuchen oder -behältern. Leihen Sie sich vom Tankwart, wenn er den Druck nicht selbst prüft, das Meßgerät aus. Den Reifendruck lesen Sie an der Säule ab, die aus der Umhüllung beim Druckprüfen herausgedrückt wird.

An der Tankstelle

Es gibt es Selbstbedienungs- *(Self Service)* Tankstellen und solche mit Bedienung *(Full Service)*. Anders als bei uns wird an den *Full Service*-Stationen meist unaufgefordert Öl und Kühlwasser geprüft, und die Scheiben werden gewaschen. Ein Trinkgeld wird dafür nicht erwartet.

Wenn Sie selbst tanken, muß nach dem Herausnehmen der Zapfpistole ein Hebel an der Säule umgeklappt werden, sonst läuft die Pumpe nicht.

✋ Vor dem Tanken ist grundsätzlich die Propanzufuhr am Haupthahn abzustellen, denn der Kühlschrank arbeitet nach dem Absorberprinzip und mit einer Gasflamme, die Benzindämpfe beim Tanken entzünden könnte. Aus Sicherheitsgründen raten die Vermieter, daß alle Insassen beim Tanken aus dem Wohnmobil aussteigen.

Flash Flood und andere Naturgewalten

"It never rains in Southern California" ist ein bekannter Song; er wird auch oft zitiert, wenn man auf das bekannt gute Wetter hinweisen will. Aber das ist nur die halbe Wahrheit, denn ein paar Takte später heißt es "It never rains, it poors" - es regnet nie, aber es gießt (wenn's schon mal regnet). Das gilt nicht nur in Kalifornien, sondern auch in Arizona und New Mexico und darüber hinaus im *Sun Belt* der USA. Bei großen Gewitterstürmen fällt so viel Wasser vom Himmel, daß Bäche zu Flüssen werden, Flüsse zu Strömen, die über ihre Ufer treten, daß Canyons und Schluchten vollaufen und die Strömung alles mitreißt, was sich nicht in Sicherheit bringen konnte.

Das sind die gefürchteten *Flash Floods*. An etlichen gefährdeten Stellen, z.B. an Senken, durch die der Highway verläuft, stehen Warnschilder, die man sehr ernst nehmen muß, wenn sich schlechtes Wetter ankündigt. *Flash* heißt Blitz, und oft kommen die Überschwemmungen auch blitzartig. Immer wieder werden Urlauber überrascht, die sich in Canyons aufhalten und ihre Gedankenlosigkeit mit dem Leben bezahlen müssen.

Achten Sie bei der Stellplatzwahl darauf, daß Sie nicht durch Hochwasser oder Muren gefährdet werden können und merken Sie sich für einen Notfall den schnellsten "Ausweg". Wo immer es ging, haben wir unser Wohnmobil so geparkt, daß wir ohne Rangieren hätten wegfahren können.

Mögliche Probleme

Defekte und ihre Reparaturen

Auch wenn man sich wünscht, von diesen unangenehmen Ereignissen verschont zu bleiben, sollte man sich doch darüber klar sein, daß Aggregate so komplizierter technischer Geräte wie Wohnmobile trotz Wartung und Pflege ausfallen können.

Defekte können auch durch das Fehlverhalten eines Vormieters verursacht worden sein, wenn dem Vermieter eine Störung nicht gemeldet wurde. Das Prinzip "nach mir die Sintflut" zeugt von schlechtem Stil, denn der Mieter muß nicht für Störungen zahlen, die er meldet, an denen er aber nicht schuld ist. Der Vermieter kann den Schaden beheben und auf diese Weise sich und späteren Mietern Ärger ersparen.

Es ist nie ein Fehler, den Vermieter bei einer Störung zu konsultieren. Wenn Reparaturen notwendig werden, übernimmt der Vermieter die Kosten über einem im Vertrag festgesetzten Dollarbetrag (meist $ 50) nur dann, wenn er die Reparatur vorher genehmigt hat.

Solange ein Fahrzeug noch unter Garantie läuft, bekommt der Vermieter die Kosten vom Hersteller erstattet, aber nur, wenn sich der Mieter vertragsgemäß verhält.

Die meisten Vermieter haben eine kostenlose Telefonnummer, die mit 1-800- beginnt. Auch mittels *Collect call* kann man mit dem Vermieter notwendig werdende Maßnahmen vereinbaren. Manche Vermieter haben Verträge mit bestimmten Werkstattketten und Reifenfirmen, die für Reparaturen benutzt werden müssen.

☹ Von manchen Urlaubern werden die Konditionen der Vermieter als kleinlich empfunden. Sie wurden in den 25 Jahren, in denen wir Nordamerika bereist haben, ständig verschärft, weil sich eine Minderheit von Urlaubern schlecht benommen hat. Selbst die freundlichsten Kanadier und Amerikaner werden auf wiederholtes Fehlverhalten und Vertragsbruch reagieren.

Da wurde beispielsweise ein Fahrzeug mit einer Schmutzschicht zurückgegeben, unter der sich, als der Mieter schon abgereist war, Schäden im Aufbau verbargen.

Konsequenz: Die Vermieter verlangen jetzt meist, daß das Wohnmobil nicht nur innen, sondern auch außen gereinigt zurückgegeben wird. Dafür ist Zeitaufwand nötig, und wenn man eine für Lkw geeignete Waschanlage benutzt, kostet das auch noch Geld. Aber das größte Problem ist oft, eine für Wohnmobile passende Waschanlage überhaupt zu finden!

Es wurden dem Vermieter beispielsweise falsche Reifenrechnungen vorgelegt oder Ölquittungen von Orten, an denen das Wohnmobil überhaupt nicht gefahren ist.

Konsequenz: Die Vermieter verlangten, daß Altreifen zurückgebracht werden mußten. Und wir fanden einmal unter der Matratze eines *Motorhomes* die Karte eines Goldclaims am Yukon, obwohl der Vermieter die Fahrt nach Alaska und ins Yukon Territorium gar nicht erlaubte.

☺ Bei einer Panne ist die Warnblinkanlage einzuschalten. Wenn vorhanden, sind die Reflektoren aufzustellen (Warndreiecke sind nicht sehr verbreitet). Notfalls kann man ein Tuch an die Antenne binden; das wird als Wunsch nach Hilfe verstanden. Halten Sie das Fahrzeug geschlossen. Bitten Sie haltende Verkehrsteilnehmer, den Automobilclub, die Polizei oder eine Tankstelle bzw. Werkstatt anzurufen.

Reifenwechsel

Wenn ein Reifen defekt ist und gewechselt werden muß, ist der Urlauber meist in einer schwierigen Situation, denn die Radbolzen sind oft so fest angezogen, daß sie sich von Hand nicht lösen lassen. Wir konnten einmal das Reserverad nicht abnehmen, weil dafür ein Spezialwerkzeug nötig war, das aber der Vermieter nicht mitgegeben hatte. Am besten ist es, sich helfen zu lassen (Tankstelle, Reparaturwerkstatt).

Mitglieder einiger Automobilclubs (ADAC, AvD, ÖAMTC, TCS, ACS) genießen die Vorteile der Pannenhilfe durch die nordamerikanischen Partnerclubs ⓐⓐⓐ und ⓒⓐⓐ (☞ Kapitel 5).

Fremdhilfe ist besonders dann vonnöten, wenn der innere Reifen bei Zwillingsrädern gewechselt werden muß. Aus Angst vor Regreßansprüchen der Mieter bei einem Unfall während des Reifenwechsels geben einige Vermieter überhaupt keinen Wagenheber mehr in die Wohnmobile.

Sollte ein neuer Reifen erforderlich werden, ist es günstiger, ihn beim Reifenhändler zu kaufen als an der Tankstelle. Der Vermieter ist, weil der Reifen mehr kostet als der ohne Rücksprache genehmigte Betrag für Reparaturen, immer vor dem Reifenkauf zu konsultieren. Dabei sagt er Ihnen auch, ob er den defekten Reifen zurück haben möchte.

Verkehrsunfall

Für jeden Unfall, auch wenn der Schaden noch so gering ist, verlangen die Vermieter und ihre Versicherungen einen Unfallbericht (*Police Report*). Wenn der nicht vorliegt, muß der Mieter für alle Schäden aufkommen! Der Polizeibericht ist sofort an Ort und Stelle zu veranlassen; er ist auch gefordert für Kaskoschäden; ganz wichtig auch bei Schäden, die duch Fahrerflucht verursacht worden sind. Der Vermieter ist in jedem Fall sofort zu informieren.

Vom *Automobile Club of Southern California* im ⓐⓐⓐ liegt uns das Faltblatt "How to handle an accident" vor, in dem steht, was man als Unfallbeteiligter tun und was man lassen sollte. Es hat auch einen kleinen Fragebogen, in dem alles Wichtige für die Schadensabwicklung festgehalten werden kann:

✱ Der Fahrer muß sich dem Unfallgegner und der Polizei gegenüber ausweisen (Führerschein, Fahrzeugpapiere, Reisepaß).

- ✱ Der Fahrer muß Erste Hilfe leisten, Polizei und Rettungsdienst anrufen.
- ✱ Bei Sachschäden über $ 500, Personenschäden und Todesfällen ist in Kalifornien *das Department of Motor Vehicles* innerhalb von 10 Tagen zu unterrichten.
- ✱ Der Polizei gegenüber ist der Nachweis zu erbringen, daß das Fahrzeug versichert ist (Versicherungsgesellschaft und Policennummer).
- ✱ Über die Schuldfrage soll <u>nicht</u> diskutiert werden; nur Fakten sind festzustellen.
- ✱ Über den Hergang des Unfalls soll mit niemandem außer der Polizei und einem Vertreter der Versicherung, der sich eindeutig ausweisen muß, gesprochen werden.

Diese Fragen sollten in dem **Unfallbericht** beantwortet werden:

- ✱ Wann geschah der Unfall? - "<u>When</u> did the accident happen?": Datum, Uhrzeit.
- ✱ Wo geschah der Unfall? - "<u>Where</u> did the accident happen?": Straße, Stadt.
- ✱ Wurde jemand verletzt? - "Was anyone injured?": Fußgänger, Insasse des eigenen Fahrzeugs, wer sonst? Name(n) und Adresse(n).
- ✱ Gibt es Zeugen? - "Was there a witness?": Name(n), Adresse(n).
- ✱ Wurde ein Polizeibericht erstellt? - "Was a police report taken?": Polizeistation (Department), Reportnummer.
- ✱ Unfallgegner - "The other party": Name, Adresse, Telefonnummer(n), Führerscheinnummer, Geburtsdatum, Eigentümer des Fahrzeugs, Versicherungsgesellschaft, Policennummer.
- ✱ Das gegnerische Fahrzeug - "The other auto": Kennzeichen, Staat/Provinz, Baujahr, Marke/Modell, Farbe, Anzahl der Insassen, Wetterverhältnisse, Straßenzustand, Verkehrsverhältnisse.
- ✱ Entstandener Schaden:
  a) am eigenen Fahrzeug - "Where is the damage to your auto?"
  b) am gegnerischen Fahrzeug - "The other auto?".

* Unfallhergang - "How did the accident happen?": Eine ausführliche Beschreibung ist gefragt. Machen Sie eine Skizze über den Unfallhergang, fotografieren Sie die Schäden und die Stellung der Fahrzeuge zueinander.

Fahrerflucht

Wenn Sie einen Schaden am Fahrzeug feststellen, der z.B. beim Parken während Ihrer Abwesenheit von einem anderen Verkehrsteilnehmer an Ihrem Wohnmobil verursacht wurde, dann müssen Sie den innerhalb von 48 Stunden der Polizei melden und dem Vermieter ein Protokoll dafür mitbringen, weil Sie sonst für den Schaden unbegrenzt haften - mit Protokoll nur bis zur Höhe der Selbstbeteiligung (abhängig von der gezahlten Prämie).

Fahrerflucht heißt *Hit-and-run*. Wir hatten einen solchen Fall in Oregon und bekamen von der freundlichen Polizei ein paar Polaroidfotos des Schadens zusammen mit dem Police Report.

Sicherheitsaspekte und Notfallhilfe

Was tun, wenn ...
Im Urlaub denkt man nicht gern an Probleme, doch vor Diebstahl, Einbruch zu Hause, Verlust des Reisepasses, Führerscheins oder Geldes, Unfällen, Krankheits- und Todesfällen in der Familie kann niemand sicher sein. Einige Vorkehrungen im Hinblick auf Sicherheit und Gesundheit finden Sie ☞ Kapitel 5.

In vielen Fällen können die Botschaften und Konsulate den Bürgern ihres Landes helfen. Sie sind den Broschüren im Paßformat "Konsularhilfe für Deutsche im Ausland" (vom Auswärtigen Amt herausgegeben) und "Tips für Auslandsreisende" (herausgegeben vom österreichischen Bundesministerium für Auswärtige Angelegenheiten) entnommen.

Anschriften und Telefonnummern der Botschaften und der Konsulate finden Sie in den amerikanischen und kanadischen Telefonbüchern (*Telephone directories*) unter *Embassies* oder *Consulates*.

* **Paßverlust:** Die Auslandsvertretung kann einen Paß für die Rückreise ausstellen.
* **Geldverlust:** Die Auslandsvertretung vermittelt Kontakte zu Verwandten oder Freunden zu Hause und zeigt schnelle

Überweisungswege auf. Bis zum Geldeingang zahlt sie gegen Rückzahlungsverpflichtung ein Überbrückungsgeld und gewährt notfalls eine rückzahlbare Hilfe für die Heimreise.

- **Probleme mit Behörden:** Die Auslandvertretung kann vermitteln.
- **Sprachprobleme:** Die Auslandsvertretung kann Übersetzer benennen.
- **Rechtsprobleme:** Die Auslandsvertretung benennt einen vertrauenswürdigen Anwalt; bei einer Festnahme stellt sie die anwaltliche Vertretung sicher und benachrichtigt die Angehörigen zu Hause.
- **Gesundheitsprobleme:** Die Auslandsvertretung kann Ärzte oder Fachärzte benennen.
- **Tod eines Staatsbürgers:** Benachrichtigung der Hinterbliebenen und Hilfe bei der Erledigung der Formalitäten vor Ort.

Die Auslandsvertretungen können **nicht** Ersatzdokumente für Führerschein oder Personalausweis ausstellen, Ihre Schulden bezahlen oder die Fortsetzung des Urlaubs finanzieren, in laufende Gerichtsverfahren eingreifen, Sie vor Gericht vertreten, die Kosten von Such- und Rettungsaktionen übernehmen oder als Filiale von Reisebüros, Krankenkassen oder Banken tätig werden.

Wissen, wo es lang geht...

Wir haben **ReiseHandbücher** zu Zielen auf allen Kontinenten und einmalig interessante **OutdoorHandbücher** im Programm. Wenn Sie mehr wissen wollen, fordern Sie ganz einfach unser komplettes Verlagsprogramm kostenlos und unverbindlich an:

- ✉ Conrad Stein Verlag, In der Mühle, D-25821 Struckum
- ☏ 04671 / 93 13 14
- FAX 04671 / 93 13 15
- ✍ <outdoor@tng.de>

oder besuchen Sie uns auf unserer Homepage im Internet (die Seiten sind ganz einfach herunterladbar):

- 🖥 <http://outdoor.tng.de>

9. Auf dem Campingplatz

Allgemeines

Nordamerika ist für den naturnahen Urlaub hervorragend geeignet, denn in Kanada und den USA sind Campingplätze in großer Zahl vorhanden. Selbst dort, wo sich zeitweise Urlauber konzentrieren, sei es in schönen Gegenden nahe großer Städte, sei es in National- oder Provinz-/Staats-Parks oder an Meeresstränden und Badesee-Ufern, hockt man nicht so aufeinander wie in Europa.

Daß Campingplätze voll sein können, haben wir auch außerhalb der Hochsaison erlebt, in Kanada z.B. am ersten langen Wochenende im Mai (*Victoria Day*), an dem scheinbar jeder, der ein RV, ein Zelt oder einen Trailer hatte, im Okanagan Valley (400 km östlich von Vancouver, 600 km westlich von Calgary) in den warmen Seen baden wollte. Wer nicht rechtzeitig - und das heißt in einem solchen Fall: am Freitag Mittag - seinen Stellplatz erreicht und keine Reservierung im voraus gemacht hat, muß Glück haben. Dann ist Geduld vonnöten und Flexibilität in der Reiseplanung, manchmal auch ein Umweg, wenn es nicht gelingt, einen Stellplatz zu finden. Im Fall Okanagan Valley sind wir nach USA ins Okanogan Valley ausgewichen - dort ist das erste lange Wochenende eine Woche später (*Memorial Day*), und die Campgrounds waren erstaunlich leer.

In anderen Fällen haben wir uns mit einheimischen Campern geeinigt, daß wir auf ihrem großen Stellplatz hinter deren *Motorhome* für eine Nacht bleiben durften, und haben ein Bier zusammen getrunken (Hinweis: Es gibt Campgrounds, auf denen es untersagt ist, daß zwei *Parties* sich einen Stellplatz teilen).

Private und öffentliche Campgrounds

Campground-Etikette
Die Unterscheidung in private und öffentliche Campgrounds ist sehr grob und orientiert sich nur an den Besitzverhältnissen. Wir werden innerhalb der Kategorien eine Reihe von Besonderheiten beschreiben. Welche Art Campground Sie wählen, hängt nicht nur von den Vorlieben ab, sondern auch von Ihrer Route: Manchmal haben Sie keine Wahl, weil es nur einen gibt oder weil der von Ihnen vorgesehene voll ist.

✸ Bei allen Unterschieden haben die Campgrounds eines gemeinsam: Man benimmt sich anständig, hält Ruhe, respektiert andere Stellplätze und ist freundlich zu seinen Mit-Campern. Sie meinen, das sei selbstverständlich? Ist es leider nicht, denn sonst müßten die Campingplatzbetreiber und die Wohnmobilvermieter nicht auf die Umgangsformen auf dem Campingplatz ausdrücklich hinweisen.

So schreibt z.B. ein Vermieter in seinem deutschsprachigen "Campinghandbuch": "Sie sind Teil einer 'Gemeinschaft', und es wird von Ihnen erwartet, daß Sie sich nachbarschaftlich verhalten und die Regeln des Campingplatzes befolgen". Zu denen gehört, daß der Betrieb des Generators zu bestimmten Zeiten untersagt ist, daß man bei später Ankunft möglichst wenig Lärm macht und nur gemäßigtes Licht benutzt, um mögliche Nachbarn nicht zu stören.

✸ Zum korrekten Verhalten gehört nach unserer Meinung auch, was aber in Nordamerika gar nicht so empfunden wird: Lassen Sie den Motor Ihres Wohnmobils nicht unnötig im Stand laufen! "Unnötig" ist alles, was nicht zum Bewegen des Fahrzeugs dient und länger als etwa eine Minute dauert.

☺ Wenn Sie Ihren Stellplatz auf einem Campground in Besitz genommen haben, können Sie ihn "sichern", indem Sie Eimer und Besen oder einen Klappstuhl oder ein handgemaltes Schild *Taken* (besetzt) zurücklassen. So können Sie in kritischen Ferien- oder Feiertagszeiten einen *Campground* früh anfahren und bis zum Abend auf Besichtigungsfahrt gehen. Diese "Markierungen" werden respektiert, und das sollten Sie natürlich auch tun.

✸ Auch im Hinblick auf die Sauberkeit gibt es zwischen privaten und öffentlichen Plätzen kaum Unterschiede. Uns sind gelegentlich abenteuerliche Installationsarbeiten aufgefallen, die bei uns kein Mensch gebaut oder akzeptiert hätte - aber die Duschen, Toiletten und Waschbecken waren sauber und funktionierten, und darauf kommt es an.

Private Campingplätze
bieten weniger Platz für das einzelne Wohnmobil als solche in Staats-, Provinz- oder Nationalparks. Das ist verständlich, denn die Eigentümer oder Pächter müssen von den Einnahmen einer mehr oder weniger kurzen Touristensaison leben.

✱ Die Ausstattung der privaten Campingplätze ist oft deutlich besser als die der öffentlichen. Das reicht vom Kinderspielplatz und *Swimming Pool* über Duschen, WC und Waschmaschinen mit Trocknern bis zum Laden für Lebensmittel, Campingzubehör und Souvenirs. Trotzdem: Auch die privaten Plätze sind mit denen in europäischen Urlaubsregionen nicht zu vergleichen, denn so eng wie an Seen und Stränden bei uns geht es in Nordamerika fast nirgends zu (📷 Seite 105 oben).

Private Campgrounds haben ein *Office*, wo man eincheckt und die Formalitäten erledigt. Außer Namen und Adresse - oft reicht die Angabe des Heimatlands - wird nach dem Kennzeichen und der Marke des Wohnmobils gefragt.

✱ Viele private Plätze erlauben kein "Lagerfeuer", auch nicht zum Grillen des Steaks. Andere wiederum verkaufen Brennholz und lassen Feuer nur in ausgedienten Lkw-Felgen zu, über die man einen Grillrost legen kann. Der Picknicktisch ist Standard, aber oft nicht so urig wie der massive Tisch auf Campgrounds in den Parks.

✱ Die Freundlichkeit und Hilfsbereitschaft der Campingplatzbetreiber ist riesig und wohltuend. Ein kleiner Schwatz und die üblichen Fragen des "Woher? - Wohin?" gehören ganz einfach dazu. "Geschäftigkeit" oder Hektik haben wir auf vielen Reisen nicht angetroffen.

Öffentliche Campingplätze
haben als Minimumausstattung für jeden Stellplatz Picknicktisch und Feuerstelle, meist mit Grillrost. Nicht überall gibt es Trinkwasser, manchmal muß man es mit einer Handpumpe fördern und kann es nicht ohne Trichter - wer hat den schon? - in den Wassertank füllen (📷 Seite 125 + 105 unten).

✱ Nicht überall gibt es Waschräume mit Duschen und WC, aber stets sind Toilettenhäuschen vorhanden, die man am besten mit "Plumps-Klo" bezeichnet (*Pit toilets*). *Hook-ups* sind äußerst selten anzutreffen, aber dafür liegen die öffentlichen Plätze in aller Regel schöner, und jedes Wohnmobil kann über reichlich Platz verfügen.

✱ Große Campingplätze in National- oder Provinz-/Staats-Parks haben am Eingang eine Kontrollstation, wo man den Stellplatz zugewiesen bekommt und bezahlt. Andere Plätze sind frei zugänglich - die Schranke wird nur für die Nachtstunden geschlossen; man kann sich den Stellplatz selbst aussuchen. An den Platznummer-Pfosten neben den Stellplätzen kann man erkennen, ob der Platz belegt oder frei ist.

Man zahlt die Gebühr, indem man den geforderten Betrag in einen Umschlag steckt, den man bei der Einfahrt *(Self registration)* mitnimmt. Einzutragen sind Name, Adresse, Autokennzeichen, Stellplatznummer, Personenzahl und Datum. Man schließt den Umschlag und wirft ihn in eine Zahlbox am Eingang. Der Kontrollabschnitt mit der Nummer des Umschlags wird am Nummernpfosten des Stellplatzes befestigt. Wenn das nicht so ist, können Sie am späten Abend mit einem Besuch des *Rangers* rechnen, der persönlich zum Kassieren kommt.

✱ Öffentliche Campingplätze haben oft einen Bereich, wo nur Gruppen übernachten dürfen.

✱ Bei großem Wohnmobilandrang werden weniger gut präparierte, parkplatzähnliche Flächen, sog. *Overflow Areas*, geöffnet.

Hook-ups

sind Anschlüsse an die Trinkwasserleitung, das Stromnetz und die Kanalisation. Es gibt sie in aller Regel nur bei privaten Campingplätzen (ganz selten in Parks). Manchmal kann man wählen, ob man den einen oder anderen Anschluß wünscht oder im Bereich ohne Anschlüsse übernachten will (dort stehen oft durchreisende *Motorhomes*, weil die "Selbstversorger" sind). Die Campinggebühren sind ohne Anschluß niedriger als mit. Außerdem steht man in dem von den Versorgungseinrichtungen weiter entfernten Teil des Campgrounds oftmals ruhiger - es sei denn, der Kinderspielplatz ist nahebei oder ein Generator läuft, weil der Urlauber die Klimaanlage, die Mikrowelle oder den Fernseher betreibt.

✱ Die Verbindung zum **Trinkwassernetz** wird über den mitgeführten Wasserschlauch hergestellt. Der sollte während der Fahrt leer und sauber verstaut sein; am besten ist es, beide Enden zusammenzuschrauben und den Schlauch vor dem Füllen des Wassertanks oder dem Anschluß an die Wasserleitung gründlich durchzuspülen. Der verschließbare Einfüllstutzen des Wassertanks liegt bei fast allen Wohnmobilen auf der Fahrerseite, dort ist auch der Anschluß an die Wasserleitung. Die bordeigene Wasserpumpe muß abgeschaltet werden, wenn das Wohnmobil an die Wasserleitung angeschlossen ist. Über Nacht kann es ratsam sein, auf das Druckwasser zu verzichten und den Hahn der Leitung zuzudrehen, denn gelegentlich ist der Druck so hoch, daß die Rohrleitungen im Wohnmobil undicht werden (📷 Seite 69 unten).

✱ Der Anschluß an das **Stromnetz** (110 V) erfolgt über das Stromkabel, das in der Regel ebenfalls auf der Fahrerseite in einem verschließbaren Fach verstaut ist. Zum Stromkabel sollte ein dreipoliger **Adapter** vorhanden sein, weil die *Campgrounds* oft zwei verschiedene Steckersysteme haben, abhängig von der Stromstärke (15 und 30 Ampere). Wie im Haushalt üblich, gibt es im Wohnmobil auch Sicherungen mit Automaten, über deren Plazierung man Bescheid wissen sollte (Vermieter fragen, wenn er sie nicht von selbst zeigt!).

✋ Aus eigener Erfahrung wissen wir, wie wichtig es ist, die Klappe des Staufachs für das Kabel nicht nur zuzumachen, sondern es auch mit dem Plastikschieber um das Kabel herum zu schließen, damit nicht kleine Nagetiere wie Mäuse über das Kabel ihren Weg ins Wohnmobil finden. Wir wurden einen solchen "blinden Passagier" einige Tage lang nicht los und fanden unsere Vorräte in den Schränken und Fächern angefressen - von den nächtlichen Aktivitäten ganz abgesehen.

✱ Die Verbindung zur **Kanalisation** oder zur Fäkaliengrube wird mittels Abwasserschlauch (mit Bajonettverschluß) hergestellt. Er kann an unterschiedlichen Stellen im Wohnmobil verstaut sein: oft in der hinteren Stoßstange - dann ist er meistens lang genug - oder in einem verschließbaren Fach auf der Wohnmobilseite, in das der dehnbare Schlauch hineingedrückt werden muß - dann ist er oft so kurz, daß er zwar das Leeren des Tanks erlaubt, aber auf dem Campingplatz nicht ausreicht, einen dauerhaften Anschluß herzustellen.

Konsequenz: Man kann die Tankventile nicht offen lassen, sondern muß alles Abwasser im Tank auffangen und den dann in einem weiteren Arbeitsgang an der *Dump Station oder Sani Station* entleeren. Einige Vermieter schreiben gerade das in ihrem Handbuch vor. Es soll dazu beitragen, daß sich die Fäkalien und das spezielle Toilettenpapier nicht stauen und die Sensoren der Tankanzeige nicht außer Betrieb setzen können. Daß man die Tanks nicht in der freien Natur entleert, ist nicht nur eine Forderung des Umweltschutzes, sondern auch ein Gebot des Anstands.

✱ Auf öffentlichen Campgrounds gibt es häufig zwei Zapfstellen für Wasser: Die eine enthält Trinkwasser (und ist folglich mit *Drinking Water* bezeichnet), die andere zum Trinken ungeeigetes *Flushing Water* zum Nachspülen des Abwasserschlauchs.

✱ Mit der *Preparation Fee* (Bereitstellungsgebühr) haben Sie nicht nur die erste Füllung Propan, sondern auch eine Grundausstattung an WC-Chemikalien und Toilettenpapier beim Vermieter bezahlt. Wenn Sie nachkaufen müssen (Campground, RV- oder Zubehörhändler), sollten Sie auf das richtige Papier achten, denn es muß sich im Tank auflösen, um Verstopfungen in den Leitungen zu verhindern. Nach dem Leeren und vor dem Einfüllen der Chemikalien (Pulver oder flüssig) sollte der Tank gut durchgespült und mit etwa zehn Liter Wasser gefüllt werden.

Reservierungen

Für eine Reihe von *Campgrounds* sind Reservierungen möglich, aber sie schränken die Reisefreiheit doch stark ein. Von Fall zu Fall kann man von einem privaten Campingplatz zum nächsten oder übernächsten einen Stellplatz reservieren lassen, z.B. innerhalb der KOA-Kette, deren Verzeichnis mit Karten und Anreise-Informationen viele Vermieter vorrätig haben (☞ auch Kapitel 5). Aber auch für Campgrounds in Provinz-, State- und Nationalparks kann man telefonisch Reservierungen vornehmen. Informationen darüber finden Sie in den Straßenkarten oder den Campground Guides.

Kaum ein Problem für europäische Urlauber dürfte sich daraus ergeben, daß viele Campgrounds in National- oder Provinz-/Staats-Parks die **Aufenthaltsdauer** beschränken, denn die sieben Tage als Maximum reichen selbst den gemächlicher reisenden Wiederholern bestimmt aus.

☺ Für die erste Nacht nach Wohnmobilübernahme und die letzte Nacht vor Fahrzeugrückgabe nennt Ihnen der Vermieter einen günstig zu Ihrer Route gelegenen Platz (☞ Kapitel Einführung in das Wohnmobil).

Lagerfeuer

"Ein Feuer macht ein Heim aus der Wildnis", sagt ein kanadisches Sprichwort. Für Europäer ist das Lagerfeuer bei einem Campingurlaub etwas ganz Wichtiges. Die Gründe sind vielfältig und reichen vom Romantischen bis zum Praktischen. Nur davon wollen wir hier reden.

Praktisch ist das Feuer bzw. die Glut zum Grillen von Steaks oder Würsten, zum Fernhalten von Moskitos und zum Wärmen (wenigstens einseitig!) an einem kühlen Abend. Holz gibt es in Kanada auf vielen *Provincial Campgrounds*, und zwar meistens kostenlos, wobei neuerdings selbst in waldreichen Gegenden manchmal nur noch Abfälle aus Sägewerken zur Verfügung gestellt werden (statt der in kurze Stücke geschnittenen Baumstämme).

Auf privaten Plätzen kann man, wenn ein Lagerfeuer überhaupt erlaubt ist, Holz kaufen. Das gilt auch überwiegend für die USA, besonders in Gegenden ohne große Waldbestände. Dort ist es möglicherweise sinnvoll, sein Abendessen auf einem Holzkohlengrill zuzubereiten, den man vielleicht beim Vermieter mieten kann.

Bis ein Lagerfeuer zum Grillen geeignet ist, braucht man schon einige Stücke Holz - und reichlich Zeit, denn die Glut muß ohne Flammen in den Feuerstellen hoch genug sein, wenn die Steaks gut schmecken sollen. Der Grillrost ist nämlich in der Höhe nur selten verstellbar (📷 Seite 105 unten).

Neuerdings werden Lagerfeuer dann untersagt, wenn eine Inversionswetterlage das Abziehen des Rauchs beeinträchtigt oder - schon immer - verständlicherweise bei großer Trockenheit und Waldbrandgefahr.

Wichtig: Es ist grundsätzlich verboten, Holz von einem öffentlichen *Campground* mitzunehmen. Man darf sich also nicht für ein späteres Lagerfeuer mit gutem Holz eindecken! Und noch etwas darf man nicht in einem US-Nationalpark: gefallene Bäume oder Äste aus dem Wald zur Feuerstelle holen und sie verbrennen.

Ein Lagerfeuer zu "bauen" (*to build a fire*) ist für viele Zivilisationsmenschen manchmal schwierig, sogar mit trockenem Holz. Die Gelegenheiten sind in Europa selten geworden, hat man doch häufig nicht einmal mehr die Möglichkeit oder Erlaubnis, überhaupt etwas im Freien zu verbrennen.

In den Informationen der Parkverwaltungen über Campgrounds und Lagerfeuer findet man stets den Hinweis, daß man das Feuer nie unbewacht brennen lassen soll, daß es beim Verlassen des Platzes gelöscht werden muß - die Asche sollte höchstens handwarm sein - und daß so viel Freiraum um das Feuer herum bleiben muß, daß es keinen Schaden anrichten kann (Funkenflug bei überhängenden Bäumen beachten).

Über das Anzünden eines Feuers wird nichts gesagt. Aber darin liegt ein ganz besonderer Reiz: Holz holen von der zentralen Lagerstelle auf dem Campground, es mit der gemieteten Axt hacken, Späne zum Anzünden von größeren Holzstücken abspalten, etwas Papier (Supermarkttüten oder Werbezeitungen) einfügen, alles sinnvoll schichten, damit ein Kamineffekt entsteht, und dann nur ein Streichholz brauchen - das ist ein *One-match fire*, das aber der Pflege bedarf, bis seine Glut zum Braten eines Steaks oder der *Spare Ribs* geeignet ist.

Wenn die Glut für das Braten des Steaks richtig ist (keine Flammen, hellgraue Asche über der Glut), dann legen wir ein Stück starke Alufolie über den Grill, der uns oft nicht appetitlich sauber genug war. Bei großer Hitze schließen sich die Poren des Fleischs schnell; wenn sich trotzdem Saft bildet, stechen wir die Folie ein wenig an und lassen ihn abfließen, damit das Fleisch nicht "kocht", sondern brät.

Wer Kartoffeln und Zwiebeln in Folie garen will, sollte dafür sorgen, daß ein wenig Wasser mit in die Folie eingewickelt wird. Die *Baked Potatoes* haben ihren Platz nicht im Feuer, sondern in der Asche an seinem Rand. Garzeiten möchten Sie wissen? Sorry, die hängen von den Kartoffeln und der Hitze des Feuers ab. Aber beim zweiten oder dritten Mal bekommen Sie das schon hin!

Packen: Die letzte Nacht auf dem Campground

Alles hat ein Ende, auch der schönste Urlaub in Nordamerika. Den Übergang in den Alltag kann man fließend gestalten, indem man in der letzten Woche planmäßig einkauft und vermeidet, daß viele Lebensmittel übrig bleiben. Das Personal an den Vermietstationen "entsorgt" zwar Überbleibsel, die eine lange Gebrauchsdauer haben (Salz, Konserven etc.), aber angebrochene Packungen kann man anderen nicht unbedingt zumuten

☺ Wir haben es eingangs schon angesprochen, ob man sein leeres Gepäck vom Vermieter verwahren läßt oder es, zumindest in größeren Wohnmobilen, in den Stauräumen während der Fahrt bei sich hat. Das hat den Vorteil, daß am Abend vor der Wohnmobilrückgabe bereits gepackt werden kann. So läßt sich der Wohnbereich und die Küche auch reinigen, denn die Mietbedingungen schreiben zumindest eine Reinigung des Fahrzeuginneren vor.

Was "sauber" ist, unterliegt oft differierenden Ansichten zwischen Mieter und Vermieter. Wir haben etliche Male den Spruch von Mietern gehört, daß sie das Fahrzeug sauberer zurückgegeben haben, als sie es übernommen hatten.

Zum Packen der Koffer und/oder anderer Gepäckstücke hat man auf einem Campground mehr Platz als an der Vermietstation, denn ein großer Picknicktisch ist ein praktischer Packtisch für das Gepäck. Auf dem Campingplatz braucht man mit Wasser nicht zu geizen, man kann auch die Tanks vor der Abfahrt am nächsten Morgen leeren und riskiert nicht, mit Reinigungsgebühren bei der Rückgabe belastet zu werden.

Es versteht sich von selbst, daß sich für die letzte Nacht ein privater, gut ausgestatteter Campground besser eignet als ein zwar schön gelegener und geräumiger öffentlicher Platz, der aber keine Duschen, kein warmes Wasser und keine *Hook-ups* hat.

Da die meisten Vermieter die Fahrzeugrückgabe am Vormittag bis elf Uhr vorschreiben, ist der Bereich ohnehin "überschaubar", in dem man die letzte Nacht verbringen muß, denn mehr als 100 km am letzten Morgen sollte man auf keinen Fall fahren. Schließlich erfolgt der Rückflug (meist nachmittags) zu einer feststehenden Zeit - das Flugzeug wartet nicht, wenn Sie sich verspäten sollten.

Rückgabe des Wohnmobils

Richten Sie das Wohnmobil so her, daß Sie nichts vergessen können: Öffnen Sie alle Schranktüren und schauen auch unter den

Matratzen nach. Immer wieder bleiben persönliche Gegenstände in den Fahrzeugen zurück, die oft erst dann gefunden werden, wenn die Mieter abgeflogen sind.

Die Abrechnung der gefahrenen Kilometer oder Meilen und die Verrechnung der Kaution sollte keine Probleme bereiten. Strittig zwischen Mieter und Vermieter ist zuweilen, was "sauber" ist, ob die Reinigungsgebühr, die Ihnen bei Fahrzeugübernahme mitgeteilt oder bereits abgebucht wurde, zurückgezahlt werden muß oder nicht.

Der Transfer zum Flughafen wird vom Vermieter entweder individuell durchgeführt, d.h. dann, wenn Sie fertig sind; oder er erfolgt nach einem "Fahrplan" zu bestimmten Zeiten für mehrere Familien oder Gruppen gemeinsam. In jedem Fall haben Sie am letzten Tag Wartezeiten: beim Vermieter auf die Rücknahme des Fahrzeugs oder den Transfer und am Flughafen bis zum Abflug.

Sie wollen ein Buch
(oder mehrere) aus dem Conrad Stein Verlag
kaufen...

... leben aber jott-we-de <u>oder</u> bestellen alles andere schon immer im Versand <u>oder</u> trauen sich wegen des schlechten Wetters nicht auf die Straße <u>oder</u> wollen Ihren Buchhändler nicht mit ausgefallenen Wünschen belästigen <u>oder</u> finden es einfach bequemer - dann sollten Sie bei uns bestellen:

GERMINAL GMBH

Verlags -und Medienhandlung
Postfach 70, 35461 Fernwald, Tel. 0641/41700, Fax 0641/943251
e-mail: progerminal@t-online.de

Wir liefern Ihnen alle Bücher aus dem Prospekt des Conrad Stein Verlags ab einer Mindestbestellsumme von DM 15 bis zu DM 199 <u>gegen Rechnung</u> zuzügl. <u>DM 5 für Porto und Verpackung</u>. Ab DM 200 erfolgt die Lieferung nur gegen Vorkasse (bitte Scheck beilegen) oder Bankeinzug (Kontonummer und BLZ bitte mitteilen) oder per Kreditkarte (Visa, Eurocard, American Express, Diners Club - bitte Kartennummer und Ablaufdatum mitteilen).

10. Glossar

Wir erläutern hier eine Reihe wichtiger Begriffe und Fachausdrücke, mit denen Sie während Ihrer Nordamerikareise konfrontiert werden können. Einige davon stehen selbst in deutschen Prospekten in englischer Sprache, denn manche Veranstalter machen sich nicht die Mühe, die von den Vermietern erhaltenen Grundrisse der Wohnmobile einzudeutschen. Auch für diese unkommentierten englischsprachigen Abkürzungen liefern wir hier die Übersetzung.

☺ Diese Sammlung kann nicht vollständig sein; deshalb empfehlen wir, auch die im umfangreichen **Lexikon-Kapitel** Verkehrs.Lex, Camping.Lex, Hotel.Lex, Auto.Lex, Medi.Lex, Restaurant.Lex und "Fremdsprech" genannten Abschnitte des ReiseHandbuchs "Kanadas Westen" zu benutzen.

📖 ReiseHandbuch Kanadas Westen (British Columbia & Alberta) von Conrad Stein, 9. überarbeitete Auflage 1998, 500 Seiten, 42 farbige u. 22 s/w Abb., 42 Karten, Umschlagklappe mit farb. Übersichtskarte. Conrad Stein Verlag, ISBN 3-89392-261-X, DM 39,80 / öS 291 / sfr 38,80

AAA: *Triple A* gesprochen = 🔺 American Automobile Association, Automobilclub der USA.

AC: Wechselstrom (*Alternating current*), ☞ DC.

A/C: ☞ Air Condition.

Accident: Unfall, versicherungstechnisch bei Beteiligung eines anderen Fahrzeugs.

Address: Anschrift; in Nordamerika ist die Straße gemeint, der Wohnort wird in Fragebogen unter *City* abgefragt.

Air Condition: Klimaanlage; übliche Abkürzung: A/C. (☞ *Dash Air* und *Roof Air*.

Aircraft Patrolled: Warnung, daß die Straße aus der Luft überwacht wird. Es ist ratsam, die Geschwindigkeitsbeschränkungen und Überholverbote strikt einzuhalten (☞ Speeding).

Alkoven: Bettnische; Schlafraum über dem Wohnmobilfahrerhaus.

a.m.: "ante meridiem" = vormittags (☞ p.m.)

AM: Die Mittelwelle beim Autoradio.

American Breakfast: Üppiges Frühstück mit Saft, Eiern mit Speck oder gekochtem Schinken, Toastbrot, Pfannkuchen oder Waffeln mit Ahornsirup. Im Gegensatz dazu das ☞ *Continental Breakfast*.

AM/FM Radio: Autoradio mit Mittel- und Ultrakurzwelle.

AMHS: *Alaska Marine Highway System* = Alaskafähre.

Amtrak: Amerikanisches (Personen)-Eisenbahnsystem.

AP: *American Plan* = Vollpension.

Area Code: Telefonvorwahl für einen Staat, eine Provinz oder Teile davon, besteht immer aus drei Ziffern.

ATS: Internationale Abkürzung für den österreichischen Schilling.

B&B: *Bed and Breakfast*, Zimmer mit Frühstück in Pension oder Privathaushalt.

BCFC: British Columbia Ferry Corporation = BC-Fährgesellschaft.

Beaver: Biber; auch einmotoriges Buschflugzeug von DeHavilland, das auf Rädern, Pontons oder Kufen weit verbreitet ist.

Bell Boy oder **Bell Captain:** Hotelangestellter, der sich bei der Ankunft des Gastes um das Gepäck kümmert.

Black Water: Inhalt des WC-Tanks (☞ *Gray water*).

Booster Cable: Starthilfekabel.

Bug Repellent: Schutzmittel gegen Insektenstiche, z.B. Muskol, Off, Cutter; Autan.

Bulk Food: Lose Ware in Supermärkten. Selbstbedienung aus Behältern, ähnlich unseren früheren "Tante-Emma-Läden".

CAA: *Canadian Automobile Association* = ⒸⒶⒶ Automobilclub Kanadas.

Cab-over Bed: Bett oberhalb der (Fahrer-)Kabine (☞ Alkoven).

CAD: Internationale Abkürzung für den kanadischen Dollar.

Campground: Campingplatz, einzelner Stellplatz *Campsite*.

Canal: Meeresarm, genau genommen ein Fjord.

Cancellation: Stornierung; Verb = *to cancel*.

CDR: *Collision Damage Reducer* = Versicherung für Kaskoschäden am Fahrzeug, immer verbunden mit einer Selbstbeteiligung (*Deductible*), ☞ Abschnitt Versicherungen.

CDW: *Collision Damage Waiver* = andere Bezeichnung für CDR, *Reducer* = Begrenzung eines Anspruchs, *Waiver* = Verzicht auf einen Anspruch.

Cereals: ☞ Zerealien.

Check: Das Wort hat mehrere Bedeutungen: Zum einen ist es eine Amerikanisierung des Wortes *Cheque* = Scheck, zum anderen bezeichnet man damit die Restaurantrechnung ("May I have the check, please"); außerdem bedeutet es Überprüfung oder die Aufforderung dazu ("Please check the engine oil for me", wenn man den Ölstand im Motor nicht selbst prüfen möchte).

Check-out Time: Der Zeitpunkt, zu dem ein Hotelzimmer geräumt sein muß.

CHF: Internationale Abkürzung für den Schweizer Franken.

Chip: Ein kleines Stück von irgendetwas; Pommes-frites; kleiner Einschlag in der Windschutzscheibe.

Chowder: Eintopf, dicke Suppe, z.B. *Clam Chowder* mit Muscheln, *Seafood Chowder* mit unterschiedlichen Meeresfrüchten.

Clearance: Durchfahrtshöhe an Brücken, Garageneinfahrten, Waschstraßen usw.

c/o: *Care of* = so viel wie "zu Händen" in Anschriften.

Code Sharing: Flüge zweier Fluggesellschaften auf derselben Maschine mit zwei Flugnummern.

Coffee Shop: Kein Geschäft zum Einkaufen von Kaffee, sondern ein Restaurant für kleine Gerichte: Suppen, Salate, Hamburger, Sandwiches. Komplette Mittag- und Abendessen gibt es *im Dining Room*.

Collect Call: R-Gespräch; der Angerufene übernimmt die Kosten des Telefonats.

Continental Breakfast: Der Begriff ist aus englischer Sicht zu verstehen und meint ein Frühstück, das nicht "englisch" = üppig ist mit Speck, Eiern, Pfannkuchen usw. (☞ American Breakfast).

Convenience Kit: Campingausstattung eines Wohnmobils.

Converter: Transformator zur Umwandlung von Netzstrom 110 V in 12-V-Strom für die bordeigenen Niedervoltlampen und -Geräte; manchmal hat es die unangenehme Eigenschaft zu brummen.

Credit Note: Gutschrift als Ausgleich für einen von der Kreditkarte abgebuchten Betrag, z.B. eine Kaution an den Wohnmobilvermieter.

Crew Cab: Doppelkabine eines *Pickup Truck* wie *Super Cab*, aber mit zwei Türen auf jeder Seite.

Cruise Control: Tempomat.

Cup: Tasse, auch Maßeinheit in der Küche.

Dash Air: Klimaanlage im Fahrerhaus (☞ *Roof Air* und *Air Condition*).

DC: Gleichstrom (☞ AC).

Decaffeinated: Koffeinfrei, in Kurzform auch *decaf* oder (in Kanada) "Sanka" (eine Marke).

Deductible: "Abzugsposten" von einem Gesamtschaden, d.h. Selbstbeteiligung.

Delicatessen: Als Restaurant spezialisiert auf Sandwiches, im Supermarkt die Abteilung für Spezialitäten aus der Region oder Übersee.

DEM: Internationale Abkürzung für die Deutsche Mark.

Department Store: Warenhaus, Kaufhaus.

Deposit: Kaution (☞ *Security Deposit*).

Diner: Symbol für das "mobile Amerika": ursprünglich ausrangierte Eisenbahnwagen, die in Bars und Restaurants umgewandelt wurden. Es gibt nicht mehr viele, aber sie sind ein Stück Nostalgie im Gegensatz zu den uniformen Fast Food-Restaurants.

Dinette: Eßecke, bestehend aus Tisch und zwei Sitzbänken; kann in ein Bett umgewandelt werden.

Dinner: Abendessen, als solches auch gelegentlich *Supper* genannt.

Dirt Road: Unbefestigte Straße, für Wohnmobile meistens nicht geeignet oder vom Vermieter nicht zugelassen.

Discount: Nachlaß, Rabatt

Donut: Fettgebackenes, für das es viele deutsche Namen gibt: Berliner Pfannkuchen, Kreppel, Krapfen; sie haben oft ein Loch in der Mitte.

Double Room: Doppelzimmer mit einem einzigen großen Bett (☞ *Queen size* oder ☞ *King size*).

Drive In: Schnellrestaurant mit Autoschalter (Essen ohne auszusteigen). Für Wohnmobile wegen geringer Breite oder zu geringer Höhe nicht geeignet. Auch als Kino: *Drive In Cinema*.

Driver's License: Führerschein.

Drug Store: Mischung aus Einzelhandelsgeschäft mit Frühstück und Apotheke; preiswerte Snacks bis spät in die Nacht erhältlich.

Dry Cleaning: Chemische Reinigung.

DST: *Daylight Saving Time* = Sommerzeit

Dumping: Ablassen des Gebrauchswassers aus Dusche und Küche und des Inhalts des Fäkalien-Tanks an der *Sani Station* oder *Dumping Station* auf Campgrounds.

Eggs: Eier werden in vier Varianten zum Frühstück angeboten: *Fried* = gebraten als Spiegelei *Sunny side up* oder auf beiden Seiten gebraten *Over easy*, *Scrambled* = Rührei und *Poached* = verlorenes Ei.

Elevator: Aufzug, Lift.

ELVIP: *Extended Liability and Vacation Interruption Protection* = Erhöhung der Deckungssumme bei der Haftpflichtversicherung und besondere Ausprägung der Kaskoversicherung mit Entschädigungsgarantie für Pannen, die nicht unfallbedingt sind; dafür ist eine Prämie an den Vermieter zu zahlen.

EP: *European Plan* = Übernachtung ohne Frühstück.

Factory Outlet: Fabrikverkauf, in einigen Regionen Nordamerikas, z.B. in Neuengland, weit verbreitet. Dort wird zweite und dritte Wahl zu besonders günstigen Preisen angeboten. Schnäppchenjäger kommen zuhauf, einige Läden haben immer geöffnet.

Fading: Nachlassen der Bremswirkung bei heißlaufenden Bremsen, z.B. beim Bergabfahren, ohne die Bremswirkung des Motors auszunutzen.

Falling Rock: Warnung vor Steinschlag.

Fast Food: Hierunter zählt alles, was man als Europäer für "typisch amerikanisch" hält: Hamburger, Cheeseburger, Fried Chicken, Hot Dogs.

Flagman: Arbeiter oder Arbeiterin im Straßenbau mit Warnschild wegen Baustelle.

Flash Flood: Plötzlich auftretende Sturzflut, besonders in den Wüstengebieten im Süden der USA, kann Täler, Schluchten und Senken blitzartig in reißende Ströme verwandeln. Warnschilder sollten sehr ernst genommen werden.

FM: Beim Autoradio die Ultrakurzwelle (UKW).

4WD: *Four-Wheel Drive* = Allrad-Antrieb.

Fresh Water: Frischwasser, Trinkwasser.

Fridge: Kurzform für *Refridgerator* = Kühlschrank.

Front Desk: Empfang eines Hotels.

Fuel: Treib- oder Brennstoff jeder Art.

Garbage: Abfall, wird gesammelt in *Garbage Containers*.

Gas: Kurzform von *Gasoline* = Benzin.

Gasoil: Amerikanische Bezeichnung für Dieselkraftstoff.

Gaucho: In Grundrissplänen mancher Vermieter eine Verballhornung für "Couch", kommt auch als "goucho" vor.

General Store: Gemischtwarenladen abseits großer Städte, oft die einzige Einkaufsmöglichkeit weit und breit, deshalb umfassend sortiert ("If we don't have it, you don't need it", so das Motto von Christensen's in Anahim Lake, BC, am Highway 20). Oft ist das Postamt und der Liquor Store integriert.

Grader: Maschine zum Glätten von Schotterstraßen.

Gratuity: Trinkgeld; heißt auch *Tip*.

Gravel Road: Schotterstraße, oft in gutem Zustand und auch mit Wohnmobilen problemlos befahrbar.

Gray Water: Schmutzwasser aus Küche und Dusche (☞ Black water).

GST: Kanadische *Goods and Services Tax*, eine nationale Umsatzsteuer, die zusätzlich zur Provinzsteuer erhoben wird, z.Z. 7%. Besorgen Sie sich das Formular *Tax Refund for Visitors*, mit dem Sie für bestimmte Käufe (Bücher, Kleidung, Souvenirs) über CA$ 50 je Originalquittung die Steuer erstattet bekommen.

Handicap: Behinderung; *Handicapped persons* sind Behinderte; auch Vorgabe beim Golf.

Hit-and-Run: Fahrerflucht.

Hitch-hiker: Anhalter; man sollte sie aus Versicherungsgründen nur im Notfall mitnehmen.

Hook-ups: Anschlüsse für Strom, Wasser und Abwasser auf Campingplätzen (📷 Seite 65 + 69).

Howdy: Verballhornung der Begrüßungsformel *How do you do*.

Incidentals: Vom Hotelgast zu zahlende Ausgaben, die nicht zu den Leistungen des Reiseveranstalters gehören, z.B. Minibar, Zimmerservice, Restaurant, Wäscherei.

Insect Repellent: ☞ *Bug Repellent.*

Inside Passage: Teil des Pazifischen Ozeans, der zwischen dem Festland und vorgelagerten Inseln zwischen Kanada und Alaska liegt und in dem Kreuzfahrtschiffe und Fähren verkehren.

Interior: Das "Innere", z.B. eines Landes; im Wohnmobil die Inneneinrichtung, an der Schäden auch bei Abschluß der Zusatzkaskoversicherung nicht gedeckt sind, wenn es sich nicht um einen Verkehrsunfall handelt.

Interpreter: Dolmetscher, Übersetzer.

Jerry Can: Reservekanister für Benzin, nützlich nur für den Dempster Highway; ☞ Kapitel 5 und Kapitel 7.

Jet Lag: Folgen der körperlichen Anpassung beim Queren mehrerer Zeitzonen; Flüge in westlicher Richtung werden von den meisten Menschen als weniger unangenehm empfunden als Flüge in östlicher Richtung.

Junk Food: *Junk* = wertloses Zeug; so werden Nahrungsmittel bezeichnet, die man als minderwertig betrachtet.

King Size: Doppelbett im Hotel ca. 2,00 x 2,00 m; im Wohnmobil ca. 1,50 x 1,90 m; ☞ Queen Size.

KOA: *Kampgrounds of America*, weit verbreitete Campingplatzkette, die die Eigentümer oder Pächter zur Einhaltung strenger Regeln verpflichtet.

Laundry Service: Wäscherei im Hotel.

Lavatory: Toilette; auch *Rest Room*, *Wash Room*, *Bath Room*, für Damen *Ladies Room*, *Powder Room* oder *Cloak Room*.

LDW: *Liability Damage Waiver*, so viel wie ☞ CDW.

Lease-Back: Wohnmobile werden verkauft und von den Käufern "zurückgemietet" für den Einsatz in der Flotte eines Vermieters. Der Eigentümer kann für seine Investition Abschreibungen steuerlich geltend machen, der Vermieter bindet sein Kapital nicht in den eingesetzten Fahrzeugen.

Liability: a) Haftung des Vermieters: Er versichert die Mietfahrzeuge bis zu einer bestimmten Höhe gegen Schäden, die der

Mieter verursacht (Haftpflichtversicherung). b) Haftung des Mieters: Er muß bis zu einer bestimmten Höhe die Reparaturkosten für selbst verschuldete Schäden am Mietfahrzeug tragen, unterschiedlich nach Versicherungsumfang.

Licenced/licensed: Restaurant mit der Lizenz zum Ausschenken von Alkohol.

Licence Plate: Nummernschild am Kraftfahrzeug.

Lift: Aufzug, englische Bezeichnung, amerikanisch: *Elevator*.

Liqueur: Likör, gespr. "likjuhr", Betonung auf der zweiten Silbe.

Liquor: gesprochen "licker", Betonung auf der ersten Silbe; eigentlich eine Flüssigkeit allgemein, überwiegend gebraucht für hochprozentige alkoholische Getränke.

Liquor Store: Laden, der von der Provinz- oder Staatsregierung betrieben wird oder lizenziert ist und alkoholische Getränke verkauft. Wein und Bier ist in manchen Provinzen und Staaten auch in Supermärkten zu bekommen. Im Gegensatz zu den Supermärkten, die häufig rund um die Uhr geöffnet sind, gelten für die *Liqour Stores* strenge Öffnungszeiten; an Sonn- und Feiertagen sind sie geschlossen.

Litter: Das Wort hat mehrere Bedeutungen (Sänfte, Streu, Wurf), begegnet einem aber am meisten im Sinn von Abfall: *Litter Barrel* in Kanada entspricht *Garbage Can* in USA.

Long-distance call: Ferngespräch.

Lost and Found: Fundbüro, z.B. am Flughafen.

Lounge: Vorhalle, Foyer; auch Sofa, Chaiselongue.

LPG: *Liquid Propane Gas* = Propangas

Mall: Einkaufs- und Dienstleistungskomplex unter einem Dach mit unterschiedlichen Geschäften, Supermärkten, Liquor Stores etc.

MAP: *Modified American Plan* = Übernachtung mit Frühstück und Abendessen.

Merge: Aufforderung zum (vorsichtigen) Eingliedern in den Verkehr einer vorfahrtberechtigten Straße; das Schild steht auch an der Vorfahrtstraße, man fährt "Reißverschluß" und pocht nicht auf seine Vorfahrt.

MEZ: Mitteleuropäische Zeit.

Microbreweries: Privatbrauereien, die qualitativ hochwertiges Bier meist nur regional verkaufen, nicht in Dosen, sondern Flaschen; an der Westküste der USA stark vertreten.

Milepost: Meilen-/Kilometerstein oder -pfosten am Straßenrand.

Mobile Home: Wohnhaus, das mittels Tieflader von einem Ort zum anderen versetzt werden kann; besteht oft aus zwei Hälften, die - einzeln transportiert - am Zielort in *Mobile Home Parks* zusammengesetzt werden.

Model Year: Hersteller- oder Vermieterangabe zur Beschreibung eines Wohnmobils, hat nichts zu tun mit dem Baujahr.

Monitor: Kontrollpaneel, Anzeigegerät für die Tankinhalte (Frischwasser, Abwasser, WC) und den Ladezustand der Batterie.

Monument: Denkmal, kann auch für eine kleine Erinnerungstafel benutzt werden. Als *National Monument* so viel wie National- oder Naturpark in USA.

Mural: Wandgemälde von oft beeindruckenden Ausmaßen an Häusern.

Non Smoking: Die Belästigung von Nichtrauchern durch Raucher wird in Nordamerika seit einiger Zeit heftig bekämpft. Bei den Flügen wurden die Nichtraucherbereiche immer kleiner, bis sie ganz und gar verschwanden. Auf Interkontinentalflügen über den Atlantik herrscht Rauchverbot (ausgenommen LTU).

Nudist Colony: Abgeschlossene Siedlung für Anhänger der Freikörperkultur. FKK ist in Nordamerika nur in solchen Anlagen möglich. Selbst "Oben-ohne" kann am Strand mit einem Besuch im Gefängnis enden.

Otter: Otter; so heißt auch ein einmotoriges, weitverbreitetes Buschflugzeug von DeHavilland.

Oven: Backofen, im Wohnmobil mit Propangas betrieben.

Overdrive: Schongang zusätzlich zu den drei Gängen des Automatikgetriebes.

Overhead Objects: Gegenstände, die sich "über dem Kopf" befinden, z.B. Äste, Dächer von Tankstellen etc.; sie werden meistens aus dem Versicherungsschutz ausgenommen, für Schäden am Fahrzeug durch *Overhead objects* haftet der Mieter.

Overflow Area: Reservebereich auf einem Campground, der geöffnet wird, wenn die regulären Stellplätze alle vergeben sind.

Panhandle: Als "Pfannenstiel" wird der südöstliche Teil Alaskas sowie der nördliche Teil von Texas bezeichnet.

Pavement: Straßenbelag, "Pflaster"; englisch bedeutet das Wort Bürgersteig, der amerikanisch *Sidewalk* heißt.

Pay Phone: Öffentliches Münztelefon, oft auch in Hotellobbies vorhanden.

Pay-TV: Fernsehsender oder -kanäle, die nur gegen Bezahlung genutzt werden können. In Hotels ist Wachsamkeit geboten, wenn man nicht versehentlich in solche Programme geraten will.

Pets: Haustiere, werden von einigen Vermietern im Wohnmobil nicht erlaubt.

Pickup Truck: Pritschenlastwagen, Basis für *Pickup-Camper*.

Pit Toilet: Toilette über einem Loch im Boden, "Plumpsklo".

Pilot: Pilot eines Flugzeugs, aber auch die Stellung des Schaltknopfs beim Gasherd und der Warmwasserversorgung, bei der die Zündflamme brennt, bis das Gas in die Brenner strömt (Regelung des Ventils mittels Bimetallstreifen).

PIN: *Personal Identification Number*, vierstellige Geheim-/Sicherheitsnummer bei Kredit- und Telefonkarten.

p.m.: post meridiem = nachmittags (☞ a.m.).

Police Report: Protokoll nach der Aufnahme eines Unfalls durch die Polizei, wird regelmäßig von den Vermietern verlangt, wenn der Versicherungsschutz nicht verloren gehen soll.

Postal Code: Postleitzahl; in Kanada sechsstellige Buchstaben-Zahlen-Kombination; in USA aus fünf Ziffern bestehend, gelegentlich mit angehängten vier Ziffern für den Zustellbezirk.

Preparation Fee: Bereitstellungsgebühr, schließt verschiedene Leistungen ein wie Transfers, einen vollen Propantank, die Erstausstattung mit WC-Chemikalien; Umfang der Leistungen unterschiedlich nach Vermietern; häufige Abkürzung *Prep Fee*.

Propane: Propangas zum Kochen, Heizen des Wohnmobils und Wassers für Küche und Bad.

Power Brakes: Bremsen mit Bremskraftverstärker, Servo-Bremsen.

Power Steering: Servolenkung.

Pull-Through: Stellplatz auf einem Campground, bei dem man durchfahren kann; besonders geeignet für Trailer, *Fifth-Wheel*-Fahrzeuge, aber auch für große *Motorhomes*.

Queen Size: Hoteldoppelbett in der Größe etwa 1,50 x 2,00 m, im Wohnmobil ca. 1,30 x 1,90 m; ☞ King Size.

Ranger: Bediensteter der Parkverwaltung, Aufseher.

RCMP: *Royal Canadian Mounted Police* = Kanadische Bundespolizei mit langer Tradition, auch *Mounties* genannt; *Mounted* heißt "beritten" und hat nichts mit Bergen zu tun.

Refer: In Grundrissen der Wohnmobile gelegentlich gebrauchte Kurzform für *Refridgerator*.

Refill: Das Nachschenken von Kaffee (überwiegend kostenlos) oder anderen Getränken.

Refridgerator: Kühlschrank, Kurzform auch *Fridge* oder in Grundrißzeichnungen der Vermieter *Refer*.

Registered: Einschreiben bei der Post.

Rest Room: Kein "Ruhe- oder Rast"-Raum, sondern der übliche Ausdruck für Toilette (☞ Lavatory).

Roof Air: Klimaanlage auf dem Dach des *Motorhomes*; kühlt den Wohnbereich und läßt sich auch zum Heizen nutzen.

Room Service: Zimmerservice im Hotel; die Speisen sind teurer als im Restaurant.

Root Beer: Limonade mit eigenartigem Geschmack; hat mit Bier nichts gemein.

RV oder **R.V.:** *Recreational Vehicle* = Wohnmobil.

Sale: Schluß-, Sonder- oder Ausverkauf, eine Gelegenheit für Schnäppchenjäger.

Sales Tax: Verkaufs- oder Umsatzsteuer, regional unterschiedlich, nur Alberta, das Yukon Territorium und Alaska haben keine. Sie wird im Gegensatz zu unseren Preisen immer auf den Verkaufspreis aufgeschlagen. Zusammen mit der ☞ GST kann ein Produkt 16% teurer sein, als auf dem Preisschild steht. Ulkig: Sales Tax wird auch auf Briefmarken berechnet!

Same Day Turnaround: Der Vermieter verlangt die Rückgabe des Fahrzeugs am Vormittag und übergibt es an den nächsten Mieter am Nachmittag, er "dreht" das Fahrzeug also am gleichen Tag um. Das bringt ihm eine Tagesmiete mehr als einem Vermieter, der sich Zeit nimmt, das Wohnmobil über Nacht auf seinem Gelände stehen zu lassen, damit Reinigung und Wartung gründlich und ohne Zeitdruck durchgeführt werden können.

Sani Station: Platz zur Entsorgung von Schmutzwasser und Fäkalien, auch *Dumping Station* genannt.

Security Deposit: Kaution, die als Sicherheit für den Vermieter hinterlegt werden muß.

Self-contained: Wohnmobile sind mehr oder weniger in sich komplett, autark, unabhängig; zumindest für einige Tage.

Sewer: Abwasserkanal oder -leitung.

Sewer Hose: Abwasserschlauch.

Shopping: Einkaufen für den Lebensunterhalt, aber auch als Erlebnis oder Vergnügen, in der Form des *Window shopping* das Bummeln entlang der Schaufenster auch ohne konkrete Kaufabsicht (☞ Factory Outlet).

Shoulder: Schulter, aber auch Bankette, der unbefestigte Randstreifen einer Straße; als Warnschild häufig *Soft Shoulder*.

Shower: Dusche.

Shuttle Service: Pendelverkehr zwischen bestimmten Punkten oder als Zubringer zwischen Hotel und Wohnmobilvermieter.

Sink: Ausguß, Spüle.

Smoke Detector: Rauchwarngerät im Wohnmobil, soll bei etwaigem Brand mit einem Warnton die Insassen wecken. Dummerweise reagiert das Gerät nicht nur auf unbeabsichtigtes Feuer, sondern schlägt auch schon mal Alarm beim Toasten von Brot oder beim Braten von Fleisch in der Pfanne. Abhilfe schafft - das haben uns auch seriöse Vermieter empfohlen - das Herausnehmen der Batterie; man solte sie für die Nacht wieder einlegen.

Soft Drink: Alkoholfreies Getränk.

Sourdough: Sauerteig für Backwaren aller Art; auch Bezeichnung für Alaskaner, die schon lange im Land sind. Im Gegensatz dazu heißt der Alaska-Neuling *Cheechako*.

Speeding: Zu schnelles Fahren, Geschwindigkeitsübertretung; wird häufig hart bestraft.

Spoon: Löffel, auch Maßeinheit in der Küche.

Stamp: Briefmarke, Stempel.

Stove: Herd, im Wohnmobil als Propangasherd vorhanden.

SOF = Signature on File: Vermerk auf dem Kreditkartenbeleg, wenn der Kunde nicht selbst unterschreibt, man aber seine Unterschrift "im Vorgang" hat.

Super Cab: Doppelkabine eines *Pickup Truck* mit Sitzbank und zwei Notsitzen oder zwei Sitzbänken und einer Tür je Seite (☞ *Crew Cab*).

Surcharge: Aufpreis, z.B. für die Einwegmiete oder bestimmte Fahrtgebiete.

Swivel Chair: Drehsessel hinter dem Beifahrersitz in größeren Wohnmobilen; darf während der Fahrt nur benutzt werden, wenn er mit Sicherheitsgurt ausgestattet ist.

Tag: Anhänger, z.B. Kofferanhänger der Airlines mit Dreibuchstabencode.

Taken: Besetzt, reserviert, z.B. auf Stellplätzen der *Campgrounds*, wenn das Wohnmobil tagsüber auf Tour ist, aber der Stellplatz für die Nacht gehalten werden soll.

Tilt Steering: In der Neigung verstellbares Lenkrad.

Tip: Trinkgeld, aber auch "Hinweis" wie bei uns.

Toilet: Toilette, wenig benutzte Bezeichnung für ☞ *Rest Room* oder ☞ *Lavatory*.

Toll: Maut für Brücken, Schnellstraßen (*Toll Road*) oder Tunnels.

Toll-free: Gebührenfreie Telefonnummern, meist 1-800.

Trailer Park: Gelände für *Mobile Homes*, Dauercamper und manchmal auch für durchreisende Wohnmobilurlauber. Oft in oder nahe bei größeren Städten; deshalb auch manchmal nicht "park"-ähnlich, es geht vielmehr eher eng zu.

Trespassing: Betreten privaten oder öffentlichen Grundes ohne Genehmigung, in der Form *No Trespassing* als Verbotsschild gebräuchlich.

Triptik: Routenbeschreibung, die der 🅰🅰🅰 individuell zusammenstellt: Streifenkarten einzelner Strecken, ergänzt duch Übersichtskarten der Region und Detailkarten von Städten, werden entsprechend der geplanten Route zusammengestellt und markiert; bekannte Baustellen werden gekennzeichnet.

Truck: Lastwagen.

Twin Room: Doppelzimmer mit zwei getrennten Betten in ☞ Queen Size oder ☞ King Size (☞ Double Room)

U-Turn: Richtungsänderung um 180°, oft mit *No U Turn* verboten.

Undercarriage: Fahrgestell eines Wohnmobils; Schäden werden meistens aus dem Versicherungsschutz ausgenommen, für sie haftet der Mieter trotz Abschluß der Kaskoversicherung.

Unleaded (gasoline): bleifreies Benzin.

USD: Internationale Abkürzung für den US-Dollar.

Valet Parking: Ein Hotel- oder Restaurantangestellter übernimmt den Wagen des Gastes und bringt ihn auf einen Parkplatz oder in ein Parkhaus, die dem Gast selbst nicht zugänglich sind.

Valet Service: Wie *Laundry Service* die Wäscherei im Hotel.

VIP: *Very Important Person* = bedeutende Persönlichkeit; im Wohnmobilgeschäft auch eine bestimmte Art der Kaskoversicherung: *Vacation Interruption Protection*, ☞ Kapitel 7.

Voucher: Gutschein für bestimmte touristische Leistung(en).

Waiter, Waitress: Kellner, Kellnerin.

Wash Basin: (Hand-) Waschbecken.

Wheel Chair: Rollstuhl.

Wide Load: Schwertransport mit Überbreite, oft ein Mobile Home.

Xing: Kurzform für *Crossing* = Kreuzung; Warnschild für alles, was einem in die Quere kommen könnte: *Ped* = Fußgänger, *Caribou* = Rentier.

Yellow Pages: Gelbe Seiten = Branchentelefonbuch.

Yield: Dem Querverkehr Vorfahrt gewähren.

Zerealien: Benannt nach der griechischen Göttin des Korns (Ceres), sind das alle Produkte, die aus Getreide hergestellt werden, besonders *Corn Flakes*, *Shredded Wheat*, *Rice Crispies* usw., die zu einem typisch nordamerikanischen Frühstück gehören.

ZIP-Code: Postleitzahl in USA, besteht aus fünf Ziffern, oft ergänzt durch vier Ziffern nach einem Bindestrich für den Zustellbezirk. Sie steht immer hinter dem Staatscode nach dem Ortsnamen (Kanada ☞ Postal Code).

Kompetenz aus Nordamerika

CANADA JOURNAL

das aktuelle Kanada-Magazin in deutscher Sprache, das Sie zuverlässig und kompetent unterrichtet über alles was wichtig ist in Kanada. Dazu Reiseberichte und Travel Tips, die nicht im Reiseführer stehen, Immobilien, Geldanlagen, Einwanderung, Lifestyle. Mit einem hochinformativen Anzeigenteil. Das Jahresabonnement, 6 Ausgaben zuzüglich zwei Sonderausgaben, kostet nur DM/SFR 65,- inkl. Luftpostversand aus Nordamerika.

USA JOURNAL

ist das neue USA-Magazin in deutscher Sprache direkt aus Nordamerika: Wirtschaft, Investitionen, Trends und Entwicklungen sowie ein hochinformativer Reiseteil, der Anregungen und Ideen vermittelt, Amerika mit seinen vielfältigen Landschaften, Kulturen und Menschen zu entdecken. Der Einführungspreis für 6 Ausgaben stellt sich auf nur DM/ SFR 38,- inkl.Luftpostversand aus Nordamerika.

Ja, ich bestelle

❏ **CANADA JOURNAL** im Abonnement frei Haus. Jahresabonnement (6 Doppelhefte zuzüglich zwei Sonderausgaben) DM/SFR 65,-

❏ **USA JOURNAL** im Abonnement frei Haus. Jahresabonnement (6 Doppelhefte) DM/SFR 38,-

Name / Vorname

Straße / Nr.

PLZ / Wohnort

Falls ich auf CANADA JOURNAL/USA JOURNAL nach einem Jahr verzichten möchte, teile ich Ihnen dies 6 Wochen vor Ablauf der Bezugsfrist mit.

Zahlungsweise (bitte ankreuzen)
❏ Bargeldlos durch jährliche Bankbbuchung (Nur für Besteller aus Deutschland)

Bankleitzahl:

Kontonummer:

Geldinstitut

❏ Scheck anbei (CANADA JOURNAL DM/SFR 65,-/USA JOURNAL DM/SFR 38,-)

CANADA JOURNAL/USA JOURNAL
Für Besteller in Europa: Postfach 990152, D-51083 Köln; in Nordamerika: 12 Lawton Blvd., Toronto, Ontario, M4V 1Z4, Kanada, Tel. (416)927-9129, Fax: (416)927-9118
e-mail: ruland@istar.ca

Stein '97

WELTWEIT PREISWERT FLIEGEN

TRAVEL OVERLAND

2 BÜROS IN DEUTSCHLAND, 1 BÜRO IM INTERNET

MÜNCHEN
Barerstraße 73
80799 München
Tel 089/27 27 61 00
Fax 089/271 97 45

HAMBURG
Eppendorfer Landstraße 49
20249 Hamburg
Tel 040/480 02 40
Fax 040/47 48 60

AUGSBURG
Zeuggasse 5
86150 Augsburg
Tel 0821/31 41 57
Fax 0821/31 32 53

REGENSBURG
Obere Bachgasse 9
93047 Regensburg
Tel 0941/59 30 10
Fax 0941/56 00 74

BREMEN
Bedelhören 14
28203 Bremen
Tel 0421/33 75 50
Fax 0421/32 55 53

TELEFONISCHE BUCHUNGSZENTRALE
Tel 089/27 27 63 00
Fax 089/307 30 39

AKTUELLE FLUGPREISE PER FAXABRUF: 01805/23 16 47 (DM 0,48 pro Minute)
SURFEN SUCHEN ONLINE BUCHEN: http://www.travel-overland.de
HOTELS UND MIETWAGEN GLEICH MITBUCHEN!

Conrad Stein Verlag

In der Mühle D-25821 Struckum ☎ 04671/931314, FAX 04671/931315
e-mail: outdoor@tng.de   http://outdoor.tng.de

REISEHANDBÜCHER

Titel	DM
Äthiopien / Dippelreither (III/98)	36,80
Alaska / Richter	34,80
Antarktis / Walther	49,80
Argentinien-Handbuch / Junghans	34,80
Australien-Handbuch / Stein	44,80
Bulgarien / Müller	24,80
Dänische Westküste / Treß	24,80
El Salvador/Honduras/Steinke/Hollerw.	34,80
Fuerteventura / Reifenberger	26,80
Gomera-Handbuch / Reifenberger	29,80
Gotland / Bohn	24,80
Die Kirchen Gotlands / Lagerl/Svahnst.	24,80
Gran Canaria-Handbuch / Reifenberger	29,80
Grönland / Köppchen & Hartwig	26,80
Holland / Wetters	29,80
Iran / Berger	36,80
Irland / Elvert	26,80
Island-Handbuch / Richter	34,80
Islands Geologie / Hug-Fleck	14,80
Israel / Kautz & Winter	26,80
Jemen / Kabasci	26,80
Jordanien / Kleuser & Röhl	24,80
Kaliningrader Gebiet / Junger & Müller	26,80
Kanadas Westen / Stein	39,80
Kanalinseln / Ferner	29,80
Kanarische Inseln / Ferner	29,80
Kiel / Hackländer	19,80
Komoren / Westenberger	24,80
Kurs Nord / Umbreit	49,80
Lanzarote / Reifenberger	26,80
Libanon / Röhl & Rosebrock	24,80
Libyen / Steinke	34,80
Lofoten und Vesterålen / Knoche	24,80
Madeira & Azoren / Jessel & von Bremen	34,80
Malawi / Hülsböhmer	24,80
Mauritius / Ellis	26,80
Mexikos Süden, Belize & Guatemala	36,80
Namibia & Botswana / Lamping	29,80
Neuseeland-Handbuch / Stein	36,80
Nicaragua / Schmidt	24,80
Ontario mit Montréal / Québec / Stein	29,80
Osterinsel / Hellmich	22,00
Phuket & Ko Samui / Bolik & Jantawat	29,80
Reisen mit dem Hund / Treß	22,00
Rocky Mountains Nationalparks	39,80
Rumänien / Müller	26,80
Schottland / Ferner	29,80
Schweiz / Kürschner	36,80
Sibirien / Zöllner	36,80
Slowakei / K. & A. Micklitza	26,80
Spitzbergen-Handbuch / Umbreit	39,80
Sudan / Benjak & Enders	16,80
Südafrika / G. Lamping	29,80
Südschweden mit Öland / Sachtl. & Boll	29,80
Syrien / Schönmann	36,80
Tansania & Sansibar / Dippelreither	36,80
Tausend Tips für Trotter, Tramper, Trav.	22,00
Teneriffa / Reifenberger	29,80
Thailand / Bolik & Jantawat-Bolik	29,80
Touren in Schlesien / K. & A. Micklitza	24,80
Travel Planet / Schramm	29,80
Tschechien - Tschech. Rep.Micklitza	29,80
Überwintern - Langzeiturlaub im Süden /Heinrich	19,80
Uganda / Lübbert	29,80
USA - Nordwesten / Richter	34,80
USA - Südwesten / Richter	39,80
Vereinigte Arabische Emirate / Röhl	22,00
Zimbabwe / Zuchan	26,80
Zwischen Sydney und Melbourne	26,80

REISE HANDBÜCHER

... überall im Buchhandel

FREMDSPRECH

Band	DM	Band	DM
1 Oh, dieses Dänisch / Behr	9,80	2 Oh, dieses Schwedisch (III/99)	9,80

OUTDOORHANDBÜCHER

Basiswissen für Draußen

Band	DM	Band	DM
1 Rafting	12,80	24 Ratgeber rund ums Wohnmobil	14,80
2 Mountainbiking	12,80	25 Wale beobachten	14,80
3 Knoten	12,80	30 Spuren & Fährten	14,80
4 Karte Kompaß GPS	14,80	31 Canyoning	14,80
5 Eßbare Wildpflanzen	12,80	34 Radwandern	14,80
6 Skiwandern	12,80	35 Mushing - Hundeschlittenfahren	14,80
7 Wildniswandern	12,80	36 Gesund unterwegs	12,80
8 Kochen	12,80	39 Erste Hilfe	14,80
9 Bergwandern	12,80	45 Solotrekking	12,80
10 Solo im Kanu	12,80	48 Für Frauen	12,80
11 Kanuwandern	14,80	58 Fahrtensegeln	14,80
12 Fotografieren	12,80	65 Seekajak Ausrüst. Techn. Navig.	12,80
13 Wetter	12,80	68 Minimal Impact	12,80
14 Allein im Wald - Survival für Kinder	12,80	Outdoor - naturverträglich	
15 Wandern mit Kind	12,80	69 Abenteuer Teeniegruppe	12,80
zu Fuß · per Rad · mit Kanu		70 Wintertrekking	12,80
16 Sex- Vorbereitung Technik Varianten	12,80	72 Schnorcheln und Tauchen	14,80
20 Wüsten-Survival	14,80	73 Trekkingreiten	14,80
21 Angeln	14,80	77 Wohnmobil in USA und Kanada	19,80
22 Leben in der Wildnis	14,80	86 Regenwaldexpeditionen (2000)	14,80

Informationen aus erster Hand

OUTDOOR HANDBÜCHER

OUTDOORHANDBÜCHER

Der Weg ist das Ziel

Band		DM
17	Schweden: Sarek	24,80
18	Schweden: Kungsleden	22,00
19	Kanada: Yukon	22,00
23	Spanien: Jakobsweg	24,80
26	West Highland Way (Schottland)	22,00
27	John Muir Trail (USA)	22,00
28	Landmannalaugar (Island)	22,00
29	West Coast Trail (Kanada)	22,00
32	Radtouren in Masuren (Polen)	24,80
33	Trans-Alatau (GUS)	22,00
37	Kanada: Bowron Lakes	22,00
38	Polen: Kanutouren in Masuren	24,80
40	Trans-Korsika - GR 20	24,80
41	Norwegen: Hardangervidda	24,80
42	Nepal: Annapurna	22,00
43	Schottland: Whisky Trail - Speyside Way	14,80
44	Tansania: Kilimanjaro	24,80
49	USA: Grand Canyon Trails	22,00
50	Kanada: Banff & Yoho Nationalpark-Tageswanderungen	22,00
51	Tasmanien: Overland Track	22,00
52	Neuseeland: Fiordland	22,00
53	Irland: Shannon-Erne	22,00
54	Südafrika: Drakensberge	22,00
55	Spanien: Pyrenäenweg GR 11	22,00
56	Polen: Drawa	19,80
57	Kanada: Great Divide Trails	22,00
59	Kanada: Wood Buffalo NP	19,80
60	Kanada: Chilkoot Trail	22,00
61	Kanada: Rocky Mountains - Radtouren	22,00
62	Irland: Kerry Way	22,00
63	Schweden: Dalsland-Kanal	24,80
64	England: Pennine Way	24,80
66	Alaska Highway	24,80
67	USA: Appalachen Trail (III/99)	22,00
71	Spanien: Jakobsweg - Nebenrouten	24,80
74	Nordirland: Coastal Ulster Way	22,00
76	Pfälzerwald-Vogesen-Weg	22,00
78	Polen: Pisa und Narew (I/2000)	22,00
79	Bolivien: Choro Trail (II/99)	22,00
80	Peru: Inka Trail und Region Cuzco (II/99)	22,00
81	Chile: Torres del Paine Cirquito (II/99)	24,80
82	Norwegen: Jotunheimen (I/2000)	22,00
83	Neuseeland: Stewart Island	22,00
84	USA: Route 66	22,00
85	Finnland: Bärenrunde (I/2000)	22,00
87	Mont Blanc Rundweg (II/2000)	22,00
88	Trans Kreta (II/2000)	22,00
89	Schweden: Skåneleden (II/2000)	22,00
90	Mallorca: Sierra del Norte (I/2000)	22,00

Fernwehschmöker

46	Blockhüttentagebuch	24,80
47	Floßfahrt nach Alaska	22,00
75	Auf nach Down Under / Sackstedt	DM 14,80

☺ *Weitere Bände in Vorbereitung. Fordern Sie unseren aktuellen Verlagsprospekt an.*

... überall im Buchhandel